第13辑

会计与控制评论

REVIEW OF ACCOUNTING AND CONTROL

东北财经大学会计学院
中国内部控制研究中心　主办

东北财经大学出版社
Dongbei University of Finance & Economics Press
大连

图书在版编目（CIP）数据

会计与控制评论·第13辑 / 东北财经大学会计学院，中国内部控制研究中心主办. —大连：东北财经大学出版社，2022.5
ISBN 978-7-5654-4532-3

Ⅰ. 会… Ⅱ. ①东… ②中… Ⅲ. ①会计制度-文集 ②企业内部管理-文集 Ⅳ. ①F233-53 ②F272-53

中国版本图书馆CIP数据核字（2022）第073506号

东北财经大学出版社出版
（大连市黑石礁尖山街217号 邮政编码 116025）
网 址：http：//www.dufep.cn
读者信箱：dufep@dufe.edu.cn
大连图腾彩色印刷有限公司印刷 东北财经大学出版社发行

幅面尺寸：180mm×255mm 字数：374千字 印张：19
2022年5月第1版 2022年5月第1次印刷

责任编辑：李 彬 曲以欢 责任校对：京 玮
封面设计：张智波 版式设计：原 皓

定价：58.00元

教学支持 售后服务 联系电话：（0411）84710309

如有印装质量问题，请联系营销部：（0411）84710711

会计与控制评论

Review of Accounting and Control

第13辑，2022年
No. 13，2022

东北财经大学会计学院
中国内部控制研究中心 主办

编　　辑：《会计与控制评论》编辑部
电　　话：（0411）84738559
传　　真：（0411）84738559
电子邮箱： cicrcedit@126.com
通讯地址： 中国·大连市·沙河口区尖山街217号
东北财经大学梓楠楼452室
邮政编码： 116025

第13辑，2022年
No. 13，2022
会计与控制评论
Review of Accounting and Control

目　　录

No. 13, 2022
Review of Accounting and Control
China Internal Control Research Center, Dongbei University of Finance and Economics

CONTENTS

第13辑，2022年
No.13，2022
会计与控制评论
Review of Accounting and Control

纳税信用评级的溢出效应：基于审计意见类型的发现[①]

刘亦舒　何慧华　方军雄

（复旦大学管理学院会计系　上海　200433）

摘　要　2014年正式实施的纳税信用评级机制，作为一项重要的税收征管制度创新，其实施效果和产生的影响自然引起了监管当局和学者的热切关注。本文从审计师出具审计意见的角度研究了纳税信用评级机制的溢出效应。研究发现，在公司纳税信用被评为A级的次年，企业被出具保留意见、无法表示意见和否定意见等非标准审计意见的概率显著降低，后续的渠道分析发现，这种作用主要通过直接提高企业财务信息质量，以及间接优化企业内外部治理环境、降低整体风险两方面实现。此外，该制度的影响在政策出台后的第三年最为显著。分组检验发现，在民营企业、非十大会计师事务所审计客户和市场化程度较低区域的企业中更显著。本文研究表明，旨在提升税收征管效率的纳税信用评级制度具有广泛的溢出效应，为税收政策改革和公司治理建设提供了重要启示。

关键词　纳税信用评级　溢出效应　审计意见　会计信息质量

①　基金项目：国家自然科学基金项目“制度变迁、股价崩盘经济后果与修复策略研究”（71872048）。

一、引　言

为落实国务院“放管服”改革精神，优化税收营商环境，完善纳税信用体系，推动“信用中国”建设，国家税务总局不断推进建立纳税信用等级制度。2014年，国务院发布《国务院关于印发社会信用体系建设规划纲要（2014—2020年）的通知》，旨在强化社会信用体系在经济发展中的基石作用。相应地，国家税务总局同年出台了《纳税信用管理办法（试行）》，推行全新的纳税信用评级制度，对企业纳税信用加强管理、对企业纳税遵从行为予以引导和鼓励。纳税信用评级制度作为一种激励性监管，影响范围广泛，具有重要的社会影响力，纳税信用已成为我国企业参与市场竞争的优势条件和重要信用资产。

纳税信用评级制度对企业内部运营环境和基本面的影响在现有研究中已经得到了一定的证实。首先，纳税信用评级制度显著提升了企业的税收遵从水平，基本可以使用纳税信用评级作为衡量企业纳税遵从程度的指标之一（陶东杰等，2019；李林木等，2020）。进一步地，纳税信用评级制度促进下的税收遵从行为对企业融资约束（孙雪娇等，2019）、经营绩效（李林木等，2020）和创新能力（叶永卫等，2021；孙红莉和雷根强，2019）等方面具有显著影响。然而，目前关于纳税信用评级制度经济后果的研究主要着眼于对企业行为的影响，较少涉及审计师这一重要信息媒介，目前已有文献发现纳税信用评级为A级的企业审计收费显著更低（耿艳丽，2018）。审计收费多为事前谈判协商的结果，而外部审计师作为广泛存在且具备一定公信力的主要市场信息媒介，是否会积极利用纳税信用评级可能带来的额外信息调整其事中的审计行为，进而影响其事后的审计意见产出呢？

审计师作为资本市场重要的信息中介，独立审计提供的鉴证价值有助于提高公司披露的会计信息的可信度，降低信息不对称程度，缓解委托代理问题（Francis，1984；Jensen和Meckling，1976），独立审计质量一直以来都是学术界和实务界关注的重要问题。出具恰当的审计意见类型是审计师审计服务的重要价值体现，已有审计文献将是否出具“非标”审计意见作为衡量独立审计质量的重要指标（Francis，2004；DeFond和Zhang，2014；方军雄等，2016）。影响审计意见类型的因素可以分为客户层面、审计师层面、客户与审计师关系层面和外部制度环境层面。在客户层面，财务信息质量会直接影响审计意见的类型（杨德明和胡婷，2010；刘继红，2009；Phillips等，2003；钱春杰和周中胜，2007；夏立军和杨海斌，2002）。企业的非财务指标也会对审计师的专业判断产生一定程度的影响，包括内部控制与内部治理环境情况（Goh等，2013；Carcello和Neal，2000；刘霄仑等，2012），以及公司整体面临的法律风险、财务风险（冯延超和梁莱歆，2010；申慧慧等，2010）等。在审计师层面，考虑到中国审计师市场激烈的竞争环境，以及个别企业（尤其是国有企业）对高审计质量缺乏实际需求（Wang等，2008）的现实情况，审计师出具"非标"审计意见后很可能面临与客户关系僵化导致后续审计工作成本上升，甚至被直接替换的后果（杨德明和胡婷，2010；夏冬林和林震昃，2003）。因此审计师在出具"非标"审计意见之前势必耗费额外的、大量的审计成本，以确认出具"非标"审计意见的必要性和合理性。因此，从审计师的成本收益分析角度看，审计行为需要在规避风险的前提下尽可能节约成本，这便促使审计师尽可能利用企业审计委员会的力量（Carcello和Neal，2000）、内部控制质量报告（杨德明和胡婷，2010）、企业股价表现（方军雄等，2016）等内外部额外信息（财务报表以外信息），以辅助专业判断。

与上述研究不同，本文主要研究纳税信用评级制度能否为外部审计师提供额外信息，并影响审计意见类型的确定。通过手工收集企业的纳税信用评级数据，本文发现纳税信用评级为A的企业次年获得外部审计师出具"非标"审计意见的概率显著下降，同时发现纳税信用评级制度主要通过激励型政策引导企业的纳税遵从行为，直接提高企业会计信息质量，并通过促进企业内部治理环境以强化公司治理、提升企业外部形象以降低破产风险，间接降低了审计师出具"非标"审计意见的概率。进一步研究发现，纳税信用评级为A对审计师减少出具"非标"审计意见行为的影响在民营企业、非十大会计师事务所审计和所处地区市场化程度更低的企业更显著，进一步说明了纳税信用评级制度为审计师提供的额外信息作用，反映了纳税信用评级制度的外溢效应。

本文主要的贡献有：第一，补充了纳税信用评级制度对审计师行为影响的相关研究。现有关于纳税信用评级制度的研究主要集中于企业本身的融资约束、业绩表现和创新能力（孙雪娇等，2019；叶永卫等，2021；孙红莉和雷根强，2019；李林木等，2020）。耿艳丽（2018）发现纳税信用评级为A的企业审计费用显著降低，而本文强调了在企业财务状况非正常时期，审计师能否通过审计意见及时准确地发出警示，这是对审计质量更直接的测度之一（方军雄等，2004）。第二，本文补充了外部制度，尤其是激励型政策，对审计师出具审计意见类型的影响。Carson等（2013）将影响审计意见的因素分为客户层面、审计师层面、客户与审计师关系层面和外部制度环境层面。本文研究发现纳税信用评级制度不仅通过政策激励引导了企业内部行为，而且还通过影响企业的财务报告信息质量和非财务指标中的公司治理环境、整体经营风险，进而影响审计意见类型的出具，补充了外部制度环境因素和客户因素对审计意见影响的文献。第三，现实意义层面，纳税信用评级制度作为中国经济社会信用体系建设和营商环境改善系列制度中的一环，强化了纳税信用的价值和作用。本文从审计师的角度证实了企业纳税信用对财务信息质量和企业整体内部治理环境与运营风险方面的积极作用。

本文后面各部分安排如下：第二部分是文献综述与研究问题；第三部分是研究设计与样本来源；第四部分是实证结果与分析；第五部分是研究结论与启示。

二、文献综述与研究问题

（一）纳税信用评级制度背景与实施情况

纳税信用评级制度建设是我国社会信用体系建设的重要部分。企业纳税信用评级制度始于2003年[①]，对纳税人从税务登记、纳税申报、账簿凭证管理、税款缴纳和违法违规情况五个方面对纳税人进行四档评级认定，评级结果不公开，各项内容具体分值由各地税务机关自行分解细化，对评级为A的纳税人给予两年内免检等激励措施。在国务院发布《社会信用体系建设规划纲要（2014—2020年）》、推行全社会范围内的信用体系建设与营商环境优化的大背景下，自2014年10月起，新的纳税信用评级制度开始施行。

在制度设计方面，企业纳税信用评级的评定依据主要从诚信态度、遵从能力、实际结果和影响程度[②]四个层面展开。在评价指标方面，新的评价指标主要由税务征管机关从既有报税系统和其他相关部门的信息系统中收集：

（1）纳税人的历史信用信息；

（2）征税机关系统内部的纳税人涉税申报、账簿登记、纳税缴款、税务稽查等指标信息；

（3）银行、市场监督、海关、房管、土管等部门的外部信用记录和具体评价信息。

在激励与惩戒方面，根据评价指标明细进行满分一百分的扣分制，根据最终评分确认A、B、M、C、D五档[③]，最终根据评级水平，对评级为A的企业予以公开表扬、纳税便利，以及合计41项的中央29部委联合激励政策等奖励，对评级较低的企业参照《重大税收违法案件信息公布办法（试行）》等现行法律法规予以惩戒，旨在通过激励纳税信用好的企业、惩罚纳税信用不好的企业，达到对企业纳税遵从的引导和鼓励作用。

整体而言，改革后的纳税信用评级制度具有以下特点：第一，具有鲜明的激励

---

① 2003年国税发92号文件《纳税信用等级评定管理试行办法》，自2014年10月1日全文废止。

② 国家税务总局办公厅．关于《纳税信用评价指标和评价方式（试行）》的解读［EB/OL］．［2014-08-25］．http：//www.chinatax.gov.cn/n810341/n810760/c1152523/content.html.

③ 自2018年4月1日起为新设立企业等情况增设M级，纳税信用级别变更为A、B、M、C、D五档。在2018年4月1日之前，纳税信用级别为A、B、C、D四档。

型监管制度特色，且激励政策更加透明规范。激励型监管的目的是在尊重被监管主体意愿的基础上谋求公共利益的最大化，具有非强制、合作共赢的特点（蒋建湘和李沫，2013；李沫，2009）。新的纳税信用评级制度中对A级纳税人全方位的奖励联合了29部委推行了41项涉及纳税服务、征信授信、土地招标、出口退税等企业运营各个方面的政策优惠，激励政策标准透明、更切合企业运营的实际需求，有利于企业主动配合制度实施，更合理地引导企业的纳税遵从行为。第二，覆盖范围全面、评价标准统一。改革前的评级制度仅规定了评价的基本原则，评价细则的设计与执行权责均下放给地方，这可能导致地方权利寻租问题，同时带来各地企业评级可比性较弱的问题。新的纳税信用评级制度由国家税务总局统一制定标准量化的评价细则，具体执行过程中要求除规定范围外的企业每年均参评，并由税务征管机关直接调用征税系统中的历史信息和其他部门的外部信息，评价过程更加标准透明，保障了评级结果的公信力，维护了高税务遵从水平企业的纳税信用价值，标准化的评级操作降低了政策实施成本，同时减少了低纳税信用水平企业的侥幸心态和偷税漏税行为。第三，强化了企业纳税信用的社会影响力，提升了企业纳税信用的经济价值。一方面，税务总局和信用中国官方网站每年向全社会公布A级纳税信用企业名单，"爱企查"等常用企业信息咨询平台也在企业标签处对A级纳税人及其获得年份予以单独标注，这有助于构建企业良好的社会形象，A级纳税人成为了企业的"金名片"；另一方面，税务局与银保监局、金融机构建立了"银税合作"机制，将纳税信用体系和征信体系互证互认，通过"银税互动"机制，企业纳税信用信息能够直接成为银行授信的重要参考信息①，进一步增加了企业纳税信用的经济价值。

在具体的纳税信用评价指标中，与公司信息系统、信息质量相关的、审计师可能有效利用的具体信息内容主要包括：

（1）考虑企业的账簿与凭证管理是否存在延期报税等情况，对企业内部信息的准确性和及时性提出了要求，同时压缩了企业税务筹划的空间；

（2）若存在税务部门与外部部门、外部部门之间信息不对称的情况，直接取消纳税人评A级的资格，这要求企业的内部信息在对外上报时必须准确一致，对企业信息质量提出了更高要求；

（3）若发现非正常户②的情况，纳税信用评级直接判为D，非正常户的出现可能源于企业的舞弊动机或管理能力严重缺乏，对非正常户"零容忍"体现出了对企业信用和内部管理能力的基本要求。

在与审计行业从业人员的访谈中，我们了解到审计团队中会专门请税务人才对企业的税务情况和纳税遵从水平进行判断，形成审计师内部税务复核备忘录，由项

① 国家税务总局办公厅．税收诚信推动"信用中国"建设［EB/OL］．［2016-09-10］．http：//www.chinatax.gov.cn/n810219/n810724/c2266639/content.html.

② "非正常户"是指已办理税务登记，未按照规定的期限申报纳税，在税务机关责令其限期改正后，逾期不改正，并经税务机关派员实地检查，查无下落且无法强制其履行纳税义务的纳税人。

目合伙人审阅并签字。审计师可能会积极参考客户纳税信用评级制度中的各项具体指标的表现辅助专业判断。

从被审单位的角度，企业有足够的动机争取更高的纳税信用评级。首先，41项联合激励政策为企业实际运营的各个方面提供了帮助，尤其是“银税互动”制度，极大程度地为企业解决了“融资难”问题。其次，A级纳税人名单的公布能提升企业的社会形象，且地方政府非常重视辖区内整体信用水平，因此企业有动力争取高评级，并利用激励政策与政府各个部门构建良好关系。

从纳税信用评级制度实施以来的实际情况来看，该制度具有一定的差异性和及时性，说明在实际操作中得到了一定的落实，对企业的纳税遵从行为具有实际的引导作用。上市公司的纳税信用评级实施情况见表1，其中面板A展示了分年度纳税信用评级分布情况，面板B展示了跨年度的纳税信用评级变化情况。从分布来看，A级纳税信用人数量波动较大，但不超过所有上市公司的65%；从波动来看，降级升级的情况在各年度分布较为随机，且波动情况在总样本中占比二成到六成不等。

表1 **纳税信用评级实施情况**

面板A：分年度纳税信用评级分布情况					
项目	2014	2015	2016	2017	2018
A级	697	1 077	691	1 648	1 521
非A级	1 359	1 034	1 624	1 008	1 363
合计	2 056	2 111	2 315	2 656	2 884
A级占比	33.9%	51%	29.8%	62%	52.7%
面板B：跨年度的纳税信用评级变化情况					
项目	2014	2015	2016	2017	2018
(1) 由非A级升为A级	697	335	182	867	283
(2) 由A级降为非A级	—	0	599	142	513
(3) 保持A级不变	—	742	509	781	1 238
合计（A级=(1)+(3)）	697	1 077	691	1 648	1 521
评级上升情况占比	—	31.1%	26.3%	52.6%	18.6%
评级下降情况占比*	—	0	55.6%	20.5%	31.1%

*评级由上一年A级下降为当年非A级的情况在去年A级样本中占比

（二）审计意见的影响因素

外部审计是资本市场的重要参与者，审计工作旨在保障财务信息的真实可靠，为外部投资者决策提供重要支撑，为公司股东加强对管理层的监督激励提供必要信息支持，缓解了控制权与所有权分离产生的委托代理问题（Jensen和Meckling，1976）。具体地，独立审计师主要通过出具审计报告体现其对企业财务情况的独立、专业判断，而审计报告的核心是审计意见类型，包括标准的无保留意见、带强调事项段的无保留意见、保留意见、否定意见和无法表示意见五种类型。一般地，除标准的无保留意见之外的四种审计意见类型统称为“非标”审计意见。审计师能否及时准确地出具审计意见、审计报告是否具有信息价值，是衡量审计质量的重要指标（Francis，2004）。

Carson等（2013）将影响审计意见类型的因素分为客户层面、审计师层面、客户与审计师关系层面和外部制度环境层面。在客户层面影响审计意见类型的因素中，又可以划分为财务报表信息质量问题直接导致的“非标”审计意见，以及审计师在审计过程中发现的客户其他问题间接导致财务报表信息质量存疑。

在财务信息方面，整体而言财务状况较差的公司更容易被出具“非标”审计意见（夏立军和杨海斌，2002）。具体地，最影响审计意见出具的行为是企业的盈余管理，企业的盈余管理程度越高，审计师出具“非标”意见的可能性越大（刘继红，2009；Francis和Krishnan 1999），钱春杰和周中胜（2007）也发现，会计收益与应税收益的差异能很大程度反映管理层盈余操纵的情况，税会差异越大，审计师出具“非标”审计意见的可能性越大。在非财务信息方面，主要包括公司治理环境与整体经营风险。首先，在公司治理方面，Goh等（2013）发现审计师会积极利用针对企业内部控制系统的评价报告作为审计意见出具的参考，内部控制重大缺陷意见的出具会显著增加“非标”审计意见出具的概率。同时，针对内部控制质量越高的客户，审计师投入的审计成本越小，识别出盈余管理行为并予以“非标”意见的行为相应减少（杨德明和胡婷，2010）。Carcello和Neal（2000）证实更强势独立的审计委员会能帮助维持审计的独立性并提升出具持续经营不确定性审计意见的概率。刘霄仑等（2012）则从董事会和高管的持股情况、变更情况、薪酬情况、独立董事出席情况、董事长总经理两职合一等角度构建了公司治理指数，从整体上发现公司治理越完善，收到“非标”审计意见的可能性越低。其次，在整体经营风险方面，方军雄等（2004）发现对于出现亏损情况、股东占款比重和资产负债率越高的企业，越容易被出具“非标”意见。冯延超和梁莱歆（2010）则发现审计师对于法律风险越大的公司越倾向于出具“非标”审计意见。方军雄等（2016）则从资本市场的角度识别出了股价崩盘风险所衡量的企业整体风险对审计意见类型确定的影响。

从上市公司和外部审计师的角度，接受和出具非标准无保留审计意见（以下简称“非标”审计意见）都是成本收益权衡的结果。对于上市公司而言，“非标”审计意见的出现虽然会引起监管层和投资者的关注，带来更多的政治成本和经济成本，但也避免了披露不利于自身再融资等需求的财务信息（Charles等，2001）。对于独立审计师而言，对存在问题的企业出具“非标”审计意见是履行职业判断、避免诉讼风险的选择。但从市场集中度、行业平均劳动生产率和平均利润率等角度看，我国审计市场竞争激烈（夏冬林和林震昃，2003），审计师出具“非标”审计意见后很可能面临与客户关系僵化导致后续审计工作成本上升，甚至被直接替换的后果（杨德明和胡婷，2010）。部分具有特殊背景的企业，尤其是具有充分融资资源和优先政府保护的国企（Wang等，2008），对高质量审计的需求实际并不高，这进一步削弱了审计师出具“非标”审计意见的意愿。出具“非标”审计意见需要更多的审计投入以及较大的成本，因此审计师的最优选择是在规避风险的前提下尽可能节约成本。这一现实要求便促使审计师尽可能利用企业审计委员会的力量（Carcello和Neal，2000）、内部控制质量报告（杨德明和胡婷，2010）、企业股价表现（方军雄等，2016）等内外部信息，辅助专业判断。

（三）纳税信用评级与审计意见类型

改革后的纳税信用评级制度具有覆盖范围广、评级标准量化统一、社会影响力强等特点，现有研究主要从两方面证实企业的纳税信用评级能够产生边际的有效信息。一方面，纳税信用评级制度的实施是通过税收征管机构直接提取信息进行评价，具有政府鉴证功能，降低了企业与外部投资者、其他市场参与者之间的信息不对称程度，进而降低了企业的外部融资约束和审计费用（孙雪娇等，2019；耿艳丽，2018）；另一方面，该制度通过政府官方网站公布A级纳税人名单，并通过开通“银税互动”进一步提升纳税信用的经济价值，客观上起到了国家信用背书的作用，为社会各界利益相关者提供了额外信息，进一步改善了企业的外部融资环境，并提升了企业业绩表现和创新能力（叶永卫等，2021；孙红莉和雷根强，2019；李林木等，2020）。考虑到外部审计师在激烈的市场竞争环境中尽量规避风险的同时尽可能节约审计成本的实际需求，审计师有动机积极利用纳税信用评级制度带来的额外信息，纳税信用信息的影响可能在审计过程中和最终审计意见的出具中得以体现。

首先，纳税信用评级制度可能会直接影响企业的会计信息质量。财务报告披露的会计信息是企业内外部利益相关者决策的重要依据，也是各种企业契约的基础，由于委托-代理问题的存在，会计数字往往会被管理者利用和扭曲以获取职位晋升、期权行权等私利，借用各种隐蔽且复杂的手段以掩盖其机会主义行为，例如盈余管理、税收规避和关联交易等等，甚至于专业的审计师也可能被蒙蔽其中而难以做出及时的反应和准确的判断（方军雄等，2016）。此时，具有外部监督和鉴证作用的纳税信用评级制度则可以在整体上改善企业的内部信息环境，进而对审计师的职业判断和审计意见的出具产生积极影响。一方面，从纳税信用评级制度的评价细则中可以看出，企业想要争取更好的纳税信用评级，需要提升其纳税遵从程度，同时为了控制纳税遵从成本，势必需要对内部税务报告系统进行优化升级（Noga和Arnold，2002；Azmi等，2016）。而内部税务报告系统是镶嵌于公司整体内部信息系统之中的，优化税务报告系统势必要求公司整体内部信息系统的完善（Gallemore和Labro，2015），这也会直接减少内部财务信息的错误和缺漏，提升财务报告信息质量，降低审计师对财务报告出具“非标”审计意见的概率。另一方面，纳税信用评级制度对企业的纳税遵从行为提出了进一步规范化的要求，企业为了争取更好的评级会压缩税务筹划的空间，在此情境下，如果高管仍想进行盈余管理，此时税会差异会进一步扩大。Phillips等（2003）发现税会差异能够捕捉到管理层的盈余管理行为，尤其对于以避免亏损为动机的盈余管理行为，比酌量性应计项目具有更好的解释力。税会差异如果在争取高评级的要求下扩大，管理层盈余管理行为暴露的风险便会增高，导致管理层盈余管理动机下降。因此更可能的情况是，对于评级为A的企业，其税收筹划和盈余管理行为皆有所降低，会计信息质量提高，有助于提高审计师出具标准无保留审计意见的可能性。

其次，纳税信用评级制度促进了企业的内部治理环境改善，降低了企业整体运营风险，间接降低了审计师出具“非标”审计意见的概率。纳税信用评级制度促进企业内部信息系统的优化升级，不仅会直接提升内部财务信息本身的质量，也使得内部信息为公司内部治理提供了必要的决策数据支持和制度设计支持，有助于公司内部治理环境的改善和信息传递效率的提升。在此基础上，一方面，已有研究发现审计师在出具“非标”审计意见前会花更长的时间与客户进行讨论和谈判，导致审计报告延迟发布（余怒涛等，2008；伍利娜等，2004；巫升柱等，2006；Elliott，1982）。而在企业争取纳税信用高评级的情境下，公司内部信息报告系统与治理体系更完善，审计工作实际花费的时间减少，与客户的沟通过程更通畅，由此降低了审计师出具“非标”审计意见的概率。另一方面，纳税信用评级为A的企业将受到面向全社会的公开表扬，并可以通过“银税互动”将纳税信用转化为借贷信用，还通过41项联合激励政策提升了其与政府的关系，这种种益处提升了企业社会形象、降低了企业融资难度，有利于帮助企业在财务困境或其他特殊时期保持运转，降低了企业整体运营风险和破产风险，因此降低了审计出具“非标”审计意见的概率。

综上所述，纳税信用评级制度主要从客户层面影响非标准审计意见出具的概率。财务信息方面，评级更好的企业具有更低的盈余管理动机和更高的财务信息质量，在非财务信息方面则通过促进企业优化企业内部信息系统改善了公司治理环境，通过提升企业声誉形象降低融资成本、降低企业整体经营风险。整体上，纳税信用评级制度作为政府发挥鉴证作用的外部制度，补充了审计的鉴证工作，纳税评级为A的企业可能具有更可信的财报信息、更完善的公司治理系统和更低的未来不确定性，因此被审计师出具非标准审计意见的概率更低。基于上述分析，本文提出以下假说：

假说：纳税信用评级为A级的企业次年被出具“非标”审计意见的概率更低。

三、研究设计与样本来源

（一）变量选择与研究模型

借鉴 Firth 等（2012）和 Charles 等（2001）等已有文献的做法，我们采用 Logistic 回归模型分析纳税信用评级对审计意见类型的影响：

$$MAO_{i,t}=\alpha+\beta_1 TAXCREDIT_{i,t-1}+\beta_2 Control\ Variables_{i,t}+\sum Industry_{i,t}+\sum Year_{i,t}+\varepsilon_{i,t} \quad (1)$$

其中，被解释变量MAO为表示企业是否被出具“非标”审计意见的虚拟变量。目前的审计准则规定，审计意见类型分为五种，分别是：标准无保留意见、带强调事项段的无保留意见、保留意见、无法表示意见以及否定意见。借鉴已有研究，构建“非标”审计意见的虚拟变量（MAO_1），对公司被出具标准无保留意见之外的四种情况取1，对于被出具标准无保留意见则取0。后文稳健性检验中，我们也构建了更严格的“非标”审计意见虚拟变量MAO_2，其取1时代表公司被出具保留意见、无法表示意见或否定意见的情况，其余两种情况出现则取0。解释变量TAXCREDIT为识别企业当年纳税信用评级水平的虚拟变量，其中A级信用纳税人取1，否则为0[①]。为了排除反向因果问题（即公司被出具“非标”审计意见的可能性越小时更大概率获评A级信用纳税人），模型采取滞后一期的纳税信用评级数据，即研究企业获评A级信用纳税人是否会影响次年审计意见的确定。其余控制变量的构成和定义见表2。模型同时控制了行业与年度虚拟变量进行回归。

为了进一步识别出获评A级信用纳税人显著降低次年该企业被审计师出具“非标”审计意见概率的作用机制，本文对样本进行了分组检验，分组的标准为以下四项调节变量：

（1）使用修正Jones模型下的可操控应计项目的绝对值（变量ABS_DA）直接衡量纳税信用制度对企业财务信息质量的优化作用，预期在财务质量越差的企业，评级为A对“非标”审计意见出具概率的降低作用更显著；

① 现行企业纳税信用制度下仅向社会公布当年度A级信用纳税人名单，受原始数据限制本文解释变量仅识别企业是否获评A级信用纳税人的情况。

表2 变量名称与含义

类型	变量	含义
被解释变量	MAO_1	虚拟变量，审计报告出具“带强调事项段的无保留意见”、“保留意见”、“无法表示意见”和“否定意见”的情况取1，否则为0
	MAO_2	虚拟变量，审计报告出具“保留意见”、“无法表示意见”和“否定意见”的情况取1，否则为0
解释变量	TAXCREDIT	虚拟变量，纳税信用评级为A取1，否则为0
调节变量	ABS_DA	可操控应计项目的绝对值
	LAG	财务报告出具速度，财务报告出具日期-对应会计日期
	LANA	分析师跟踪人数取自然对数
	ZSCORE	Altman破产指数，该指数越小，企业破产的可能性越大
控制变量	SIZE	公司总资产取自然对数
	LEV	资产负债率，负债/总资产
	INV	存货占总资产的比例
	REC	应收账款占总资产的比例
	QUICK	速动比率，（流动资产-存货）/流动负债
	ATURN	总资产周转率，营业收入/总资产
	ROA	营运资金资产报酬率，营业利润/总资产
	LOSS	虚拟变量，存在净亏损情况取1，否则为0
	BM	账面市值比，公司净资产账面价值/市场价值
	CASHRIGHT	现金流权，实控人拥有上市公司所有权的比例
	PRIVATE	虚拟变量，非国有企业取1，否则为0
	BH	虚拟变量，存在B股、H股同时上市的情况取1，否则为0
	BIG10	虚拟变量，会计师事务所为“十大”取1，否则为0
	TENURE	会计师事务所服务年份
	LAGMAO_1	虚拟变量，前一期的MAO_1变量取值
	LAGMAO_2	虚拟变量，前一期的MAO_2变量取值

（2）借鉴Gallemore和Labro（2015），使用企业季报、半年报和年报的平均出具日期与对应会计日期的差额天数计算出变量LAG，以衡量纳税信用评级制度对企业内部信息系统整合和优化升级的客观促进作用，预期在内部信息与内部治理环境越差的企业，评级为A对“非标”审计意见出具概率的降低作用更显著；

（3）利用分析师跟踪情况（变量LANA）衡量企业的外部信息监督环境，预期内部信息治理水平越低、外部信息监督环境越差的企业，评级为A降低被出具“非标”审计意见可能性的效果更显著；

（4）根据Altman（1968）提出的企业破产指数，计算变量ZSCORE以衡量企业整体营运风险，我们预期对于破产风险更高的企业，纳税信用评级为A降低审计师出具“非标”审计意见概率的作用更显著。

（二）样本选择与描述性统计

本文的主要样本区间选取2014—2019年，其中2014年为新《纳税信用管理办法（试行）》在全国范围内实施的起始年份，也是本文所用纳税信用评级数据的起始年份。同时考虑到我们的模型中使用的是滞后一期的纳税信用评级数据，因此主要使用的被解释变量和控制变量数据区间为2015—2019年。本文根据以下标准剔除了部分观测值：

（1）剔除金融行业企业；

（2）剔除被ST公司；

（3）剔除存在变量缺失值的样本，最终得到12 999条观测值，并对连续型变量进行上下1%水平的缩尾处理。

本文中企业纳税信用评级数据使用爬虫技术采集自国家税务总局官网的纳税信用A级纳税人名单公布栏[①]，其他数据均来源于CSMAR和WIND数据库。

变量的描述性统计分析见表3。其中，表示企业被出具“非标”审计意见情况的变量MAO_1与MAO_2基本符合正态分布，且波动较小；纳税信用评级是否为A的虚拟变量分布呈现轻微右偏，有约45%的企业-年度样本获得了A级纳税信用等级，这与孙雪娇等（2019）的数据基本符合。变量的相关系数矩阵见表4，纳税信用评级为A的虚拟变量与“非标”审计意见显示变量均呈现显著负相关关系，与预期一致。

表3 **全样本描述性统计分析**

变量	均值	标准差	25分位数	中位数	75分位数	观测值
MAO_1	0.0494	0.217	0	0	0	12 999
MAO_2	0.0233	0.151	0	0	0	12 999

① 国家税务总局官方网址：http：//hd.chinatax.gov.cn/nszx/InitCredit.html.

续表

变量	均值	标准差	25分位数	中位数	75分位数	观测值
TAXCREDIT	0.455	0.498	0	0	1	12 999
SIZE	22.37	1.289	21.49	22.23	23.11	12 999
LEV	0.439	0.205	0.277	0.428	0.588	12 999
INV	0.138	0.134	0.0518	0.106	0.173	12 999
REC	0.122	0.106	0.0358	0.0991	0.180	12 999
QUICK	1.736	1.899	0.739	1.177	1.919	12 999
ATURN	0.579	0.414	0.311	0.484	0.718	12 999
ROA	0.0515	0.0542	0.0207	0.0463	0.0785	12 999
LOSS	0.121	0.326	0	0	0	12 999
BM	0.469	0.340	0.225	0.378	0.614	12 999
CASHRIGHT	0.344	0.161	0.223	0.328	0.452	12 999
PRIVATE	0.538	0.499	0	1	1	12 999
BH	0.0520	0.222	0	0	0	12 999
BIG10	0.583	0.493	0	1	1	12 999
TENURE	7.813	4.927	4	7	10	12 999
LAGMAO_1	0.0362	0.187	0	0	0	12 999
LAGMAO_2	0.0126	0.112	0	0	0	12 999

表4 **相关系数矩阵**

	TAXCREDIT	MAO_1	MAO_2	SIZE	LEV	INV	REC	QUICK	ATURN
TAXCREDIT	1								
MAO_1	-0.0712*	1							
MAO_2	-0.0335*	0.6778*	1						
SIZE	0.0184*	-0.1005*	-0.0431*	1					
LEV	-0.0772*	0.1647*	0.1016*	0.4722*	1				
INV	-0.0241*	-0.0349*	-0.0191*	0.1294*	0.2818*	1			
REC	0.0414*	-0.0026	0.0073	-0.1775*	0.0357*	-0.0751*	1		

续表

	TAXCREDIT	MAO_1	MAO_2	SIZE	LEV	INV	REC	QUICK	ATURN
QUICK	0.0224*	-0.0363*	-0.0322*	-0.3312*	-0.6143*	-0.2290*	0.0009	1	
ATURN	0.0668*	-0.0282*	-0.0317*	0.0359*	0.0963*	0.0191*	0.1719*	-0.1244*	1
ROA	0.1428*	-0.2064*	-0.1338*	0.0653*	-0.2509*	-0.0522*	0.1152*	0.1012*	0.2285*
LOSS	-0.0795*	0.3143*	0.2604*	-0.1202*	0.1730*	-0.0048	-0.0025	-0.0727*	-0.0914*
BM	0.0921*	-0.0607*	-0.0109	0.5937*	0.1887*	0.0631*	-0.1786*	-0.1758*	-0.0146
CASHRIGHT	0.0290*	-0.1075*	-0.0681*	0.1387*	-0.0289*	0.0368*	-0.0260*	0.0095	0.0235*
PRIVATE	0.0532*	0.0218*	0.0521*	-0.2659*	-0.2150*	-0.0508*	0.2157*	0.1334*	-0.0737*
BH	-0.0086	-0.0134	-0.0155	0.2631*	0.0923*	-0.0204*	-0.0989*	-0.0767*	0.0218*
BIG10	0.0315*	-0.0507*	-0.0494*	0.1210*	0.0156	-0.0213*	-0.0123	-0.0035	0.0042
TENURE	0.0722*	-0.0441*	-0.0368*	0.0469*	0.0053	0.0477*	-0.1082*	-0.0455*	0.0234*
LAGMAO_1	-0.0704*	0.5163*	0.2756*	-0.1186*	0.1353*	-0.0320*	-0.0243*	-0.0220*	-0.0166
LAGMAO_2	-0.0271*	0.3432*	0.3617*	-0.0594*	0.0811*	-0.014	-0.0087	-0.0082	-0.0291*

	ROA	LOSS	BM	CASHRIGHT	PRIVATE	BH	BIG10	TENURE	LAGMAO_1
ROA	1								
LOSS	-0.4222*	1							
BM	-0.0674*	-0.0657*	1						
CASHRIGHT	0.1513*	-0.1105*	0.0569*	1					
PRIVATE	0.1217*	0.0063	-0.2325*	-0.0834*	1				
BH	-0.0478*	-0.0177*	0.2374*	0.0215*	-0.1986*	1			
BIG10	0.0402*	-0.0377*	0.0560*	0.0825*	-0.0076	0.1172*	1		
TENURE	0.0051	-0.0218*	0.0908*	-0.1023*	-0.0153	0.0302*	-0.0771*	1	
LAGMAO_1	-0.1670*	0.1757*	-0.0877*	-0.0923*	-0.0103	-0.0176*	-0.0482*	-0.0499*	1
LAGMAO_2	-0.1147*	0.1506*	-0.0324*	-0.0591*	0.0259*	-0.0172	-0.0485*	-0.0477*	0.5830*

注：*表示至少0.05的显著水平（双尾检验）。

四、实证结果与分析

（一）基本回归结果与分析

为了证明本研究提出的假设，即企业被评为A级信用纳税人的次年被出具“非标”审计意见的可能性会降低，本文使用logistic回归模型进行实证检验，回归检验的结果见表5。其中第（1）列使用了变量MAO_1作为被解释变量，第（2）列则使用了更严格的“非标”审计意见变量MAO_2作为被解释变量。从表5的回归结果来看，企业的纳税信用评级情况与被出具“非标”审计意见的可能性显著相关。具体地，对于被评为A级信用纳税人的企业，其次年被出具除标准无保留意见外的四种“非标”审计意见的概率在5%的显著性水平上会下降约30%，被出具“保留意见”、“无法表示意见”和“否定意见”三类严格非标准审计意见的概率在5%的显著性水平上会下降约32%。综上，实证结果支持本文的主要假设，纳税信用评级为A级的企业次年被出具“非标”审计意见的概率显著更低。

从控制变量的回归结果来看，企业层面和审计师层面的特征与被出具“非标”审计意见的关系也基本与已有文献的结果保持一致（方军雄等，2016）。规模越小、杠杆率越低、存货流转能力越弱、盈利能力越弱、公司治理环境越弱的企业更可能被出具“非标”审计意见，审计师合作时间越短（独立性相对越强）越可能出具“非标”审计意见，十大会计师事务所反而更不愿意出具严格的“非标”审计意见。

（二）稳健性检验

为了解决可能存在的反向因果、遗漏变量等内生性问题，保证研究结果的稳健性，本文进行了以下检验：

1.PSM-DID检验

为了衡量纳税信用评级对企业被出具“非标”审计意见概率的影响，排除潜在因素既影响企业获评A级信用纳税人，又通过除纳税信用评级制度直接改善企业财务报告信息质量、间接促进企业改善内部信息报告系统和内部治理环境等机制之外的其他路径影响审计意见的确定，我们使用了PSM-DID检验主回归的结果，并使用2014年纳税信用评级制度改革出台的政策事件作为外生冲击，将研究的时间窗口延长至2008—2019年。首先，通过倾向得分匹配（PSM）确认了除是否获评A级信用纳税人之外企业层面和审计师层面特征相似的处理组和控制组，具体地，使用模型（2）进行倾向得分一比一匹配。其次，将每个企业第一次获评A级信用纳税

表5 纳税信用评级与“非标”审计意见基准回归结果

	(1)		(2)	
	MAO_1		MAO_2	
	Coefficient	t value	Coefficient	t value
TAXCREDIT	-0.298**	(-2.470)	-0.317**	(-2.043)
SIZE	-0.241***	(-3.701)	-0.058	(-0.648)
LEV	3.172***	(8.425)	1.834***	(3.527)
INV	-1.461***	(-2.887)	-1.414**	(-2.098)
REC	-0.156	(-0.273)	-0.337	(-0.430)
QUICK	0.083***	(2.870)	-0.030	(-0.530)
ATURN	0.025	(0.162)	0.068	(0.296)
ROA	-4.332***	(-3.140)	-4.188**	(-2.388)
LOSS	1.712***	(12.194)	1.976***	(10.061)
BM	0.371	(1.532)	0.324	(0.992)
CASHRIGHT	-1.175***	(-2.969)	-1.086**	(-2.234)
PRIVATE	0.431***	(3.571)	0.754***	(4.480)
BH	0.172	(0.766)	0.184	(0.524)
BIG10	-0.163	(-1.529)	-0.342**	(-2.403)
TENURE	-0.031***	(-2.692)	-0.044**	(-2.544)
LAGMAO_1	3.446***	(20.756)		
LAGMAO_2			2.834***	(10.551)
CONSTANT	0.027	(0.020)	-4.108**	(-2.127)
Year & Industry	控制		控制	
Pseudo. R^2	0.414		0.347	
N	12 999		12 999	

注：t值已根据公司个体进行了聚类调整（cluster）；*、**和***分别表示10%、5%和1%的显著性水平，下文同。

人当年作为事件冲击，进行多期双重差分回归，并使用个体固定效应模型进一步排除潜在的遗漏变量问题，回归模型见模型（3）。

TAXCREDIT=f（SIZE；LEV；INV；REC；QUICK；ATURN；ROA；LOSS；BM；CASHRIGHT；PRIVATE；BH；BIG10；TENURE；LAGMAO_1；Year FE） (2)

$$MAO_{i,t}=\alpha+\beta_1 DID_{i,t-1}+\beta_2 Controls_{i,t}+\sum Year_{i,t}+\varepsilon_{i,t} \tag{3}$$

PSM-DID的检验结果见表6，POST*TREAT交互项显示，在新的纳税信用制度出台后，企业获评A级信用纳税人在1%的显著性水平上能降低其次年被出具“非标”审计意见的概率。

表6 纳税信用评级与“非标”审计意见——PSM-DID

	MAO_1	
	Coefficient	t value
POST*TREAT	-1.358***	(-3.047)
SIZE	-0.842***	(-4.179)
LEV	3.241***	(4.140)
INV	-2.162**	(-2.080)
REC	-0.387	(-0.273)
QUICK	-0.021	(-0.290)
ATURN	0.765**	(2.335)
ROA	-12.340***	(-4.685)
LOSS	0.823***	(3.731)
BM	1.808***	(3.054)
CASHRIGHT	0.599	(0.500)
BIG10	-0.103	(-0.396)
TENURE	-0.015	(-0.484)
LAGMAO_1	1.004***	(4.771)
Firm&Year	控制	
Log Likelihood	-249.25	
N	1 157	

注：其中显示时间的虚拟变量（POST）被年份虚拟变量所吸收，显示控制组的虚拟变量（TREAT）和控制变量中的虚拟变量PRIVATE、BH则被个体固定效应所吸收。

2.平行趋势检验

为了进行平行趋势检验，我们考察了2014年前五年及后三年的审计意见在获评过A级的处理组和未获评A级的控制组中的分布情况，其差异性展示如图1。从图1来看，新制度出台前五年两组样本的审计意见类型没有系统性区别，而纳税信用评级带来的区别主要在新制度出台后的第三年开始显著体现，考虑到企业为了争取更高的评级，需要对其内部税务系统和信息系统进行整体性的优化升级，需要一定的政策响应时间，因此反应有所延迟。

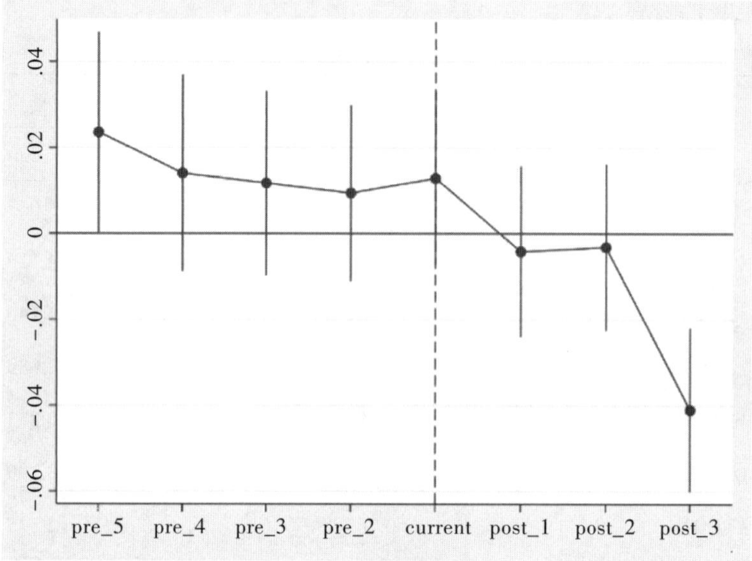

图1　平行趋势检验结果

3.安慰剂检验

为了排除可能的遗漏变量问题和噪声影响，参考孙雪娇等（2019）的方法将纳税信用评级为A的结果随机分配给所有样本，重复回归500次作为安慰剂检验，观察审计意见的分布情况。结果如图2显示，t统计量分布基本符合均值为0的标准正态分布，说明此处虚构的处理效应并不存在，本文的回归结果并不是由不可观测因素导致的，主要研究结论具有较好的稳健性。

（三）机制检验

前述提及，审计师审计意见类型确定的影响因素主要包括企业财务报告信息质量和企业整体风险两个方面，因此，此部分我们选取这两个方面的代理变量，考察企业财务信息质量与经营风险对纳税信用评级与审计意见类型之间关系的调节效应。具体地，我们按照行业平均水平将样本分为两组，进行分组回归检验，探索纳税信用评级影响审计意见类型确定的具体影响机制。

1.纳税信用评级直接提升财务信息质量

企业为了争取更好的纳税信用评级，需要优化内部报税系统与整体信息系统，客观上直接提升了财务信息质量，降低错报漏报情况，同时需要压缩税务筹划的空

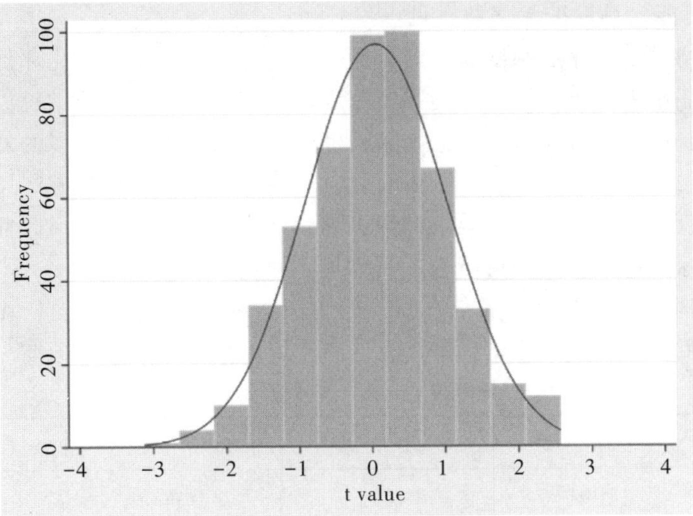

图2 安慰剂检验结果

间以提升纳税遵从水平，客观上降低了内部财务复杂性、减少了盈余管理的机会，提高了企业的财务信息质量。具体地，我们用操纵性应计项目ABS_DA来衡量会计报告信息质量。表7第（1）、（2）列结果显示，更好的纳税信用评级对所有企业均能显著降低其被出具“非标”审计意见的概率，而对比系数大小发现，对于财务信息质量更低的子样本，这种作用会更大。

2.纳税信用评级间接改善内部治理与外部监督环境，降低运营风险

在纳税信用评级制度的激励下，企业有动机优化税务报告系统和整体内部信息系统，进而为内部治理和内部控制提供必要的数据支持，改善内部治理环境。我们用出具财务报告的滞后日期变量LAG衡量企业内部的整体信息环境，LAG数值越大，企业季报、半年报、年报平均出具日期落后于会计日期的时间越久，说明企业内部信息整合能力相对越弱，信息结构相对越复杂。表7第（3）、（4）列结果显示，在企业本身内部信息环境较差的子样本中，获评A级信用纳税人对降低被出具“非标”审计意见概率的作用较为显著，而针对本身内部信息系统较为成熟的企业，结果并不显著。

A级信用纳税人名单的公开和财务报告信息质量的提升可能为企业带来更多的社会关注，客观上会受到更多的外部监督，这可能降低审计师的审计成本，提升审计师在进行专业判断时对企业信息的信任度。具体地，我们用分析师跟踪人数LANA来衡量企业面临的外部监督。表7第（5）、（6）列结果显示，外部分析师跟踪人数较多的企业，获评A级对审计师出具“非标”审计意见概率的降低作用并不显著，而原本分析师跟踪人数较少、外部监督力度较弱的企业，审计师更有可能积极利用纳税信用评级制度带来的外部监督对该类企业的影响，在该类企业事先获评

A级后更有可能出具标准无保留意见。

此外，纳税信用评级制度通过对企业税收遵从行为的统一量化评价，客观上起到了政府鉴证作用，而"银税互动"等制度设计直接提升了企业纳税信用的经济价值。因此，获评A级纳税信用的企业能获得更高的社会声誉和更多的外部融资支持（孙雪娇等，2019），这有利于企业更好地应对临时性财务危机和破产风险，降低企业整体运营风险。这一作用会被审计师识别，并降低因企业未来风险而向A级纳税人出具"非标"审计意见的可能性。具体地，我们用破产指数变量ZSCORE衡量企业未来整体风险。表7的第（7）、（8）列实证结果显示，对于破产风险更高的企业，纳税信用评级对审计师出具审计意见的作用更显著，与理论预期一致。

表7　　　　纳税信用评级与"非标"审计意见——影响机制

	(1)	(2)	(3)	(4)	(5)	(6)	(7)	(8)
	ABS_DA		LAG		LANA		ZSCORE	
	会计信息质量低组	会计信息质量高组	内部信息环境较差组	内部信息环境较好组	分析师跟踪人数低组	分析师跟踪人数高组	破产风险高组	破产风险低组
TAXCREDIT	-0.324*	-0.305*	-0.282**	-0.264	-0.360***	-0.129	-0.331**	-0.228
	(-1.821)	(-1.940)	(-2.100)	(-0.905)	(-2.594)	(-0.531)	(-2.423)	(-0.953)
SIZE	-0.296***	-0.195**	-0.249***	-0.340**	-0.179**	-0.205	-0.144	-0.312***
	(-2.881)	(-2.089)	(-3.387)	(-1.990)	(-2.285)	(-1.305)	(-1.630)	(-2.683)
LEV	3.504***	3.013***	2.996***	3.302***	2.976***	3.960***	2.843***	3.846***
	(6.042)	(5.711)	(7.157)	(3.316)	(7.444)	(3.708)	(5.722)	(5.988)
INV	-1.299*	-1.580**	-1.530***	-0.777	-1.798***	0.053	-0.839	-2.494**
	(-1.704)	(-2.347)	(-2.672)	(-0.792)	(-3.250)	(0.042)	(-1.354)	(-2.433)
REC	0.365	-0.577	-0.229	-1.036	-0.361	0.625	-0.156	-0.397
	(0.427)	(-0.723)	(-0.356)	(-0.736)	(-0.537)	(0.539)	(-0.213)	(-0.413)
QUICK	0.093*	0.081**	0.050	0.154**	0.077***	0.100	0.112**	0.094***
	(1.855)	(2.337)	(1.478)	(2.552)	(2.597)	(1.159)	(2.232)	(2.617)
ATURN	0.057	0.003	0.091	-0.078	0.179	-0.633*	-0.163	0.066
	(0.310)	(0.015)	(0.601)	(-0.195)	(1.095)	(-1.682)	(-0.606)	(0.299)
ROA	-3.328*	-5.615***	-2.836*	-8.803***	-4.586***	-0.860	-4.122**	-3.404
	(-1.698)	(-2.688)	(-1.958)	(-2.634)	(-2.845)	(-0.311)	(-2.312)	(-1.517)

续表

	(1)	(2)	(3)	(4)	(5)	(6)	(7)	(8)
	ABS_DA		LAG		LANA		ZSCORE	
	会计信息质量低组	会计信息质量高组	内部信息环境较差组	内部信息环境较好组	分析师跟踪人数低组	分析师跟踪人数高组	破产风险高组	破产风险低组
LOSS	1.664***	1.765***	1.661***	1.147***	1.488***	2.495***	1.686***	1.650***
	(7.836)	(9.611)	(10.985)	(3.278)	(10.056)	(7.574)	(10.891)	(5.661)
BM	0.719*	0.142	0.437	-0.244	0.426	-0.049	0.124	0.414
	(1.914)	(0.431)	(1.641)	(-0.326)	(1.513)	(-0.086)	(0.424)	(0.777)
CASHRIGHT	-1.919***	-0.559	-1.557***	0.205	-1.477***	0.087	-1.360***	-0.409
	(-3.382)	(-1.015)	(-3.640)	(0.211)	(-3.328)	(0.105)	(-3.255)	(-0.501)
PRIVATE	0.278	0.567***	0.365***	0.458	0.422***	0.548*	0.504***	0.197
	(1.503)	(3.423)	(2.676)	(1.587)	(3.241)	(1.708)	(3.545)	(0.884)
BH	0.394	0.065	0.280	0.135	0.435*	0.000	0.219	0.112
	(1.109)	(0.207)	(1.136)	(0.204)	(1.775)	(.)	(0.826)	(0.222)
BIG10	-0.084	-0.217	-0.109	-0.352	-0.130	-0.343	-0.201	-0.071
	(-0.512)	(-1.551)	(-0.904)	(-1.325)	(-1.062)	(-1.465)	(-1.549)	(-0.354)
TENURE	-0.033*	-0.030**	-0.043***	0.023	-0.030**	-0.022	-0.027**	-0.044*
	(-1.831)	(-2.102)	(-3.314)	(0.949)	(-2.465)	(-0.826)	(-1.975)	(-1.800)
LAGMAO_1	3.426***	3.486***	3.241***	3.891***	3.300***	3.809***	3.226***	3.883***
	(15.170)	(15.882)	(17.404)	(11.630)	(19.251)	(8.591)	(15.216)	(14.304)
CONSTANT	1.885	-0.016	1.984	0.300	-0.179	-0.883	-0.489	1.161
	(0.949)	(-0.009)	(1.306)	(0.094)	(-0.115)	(-0.270)	(-0.278)	(0.484)
Year&Industry	控制	控制	控制	控制	控制	控制	控制	控制
Pseudo. R^2	0.426	0.414	0.405	0.483	0.415	0.318	0.386	0.482
N	5 315	7 684	7 213	5 623	6 787	5 733	7 017	5 966

（四）进一步检验

1.政策学习效应

考虑到企业解读政策、学习纳税信用评级标准需要时间，且对企业内部的信息系统进行优化升级也需要一定的时间，因此纳税信用评级对审计师出具审计意见的影响作用可能在政策出台后不会立马呈现影响，而是逐年发挥作用。为了识别这种企业对新政策的学习效应，我们将主要研究模型中的解释变量TAXCREDIT替换为三个虚拟变量TAXCREDIT_1、TAXCREDIT_2和TAXCREDIT_3，其中虚拟变量TAXCREDIT_1表示第一年评级为A的样本取1，否则为0；虚拟变量TAXCREDIT_2、TAXCREDIT_3分别表示累计两年评级为A和累计三年及以上评级为A的样本取1，否则为0。结果见表8，我们发现累计获得A级评定三年及以上的企业，审计师因其A级纳税人身份而降低“非标”审计意见出具概率的情况最明显，说明审计师认同企业对政策的学习需要时间，并在一定时间后能识别出纳税信用评级制度对企业财务信息、内部治理、外部监督环境和整体运营风险等方面的影响。

表8 纳税信用评级与“非标”审计意见——学习效应

	(1)		(2)	
	MAO_1		MAO_2	
	Coefficient	t value	Coefficient	t value
TAXCREDIT_1	-0.360*	(-1.768)	-0.057	(-0.234)
TAXCREDIT_2	0.044	(0.266)	-0.068	(-0.298)
TAXCREDIT_3	-0.509***	(-3.008)	-0.632***	(-3.002)
SIZE	-0.237***	(-3.644)	-0.052	(-0.587)
LEV	3.170***	(8.353)	1.797***	(3.430)
INV	-1.453***	(-2.867)	-1.390**	(-2.055)
REC	-0.163	(-0.284)	-0.297	(-0.377)
QUICK	0.083***	(2.862)	-0.034	(-0.581)
ATURN	0.026	(0.173)	0.070	(0.306)
ROA	-4.326***	(-3.130)	-4.190**	(-2.388)
LOSS	1.718***	(12.266)	1.982***	(10.143)
BM	0.368	(1.528)	0.334	(1.023)
CASHRIGHT	-1.172***	(-2.939)	-1.083**	(-2.225)
PRIVATE	0.433***	(3.576)	0.750***	(4.460)
BH	0.165	(0.735)	0.169	(0.478)
BIG10	-0.178*	(-1.660)	-0.352**	(-2.464)
TENURE	-0.030***	(-2.599)	-0.042**	(-2.442)
LAGMAO_1	3.460***	(20.871)		
LAGMAO_2			2.859***	(10.544)
CONSTANT	-0.120	(-0.089)	-4.261**	(-2.208)
Year&Industry	控制		控制	
Pseudo. R^2	0.416		0.349	
N	12 999		12 999	

2.分组检验

进一步地，我们将样本按照是否为民营企业（PRIVATE）、是否由前十大会计师事务所审计（BIG10），以及是否处于市场化指数[①]高于全国平均水平的地区（MINDEX），进行了分组回归。回归结果见表9，企业获评纳税信用评级A级降低其被出具“非标”审计意见概率的作用效果在民营企业、非十大审计和处于市场化水平较低地区的企业中更显著。

表9　　纳税信用评级与“非标”审计意见——分组检验

	(1)	(2)	(3)	(4)	(5)	(6)
	PRIVATE		BIG10		MINDEX	
	国有企业	民营企业	非十大审计	十大审计	市场化程度低	市场化程度高
TAXCREDIT	−0.200	−0.321**	−0.601***	−0.100	−0.412*	−0.373*
	(−0.957)	(−2.199)	(−3.205)	(−0.643)	(−1.850)	(−1.917)
SIZE	−0.360***	−0.151*	−0.285***	−0.214**	−0.165*	−0.336**
	(−3.569)	(−1.690)	(−2.644)	(−2.439)	(−1.657)	(−2.526)
LEV	3.387***	3.383***	3.191***	3.394***	3.259***	3.732***
	(5.293)	(6.981)	(5.961)	(6.098)	(5.937)	(5.020)
INV	−2.226***	−1.278*	−2.175***	−0.877	−2.107**	−1.057
	(−2.601)	(−1.953)	(−2.779)	(−1.289)	(−2.472)	(−1.180)
REC	0.383	−0.767	0.178	−0.175	−1.013	−1.064
	(0.403)	(−1.074)	(0.239)	(−0.199)	(−0.929)	(−1.085)
QUICK	0.143***	0.062	0.032	0.133***	0.089**	0.142***
	(3.220)	(1.567)	(0.774)	(3.581)	(1.977)	(2.627)
ATURN	0.315	−0.176	0.124	−0.150	−0.008	0.156
	(1.437)	(−0.878)	(0.593)	(−0.637)	(−0.034)	(0.664)
ROA	−4.318*	−4.414**	−4.782**	−3.955**	−4.380*	−3.037
	(−1.794)	(−2.491)	(−2.314)	(−2.103)	(−1.776)	(−1.204)
LOSS	1.964***	1.631***	1.593***	1.811***	1.577***	1.663***
	(8.290)	(9.424)	(8.355)	(8.784)	(6.446)	(6.613)

① 引用樊纲、王小鲁市场化指数。

续表

	(1)	(2)	(3)	(4)	(5)	(6)
	PRIVATE		BIG10		MINDEX	
	国有企业	民营企业	非十大审计	十大审计	市场化程度低	市场化程度高
BM	0.173	0.789**	0.910**	-0.023	-0.724	0.177
	(0.488)	(2.328)	(2.442)	(-0.070)	(-1.554)	(0.361)
CASHRIGHT	-0.976	-1.106**	-2.061***	-0.733	-1.150*	-1.021
	(-1.387)	(-2.405)	(-3.682)	(-1.345)	(-1.836)	(-1.392)
PRIVATE			0.700***	0.240	0.453**	0.103
			(4.127)	(1.420)	(2.473)	(0.515)
BH	0.399	-0.576	0.862**	-0.060	0.062	0.230
	(1.463)	(-1.329)	(1.995)	(-0.207)	(0.171)	(0.688)
BIG10	0.052	-0.291**			0.068	-0.426**
	(0.295)	(-2.155)			(0.394)	(-2.273)
TENURE	-0.026	-0.044***	-0.038**	-0.018	-0.036*	-0.037*
	(-1.554)	(-2.637)	(-2.448)	(-1.030)	(-1.839)	(-1.915)
LAGMAO_1	3.858***	3.055***	3.336***	3.559***	3.447***	3.111***
	(14.998)	(13.364)	(14.552)	(14.766)	(12.840)	(9.255)
CONSTANT	1.857	-1.291	1.161	-0.929	-0.010	4.123
	(0.929)	(-0.683)	(0.512)	(-0.500)	(-0.005)	(1.581)
Year&Industry	控制	控制	控制	控制	控制	控制
Pseudo. R^2	0.477	0.393	0.454	0.39	0.442	0.373
N	6 005	6 881	5 402	7 582	4 484	5 181

五、研究结论与启示

纳税信用评级制度作为中国经济社会信用体系建设和营商环境改善系列制度中

的重要一环，不仅强化了纳税信用的价值和作用，而且对企业内部的信息报告质量和信息管理系统有直接的促进作用，进而影响到外部审计师的专业判断和审计意见的确定。本文通过研究企业纳税信用评级情况与被出具的审计意见类型之间的关系，从外部审计的视角研究纳税信用评级制度对企业的直接和间接影响。研究发现，企业获评A级信用纳税人次年被出具“非标”审计意见的概率显著降低，且这种作用在会计信息质量较低、内部治理环境与外部监督环境较差、破产风险较高的企业更为显著，说明审计师降低“非标”审计意见出具概率的原因可能是识别出了评级为A的企业为获取良好评级而提升财务报告信息质量、改善内部信息报告系统和内部治理环境的行为，并识别出了该类企业外部监督的增加与外部形象的提升对降低企业整体运营风险的作用。本文的研究结论在以2014年改革后的纳税信用评级制度出台作为外生政策事件冲击下的PSM-DID检验中仍然稳健，且该制度的影响在政策出台后的第三年最为显著，在民营企业、非十大审计和市场化程度较低地区企业中更显著。

本文一方面补充了审计意见的影响因素，发现企业对政策的积极迎合及相应带来的奖励措施能影响其信息质量和整体风险，进而影响审计师的专业判断；另一方面从外部审计的角度补充了纳税信用评级制度对企业的积极作用，为鼓励企业提升纳税遵从水平提供了进一步依据，同时为纳税信用评级制度的政策效应提供了实证证据。

参考文献

［1］方军雄，褚剑，陈诗婷．股价崩盘风险与审计意见类型的调整［J］．中国会计评论，2016（3）：317-344．

［2］方军雄，洪剑峭，李若山．我国上市公司审计质量影响因素研究：发现和启示［J］．审计研究，2004（6）：35-43．

［3］冯延超，梁莱歆．上市公司法律风险、审计收费及非标准审计意见——来自中国上市公司的经验证据［J］．审计研究，2010（3）：75-81．

［4］耿艳丽．纳税信用：影响因素与经济后果［D］．北京：中央财经大学，2018．

［5］蒋建湘，李沫．治理理念下的柔性监管论［J］．法学，2013（10）：29-37．

［6］李林木，于海峰，汪冲，等．赏罚机制、税收遵从与企业绩效——基于纳税信用管理制度的研究［J］．经济研究，2020（6）：89-104．

［7］李沫．激励型监管的行政法思考［J］．政治与法律，2009（10）：86-91．

［8］刘继红．国有股权、盈余管理与审计意见［J］．审计研究，2009（2）：32-39．

[9] 刘霄仑，郝臣，褚玉萍. 公司治理对上市公司审计意见类型影响的研究——基于2007—2011年中国民营上市公司的面板数据 [J]. 审计研究，2012 (5)：51-57.

[10] 钱春杰，周中胜. 会计-税收差异，审计收费和“不清洁”审计意见 [J]. 审计研究，2007 (1)：59-67.

[11] 申慧慧，吴联生，肖泽忠. 环境不确定性与审计意见：基于股权结构的考察 [J]. 会计研究，2010 (12)：57-64.

[12] 孙红莉，雷根强. 纳税信用评级制度对企业技术创新的影响 [J]. 财政研究，2019 (12)：87-101.

[13] 孙雪娇，翟淑萍，于苏. 柔性税收征管能否缓解企业融资约束——来自纳税信用评级披露自然实验的证据 [J]. 中国工业经济，2019 (3)：81-99.

[14] 陶东杰，李成，蔡红英. 纳税信用评级披露与企业税收遵从——来自上市公司的证据 [J]. 税务研究，2019 (9)：101-108.

[15] 巫升柱，王建玲，乔旭东. 中国上市公司年度报告披露及时性实证研究 [J]. 会计研究，2006 (2)：19-24+96.

[16] 伍利娜，黄慧馨，吴学孔. 上市公司审计与年报披露预约日变更 [J]. 审计研究，2004 (5)：48-52+88.

[17] 夏冬林，林震昃. 我国审计市场的竞争状况分析 [J]. 会计研究，2003 (3)：40-46.

[18] 夏立军，杨海斌. 注册会计师对上市公司盈余管理的反应 [J]. 审计研究，2002 (4)：28-34.

[19] 杨德明，胡婷. 内部控制、盈余管理与审计意见 [J]. 审计研究，2010 (5)：90-97.

[20] 叶永卫，曾林，李佳轩. 纳税信用评级制度与企业创新——“赏善”比“罚恶”更有效？[J]. 南方经济，2021 (5)：52-68.

[21] 余怒涛，沈中华，黄登仕. 审计意见和年报披露会影响盈余质量吗？[J]. 审计研究，2008 (3)：55-63.

[22] ALTMAN E I. Fianncial Ratios, Discriminant Analysis and the Prediction of Corporate Bankruptcy [J]. The Journal of Finance, 1968, 23 (4): 589-609.

[23] AZMI A, SAPIEI N S, MUSTAPHA M Z, et al. SMEs' Tax Compliance Costs and IT Adoption: the Case of a Value-Added Tax [J]. International Journal of Accounting Information Systems, 2016, 23: 1-13.

[24] CARCELLO J V, NEAL T L. Audit Committee Composition and Auditor Reporting [J]. Accounting Review, 2000, 75 (4): 453.

[25] CARSON E, FARGHER N L, GEIGER M A, et al. Audit Reporting for Going-Concern Uncertainty: A Research Synthesis [J]. Auditing: A Journal of Practice & Theory, 2013, 32: 353-384.

[26] CHARLES J P C, SHIMIN C, XIJIA S. Profitability Regulation, Earnings Management, and Modified Audit Opinions: Evidence from China [J]. Auditing: A Journal of Practice & Theory, 2001, 20 (2): 9.

[27] DEFOND M, ZHANG J. A Review of Archival Auditing Research [J]. Journal of Accounting and Economics, 2014, 58 (2): 275-326.

[28] ELLIOTT J A. Subject to Audit Opinions and Abnormal Security Returns-Outcomes and Ambiguities [J]. Journal of Accounting Research (Wiley-Blackwell), 1982, 20 (2): 617-638.

[29] FIRTH M, MO P L L, WONG R M K. Auditors' Organizational Form, Legal Liability, and Reporting Conservatism: Evidence from China[J]. Contemporary Accounting Research, 2012, 29 (1): 57-93.

[30] FRANCIS J R. The Effect of Audit Firm Size on Audit Prices: a Study of the Australian Market [J]. Journal of Accounting and Economics, 1984, 6 (2): 133-151.

[31] FRANCIS J R. What do We Know about Audit Quality? [J]. The British Accounting Review, 2004, 36 (4): 345-368.

[32] FRANCIS J R, KRISHNAN J. Accounting Accruals and Auditor Reporting Conservatism [J]. Contemporary Accounting Research, 1999, 16 (1): 135-165.

[33] GALLEMORE J, LABRO E. The Importance of the Internal Information Environment for Tax Avoidance [J]. Journal of Accounting and Economics, 2015, 60 (1): 149-167.

[34] GOH B W, KRISHNAN J, LI D. Auditor Reporting under Section 404: The Association between the Internal Control and Going Concern Audit Opinions [J]. Contemporary Accounting Research, 2013, 30 (3): 970-995.

[35] JENSEN M C, MECKLING W H. Theory of the Firm: Managerial Behavior, Agency Costs and Ownership Structure [J]. Journal of Financial Economics, 1976, 3 (4): 305-360.

[36] NOGA T, ARNOLD V. Do Tax Decision Support Systems Affect the Accuracy of Tax Compliance Decisions? [J]. International Journal of Accounting Information Systems, 2002, 3 (3): 125-144.

[37] PHILLIPS J, PINCUS M, REGO S O. Earnings Management: New Evidence Based on Deferred Tax Expense [J]. Accounting Review, 2003, 78 (2): 491.

[38] WANG Q, WONG T J, XIA L. State Ownership, the Institutional Environment, and Auditor Choice: Evidence from China [J]. Journal of Accounting and Economics, 2008, 46 (1): 112-134.

The Spill-over Effect of the Tax Credit Rating: Evidence Based on Audit Opinion

Yishu Liu, Huihua He, Junxiong Fang

Abstract As a typical trial of incentive policy, Tax Credit Rating formally implemented in 2014 may influence the professional judgement of auditors by guiding the tax compliance behavior of enterprises. Therefore, its implementation effect and impact have aroused the keen attention of regulatory authorities and scholars. This paper studies the impact of Tax Credit Rating on Audit Opinion. Through manual collection of corporate tax credit rating data, we find that in the year after being rated as A-level credit taxpayer, the probability of non-standard audit opinions such as qualified opinions, unable to express opinions and negative opinions is significantly reduced. This effect is mainly through directly improving the quality of corporate financial statement information, meanwhile through indirectly optimizing the internal and external governance environment as well as managing the overall corporate risk. Furthermore, this effect is most significant in the third year after the enterprises learn and practice tax compliance behavior under the guidance of this policy, and is more significant in private enterprises, non-big10 auditors' clients and enterprises located in regions with less developed market institution. This paper shows that Tax Credit Rating aimed at improving the efficiency of tax collection and management has spillover effects, which has a certain enlightenment for China to promote tax policy reform and improve corporate governance structure.

Key Words Tax Credit Rating; spill-over effect; audit opinion; accounting information quality

第13辑，2022年
No.13，2022
会计与控制评论
Review of Accounting and Control

国有资本投资运营公司的成立对企业投资效率的影响研究

王景升　石扬帆

（东北财经大学会计学院　大连　116025）

摘　要　2013年党的十八届三中全会之后，中央意识到市场这一要素在经济资源配置中的决定性作用，第一次提出以“管资本”为主加强国资监管，改革国有资本授权经营体制，改组、组建若干国有资本投资运营公司。为探究国有资本投资运营公司成立的经济效果，本文从投资效率角度出发，探究国有资本投资运营公司对出资公司投资效率的影响。本文的研究结论表明：第一，国有资本投资运营公司能显著提升企业的投资效率，并且对投资不足的抑制程度比对投资过度的抑制程度更加显著。第二，两类公司在不同国有持股比例公司中对企业投资效率的影响程度不同，其成立更有利于提升高国有持股比例公司的投资效率。第三，两类公司在不同市场化程度下对企业投资效率的影响程度不同，其成立更有利于提升低市场化程度地区公司的投资效率。

关键词　国有资本投资运营公司　投资效率　国有资产管理体制

一、引 言

国有资本在我国社会主义市场经济中占据着重要地位，肩负着协调平衡利益、抵御极端风险以及稳定和发展经济的功能。国有资本改革是深化国企改革的重要前提，而国有资产管理体制改革是国有资本改革的关键所在。1949年以来，我国多次在国有资产管理方面进行改革，经历了以“管企业”为主、以“管资产”为主和以“管资本”为主三个阶段。在1949—2003年的第一阶段，分权制改革导致财政部、国经委等多部门分别监管，各部门在管理企业的同时也在管理着其拥有的国有资产；在2003—2013年的第二阶段，国资委的成立标志着我国资产监管体制形成了从中央到地方的多级监管，国资委由管企业转向管资产，但这也导致国资委既作为出资者也作为监管者，导致企业经营权与所有权没有彻底分离；在2013年至今的第三阶段，为进一步推动政企分离、政资分离及两权分离，党的十八届三中全会通过《中共中央关于全面深化改革若干重大问题的决定》，首次提出以“管资本”为主加强国资监管，改革国有资本授权经营体制，改组、组建若干国有资本投资运营公司。2014年，国有资本投资、运营公司（以下简称“两类公司”）的试点改革正式启动，中央和地方省级分别进行了不同侧重的试点，学术界对此也展开了深刻的讨论。然而，目前关于两类公司的研究大多基于对国家政策的解读，以定性的理论分析为主，包括功能定位（陶平生、袁东明，2015；宋韶君、刘文希，2019；徐文进，2020）、运营模式（何小钢，2018；刘冰，2020；谭啸，2020）、内部治理（叶陈云、杨克智，2015；王曙光、王天雨，2017；张宁、才国伟，2021）、试点意义与效果（黄速建、胡锋，2017；李瑞生、宋璐，2020；孟凡雅，2021）等，鲜有研究从实证角度探究其经济后果。因此，仍需要对两类公司试点改革后究竟给其出资企业带来了哪些经济效果进行进一步的探究并提供经验证据。

投资决策是企业经营发展过程中非常重要的决策之一，投资效率的高低影响着企业能否在激烈的市场竞争中取得竞争优势并持续地发展。改革开放以来，我国企业的规模不断扩大，但国有经济“大而不强”“大而不优”，经营者盲目投资或受益于政策红利等导致国企投资效率低下的问题也愈发突出。投资效率与微观企业发展和宏观经济增长紧密相关，在要素投入和转变方面起到了关键的配置作用。其中，信息不对称和委托代理问题（Jensen and Meckling，1976；Myers and Majluf，1984；辛清泉，2007；罗付岩，2013）、外部治理环境（Deng et al.，2017；许立志，2017；李昊楠、郭彦男，2020；王光远、郑晓宇，2021）、管理者特质（夏晗，2019；刘艳霞、祁怀锦，2019）、内部治理（窦欢，2014；Kumar and Ranjani，

2018；雷婷、彭涛，2020；余怒涛，2021）等都会对投资效率产生影响。国有资本投资运营公司是采用市场化方式进行运营管理的国有独资公司，在国家授权的范围内履行国有资本的出资职责，并行使股东权利，以权责匹配为原则、以资本为运作手段，提高出资企业的经营效率，最终实现国有资本优化和结构调整，进而提升国有资本的运营效率。两类公司产生后，国有资产管理体制由原来的“国资委——国有企业”模式转变为“国资委——两类公司——出资企业”模式，实现了政企分开、政资分开。两类公司作为重要的中间层，以“人格化积极股东”的身份参与出资企业的重大经营决策，通过资产处置、多元融资、投资运作等方式进行财务管控，实现产业资本与金融资本的有机结合，出资企业在获得资本的同时也提高了公司治理能力，有利于提高企业的投资效率。基于上述分析，本文从投资效率角度出发探究国有资本投资运营公司成立后带来的经济效果，即探究国有资本投资运营公司对其出资企业投资效率的影响。进一步地，分别考虑国有持股比例和市场化程度对这种影响的调节作用。

本文可能的贡献：

（1）从投资效率角度为两类公司成立的经济效果提供经验证据。现有文献大多从理论上进行研究，实证分析检验其经济效果的文章较少，对两类公司试点的经济效果的研究也多为规范研究重要功能及战略意义，本文则创新性地选择投资效率这一角度，并率先在大样本分析的基础上实证检验了两类公司对出资公司投资效率的影响，为两类公司成立的经济效果提供了新的研究方向和经验证据。

（2）基于两类公司的成立为国资监管体制改革提供理论依据。本文基于我国特殊的国资监管制度背景，选取两类公司试点改革为切入点，从公司治理和资本运作视角探讨两类公司对企业投资效率的影响机制，丰富了两类公司试点改革背后的国资监管体制与企业投资关系的研究。

二、理论分析与研究假设

（一）两类公司与企业投资效率

当前国资国企改革的重点是以市场化机制推动资本改革，坚持放管结合，进一步完善国有资本管理体系（苏桂峰、彭海蓝，2016）。为了更好地推动现代企业制度的建设，真正做到产权清晰、政企分离和政资分离，作为市场化主体的两类公司应运而生，国资监管架构也随之改变，两类公司采用市场化方式进行资本运作，弱化了政府干预，进而提高了出资企业的公司治理能力（Fan et al.，2013）。

一方面，两类公司经国家授权，在授权清单所列范围内代表政府履行出资职能，这种出资体现了以“管资本”为主的新型监管方向，实现了政府行政权力向经济权力的转换。在“国资委—两类公司”层面，国资委将出资权下放至两类公司，自己更多地负责监督权，使得其权利和责任的界限变得清晰。根据现代企业制度，两类公司可以独立自主地选聘、考核管理层，在国资委和国有企业之间建立起了一道隔离墙，阻隔了国资委的行政干预（何小钢，2017；谭啸，2020）。在两类公司层面可以细分为运营层级别和执行层级别：在战略运营层，两类公司在授权范围内可以自主决定股权运作方案，整体把控国有资本结构的优化布局；在战略执行层，作为授权体系最后环节的二级控股公司直接参与到市场运行中，通过现代法人治理结构对出资企业进行财务管控，两类公司授权经营体系如图1所示。

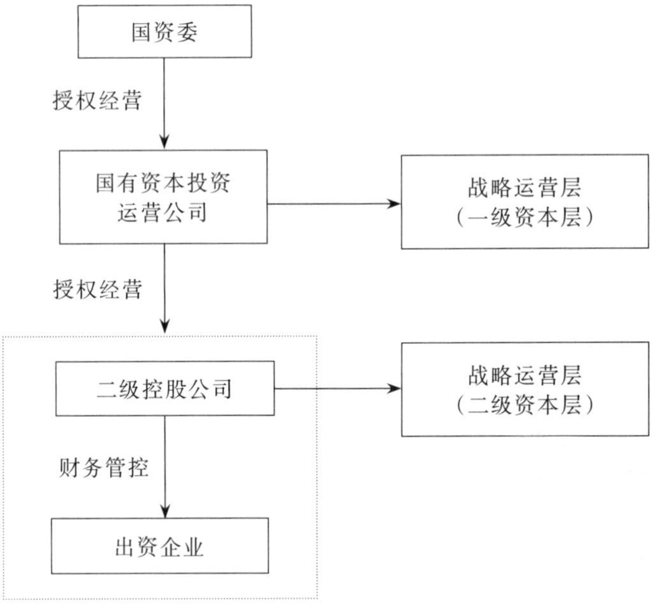

图1　国有资本投资运营公司授权经营体系

另一方面，国有资本投资运营公司通过股权转让、基金投资等市场化方式，在服务主业的同时，发挥投资引导和结构调整的作用，成为市场经济中服务国家战略目标的重要平台。具体地，通过资本运营以分拆或重组等方式盘活国有资产、实施产业整合和资源集聚、为产业发展融资等，使企业实现以较少资本投入就能创造更多社会财富的效果。从这个角度看，两类公司也具有一定的金融属性，通过对金融资本的管理实现对系统性金融风险的规避以及在资本市场顺利融到资金（中汇雪儿，2019）。

根据股东积极主义理论，国资国企改革过程中中间出资人的人格化积极股东建设是值得探索的重要方向（王曙光、王天雨，2017）。授权经营体制的改革必然会带来监督考核机制与绩效反馈机制的改革，进而形成一系列更加完善的授权—监督

—反馈良性循环体制。两类公司作为三级授权经营体系中最为重要的中间层，不仅明确地与政府职能相分离，而且将其塑造成按照市场化规律运作的积极股东，积极地参与到出资企业的经营投资决策，形成良好的激励和约束机制。良好的激励措施能抑制企业的投资不足（Aggarwal，2006），积极的股东行为能抑制企业的过度投资（Richardson，2006），良好的公司治理能力能够提高投资效率（俞红海，2010；张会丽，2012；方红星，2013）。

根据出资者财务理论，在我国国有资本授权经营体系中，最上层及中间层级的出资者需要履行对各自下一层级企业的出资义务，同时履行对投出资本进行调整和监督的职责，最终还会参与到资本收益分配的环节（刘圣瑜，2018）。国有资本运营公司以财务性持股为主，按照授权清单开展对授权管理出资企业的财务管控，以参加出资企业股东会、董事会和监事会形式，对财务预决算、利润分配、注册资本调整等影响股东权益的重大财务事项行权。另外，运营公司还从内控角度加强管控，比如增加财务信息披露和报送机制的公开透明度、加大财务指标的评价力度等。运营公司这种从财务管控角度行使出资权的制度安排，既能充分保证企业的自主经营权，又能较好地防止企业经营者的背德行为和逆向选择行为，提高了出资企业的公司治理能力。基于以上分析，提出本文的研究假设1：

H1：国有资本投资运营公司的成立会显著提升企业投资效率。

（二）两类公司、国有持股比例与企业投资效率

关于政府干预，有“支持”与“掠夺”两种观点。“支持”观点认为政府干预会支持协助企业发展，帮助企业获得更多资源、贷款等，提高其在市场中的竞争优势，获得超额回报（Goldman et al.，2009；Fisman，2011；章卫东等，2012）；“掠夺”观点则认为政府干预企业投资是出于实现政治目标或社会目标的考虑，为了政治利益而掠取企业利益，降低企业的投资效率（Shleifer，1998；唐雪松等，2010；Chen，2011）。

一方面，两类公司的成立使国资监管部门与出资企业间建立起了一种兼具隔离和传导的作用机制，将政府意愿以市场化方式间接传递到企业侧，避免了直接干预，有助于减轻企业的政策性负担。但从另一方面看，两类公司的成立也拉长了国资控制链条，委托代理关系层级的增多带来了更加严重的内部人代理问题（钟海燕等，2010），带来监管层、出资层和经营层的监管问题（辛宇，2019），委托代理问题造成非效率投资的研究已得到比较权威的论证（Jensen，1986；Johnson et al.，2000）。

公司中的国有力量代表着其受政府干预的程度，国有力量越大，其投资、经营决策越具有政府、社会及经济效益等多重目标，进而表现出一定的非市场行为，导致投资效率低下。而随着国有股权比例下降到一定程度后，其对企业投资行为的决

定力逐渐下降，而监督力逐渐提升，通过对出资企业的重大财务事项的管控等，避免企业出现非效率投资行为（陈善银，2020）。因此，相较于高国有持股比例公司，低国有持股比例公司的投资效率应该更高。因此，有理由认为在两类公司对企业投资效率的影响中，国有持股比例具有一定的调节作用，且两类公司的市场化主体作用更有利于抑制高国有持股比例公司的非效率投资。基于以上分析，提出本文的研究假设2：

H2：国有资本投资运营公司的成立更有利于提升高国有持股比例公司的投资效率。

（三）两类公司、市场化程度与企业投资效率

作为重要的宏观治理环境，市场化程度直接或间接地影响着企业的投资效率。由于我国经济发展的不协调、不平衡，不同企业面临的外部治理环境存在差异，导致企业内部治理也存在差异，这些可能会影响两类公司对企业投资效率的作用效果，因此可以推断出，出资企业的投资效率也会随不同地区市场化水平的不同而呈现出区域性特征（李刚、侯青川，2017）。

目前学术界比较一致的结论是市场化进程与企业投资效率正相关，主要有以下两个原因：一是市场化程度高的地区，信息对称性更高，资本配置更加透明有效（方军雄，2007；唐雪松等，2010）、法律制度和外部监督机制等外部治理较好，市场投资环境完善，政府治理水平较高，有利于降低融资约束成本（陈德球和李思飞，2012；于文超等，2018）；二是市场化进程高的地区，市场力量有助于促进企业内部治理结构的完善，缓解委托代理问题（辛清泉，2009；徐建婷，2016）。

在市场化程度较低的地区，企业面临的内外部治理环境相对比较弱，信息不对称水平和受政府干预程度较高，投资效率较为低下，而两类公司的成立能够更好地规避这些弊端。基于两类公司“人格化”积极股东主义和出资者财务理论的分析，两类公司能够利用专业化资本运作能力，积极参与被出资企业的公司治理，影响重大财务事项和投资决策，从而促进被出资企业投资效率的提升。因此，有理由认为市场化程度在两类公司对企业投资效率的影响中会产生一定的调节作用，且低市场化程度地区更有利于两类公司发挥其市场化主体的作用，更有利于提高该地区企业的投资效率。综合以上分析，提出本文的研究假设3：

H3：国有资本投资运营公司的成立更有利于提升低市场化程度地区公司的投资效率。

三、研究设计

（一）样本选择与数据来源

本文基于2013—2019年国有资本投资运营公司的试点改革政策，选取2010—2020年沪、深A股上市公司为研究样本，并对样本进行如下筛选：

（1）筛选出前十大股东中包含两类公司的上市公司；

（2）剔除ST、*ST、金融企业和数据缺失的样本，最终得到23 137个样本观测值。

其中，两类公司的相关数据根据国务院、中共中央及各省国资委网站以及两类公司试点企业官网等发布的政策公告手工整理获取，其他变量的数据来源于国泰安数据库。最后，本文对所有连续变量在1%和99%水平上进行缩尾处理以消除不合理差异值的影响。本文采用的统计软件为Stata15.0。

（二）研究模型与变量定义

1.被解释变量

（1）Richardson模型

现有文献中，企业的投资效率多用非效率投资来衡量，本文采用Richardson（2006）残差模型，该模型的思路是：企业的投资支出可以分为维持性投资与新增投资。维持性投资根据折旧摊销计算得到；新增投资则细分为最优投资水平和非效率投资水平两部分，其中，前者由企业成长机会、企业规模、资产负债率等因素决定；后者则为模型的残差，即新增投资扣除预期的最优投资水平，残差为正代表过度投资（overinvest），残差为负则代表投资不足（underinvest），如模型（1）所示。采用模型（1）进行多元回归得到的残差即为投资偏差，残差的绝对值代表了非效率投资水平，绝对值越大表明投资效率越低。

$$Invest_{i,t}=r_0+r_1TobinQ_{i,t-1}+r_2Size_{i,t-1}+r_3Lev_{i,t-1}+r_4Cash_{i,t-1}+r_5Age_{i,t-1}+r_6Ret_{i,t-1}+r_7Invest_{i,t-1}+\sum Year+\sum Industry+\varepsilon_{i,t} \tag{1}$$

Richardson残差模型变量定义表见表1。

（2）Chen模型

在稳健性检验中，采用Chen et al.（2011）在Biddle et al.（2009）基础上改进的方法计算得到的残差作为非效率投资的替代变量，Chen et al.认为公司面临的增长机会不同，其投资决策也会有所不同。该模型的思路如下：首先对模型（2）进行逐年逐行业回归，然后取残差的绝对值乘以-100，作为非效率投资的度量，如模型（2）所示：

表1 Richardson残差模型变量定义表

变量符号	变量名称	变量说明
Invest	投资支出	（购建固定资产、无形资产和其他长期资产支付的现金-处置收回的现金净额）+（购买子公司及其他营业单位支付的现金-处置收到的现金）
TobinQ	投资机会	托宾Q值
Size	企业规模	总资产的自然对数
Lev	资产负债率	总负债/总资产
Cash	现金比率	现金及其等价物/总资产
Age	上市年龄	当前年度减上市年度加1的自然对数
Ret	股票收益率	上一期的个股回报率
Year	年度虚拟变量	样本区间为2010—2020年
Industry	行业虚拟变量	2012年证监会分类标准

$$Invest_{i,t} = r_0 + r_1 NEG_{i,t-1} + r_2 Growth_{i,t-1} + r_3 NEG_{i,t-1} \times Growth_{i,t-1} + \varepsilon_{i,t} \quad (2)$$

Chen残差模型变量定义表见表2。

表2 Chen残差模型变量定义表

变量符号	变量名称	变量说明
Invest	投资支出	（购建固定资产、无形资产和其他长期资产支付的现金-处置收到的现金净额）/期初总资产
NEG	增长机会	增长机会为正时=1；否则=0
Growth	成长机会	滞后一期的营业收入增长率
Year	年度虚拟变量	样本区间为2010—2020年
Industry	行业虚拟变量	2012年证监会分类标准

2.解释变量

对于分析政策效果的实证研究，往往将其看作是一个科学试验采用双重差分模型进行回归分析。本文所研究的是国有资本投资运营公司的成立对企业投资效率的影响，而国有资本投资运营公司的试点可被视为这样一个自然实验或准实验，通过比较受国有资本投资运营公司试点的影响和没有受影响的企业之间的差异，可对两类公司试点改革效果进行分析。因此，本文在实证研究时运用双重差分（DID）模型，构建虚拟变量did来评估政策净效应，用treated×time的交乘项表示。其中，

treated为分组虚拟变量，如果前十大股东中有国有资本投资运营公司则为处理组，取1，表示该企业是两类公司的试点企业，否则为控制组，取0；time为时间虚拟变量，当企业已经受到两类公司的影响时为试点阶段，取1，否则为非试点阶段，取0。两类公司的改革试点工作最先于2013年在中央层面的企业中展开，随后地方政府依照国家政策在省级和地市级企业中相继开展工作。考虑到政策实施具有的时滞效应，本文将2014年确定为政策实施时点。

3.控制变量

为排除其他因素的干扰，本文加入以下控制变量：企业规模（size）、企业年龄（age）、资产负债率（lev）、成长性（growth）、净资产收益率（roe）、总资产周转率（toa）、董事会规模（board）、两职合一（dual）、董事会独立性（indep），此外，本文还控制了行业和年度变量。

4.调节变量

（1）国有持股比例

本文以国有股与总股数的比值作为国有持股比例的度量，当国有持股比例高于均值时取1；当国有持股比例低于均值时取0。

（2）市场化程度

本文采用樊纲和王小鲁《中国各地区市场化相对进程报告》中公布的市场化进程总指数来描述市场化程度，当公司所在省份的市场化进程总指数高于均值时取1，表示公司所处制度环境较好；当低于均值时取0，表示公司所处制度环境较差。相关变量的具体定义及度量见表3。

表3 **变量定义及度量**

变量类型	变量符号	变量名称	变量说明
被解释变量	invest_r	投资效率	Richardson模型残差绝对值
	invest_c	投资效率	Chen模型残差绝对值
	overinvest	过度投资	残差大于0的部分
	underinvest	投资不足	残差小于0的部分
解释变量	treated	分组虚拟变量	处理组企业=1；控制组企业=0
	time	时间虚拟变量	试点阶段=1；非试点阶段=0
	did	交乘项	treated×time，评估政策净效应
调节变量	state	国有持股比例	高于均值=1；低于均值=0
	market	市场化程度	高于中位数=1；否则=0

续表

变量类型	变量符号	变量名称	变量说明
控制变量	size	企业规模	总资产的自然对数
	age	企业年龄	成立年限加1后取自然对数
	lev	资产负债率	总负债/总资产
	growth	成长性	营业收入增长率
	roe	净资产收益率	净利润/权益
	toa	总资产周转率	营业收入/平均资产
	board	董事会规模	董事会人数的自然对数
	dual	两职合一	董事长和总经理为同一人时=1；否则=0
	indep	董事会独立性	独立董事人数/董事会人数
	year	年度虚拟变量	样本区间为2010—2020年
	industry	行业虚拟变量	2012年证监会分类标准

5.模型设定

针对本文提出的假设，构建如下双重差分回归模型（3）：

$$Invest_{i,t} = r_0 + r_1 treated_{i,t} + r_2 time_{i,t} + r_3 did_{i,t} + r_4 state_{i,t} + r_5 market_{i,t} + r_6 Controls_{i,t} + \varepsilon_{i,t} \quad (3)$$

针对假设H1，本文进行全样本的回归检验，针对假设H2、H3，本文进行分组检验。针对假设H2，将样本分为高国有持股比例（state=1）和低国有持股比例（state=0）两组进行分组检验；针对假设H3，将样本分为高市场化程度（market=1）和低市场化程度（market=0）两组进行分组检验。

四、实证结果与分析

（一）描述性统计与相关性分析

表4所示的是主要变量描述性统计。对于被解释变量的非效率投资指标，当采用两种度量方法时得到的结果基本一致：invest_r的均值为0.042，最小值为0.0002，最大值为1.05；invest_c的均值为0.048，最小值为0.0001，最大值为0.417，最值的差异说明不同样本企业的投资效率具有较大的差异。对于控制变量，企业规模（size）和董事会规模（board）的标准差较大，均大于1，说明样本公司的企业规模和董事会规模比较分散；此外，企业年龄（age）、总资产周转率（toa）

和净资产收益率（roe）在不同样本公司中也存在一定的差异。

表4 主要变量的描述性统计

variable	N	mean	sd	min	p50	max
invest_r	23 137	0.042	0.054	0.0002	0.028	1.050
invest_c	23 137	0.048	0.053	0.0001	0.035	0.417
size	23 137	22.32	1.324	14.94	22.13	28.64
age	23 137	2.876	0.337	0.000	2.944	4.143
lev	23 137	0.440	0.204	0.044	0.436	0.938
toa	23 137	0.665	0.549	0.065	0.563	2.942
roe	23 137	0.064	0.154	-4.856	0.070	2.379
growth	23 137	0.178	0.522	-0.619	0.086	2.581
board	23 137	8.643	1.743	1.099	2.197	2.996
dual	23 137	0.246	0.431	0.000	0.000	1.000
indep	23 137	0.375	0.056	0.125	0.357	0.800
state	23 137	0.131	0.337	0.000	0.000	1.000
market	23 137	0.471	0.499	0.000	0.000	1.000

此外，对处理组与对照组变量描述性统计进行对比，见表5。通过分组对比可以看出，invest_r的均值和最大值均是处理组小于对照组，标准差是处理组大于对照组，说明处理组的非效率投资变化幅度大于对照组，而invest_c的标准差是对照组略大于处理组。对于其他变量，相比之下，除了公司规模、成长性和市场化程度在处理组和对照组间差异较大外，其余变量在处理组和对照组之间的差异均较小。

表6列示了各变量的相关性检验结果。可以看出，非效率投资的两个衡量指标invest_r和invest_c的相关系数为0.714，且在1%水平上显著，表明二者具有较高一致性，这有利于后续稳健性检验的准确性。两类公司试点改革（did）与invest_r和invest_c均显著负相关，与本文最初的假设一致。市场化程度（market）与invest_c显著负相关，而与invest_r的负相关关系不显著，以上的相关性分析是基于单变量之间的关系，在多元回归中会得到更加准确的分析结果。此外，企业规模、企业年龄、资产负债率、成长性、净资产收益率、总资产周转率、董事会规模以及两职合一均与非效率投资显著相关。此外，本文进行了方差膨胀因子（VIF）检验，本文研究变量的平均方差膨胀因子为2.71和2.95，均小于10，表明本文的回归模型不存在严重的多重共线性问题，可进行回归检验。

表 5　　　　　处理组与对照组变量描述性统计对比

variables	group	N	mean	sd	min	p50	max
invest_r	treated	9 068	0.042	0.056	0.0002	0.0267	1.037
	control	14 069	0.044	0.053	0.0002	0.0291	1.050
invest_c	treated	9 068	0.048	0.051	0.0002	0.0354	0.417
	control	14 069	0.048	0.053	0.0001	0.0347	0.413
size	treated	9 068	22.45	1.474	15.60	22.27	28.64
	control	14 069	21.96	1.254	14.94	21.80	28.42
age	treated	9 068	2.865	0.371	0.000	2.944	3.738
	control	14 069	2.818	0.377	0.693	2.890	4.143
lev	treated	9 068	0.475	0.225	0.060	0.476	0.937
	control	14 069	0.402	0.222	0.044	0.385	0.938
toa	treated	9 068	0.653	0.497	0.065	0.554	2.554
	control	14 069	0.680	0.525	0.068	0.565	2.942
roe	treated	9 068	0.057	0.168	−2.624	0.067	1.467
	control	14 069	0.074	0.309	−4.856	0.083	2.379
growth	treated	9 068	0.177	0.600	−0.580	0.087	2.581
	control	14 069	0.165	0.488	−0.619	0.086	2.414
board	treated	9 068	2.149	0.204	1.099	2.197	2.833
	control	14 069	2.123	0.198	1.386	2.197	2.996
dual	treated	9 068	0.218	0.413	0.000	0.000	1.000
	control	14 069	0.301	0.459	0.000	0.000	1.000
indep	treated	9 068	0.375	0.055	0.200	0.364	0.800
	control	14 069	0.376	0.056	0.125	0.357	0.800
state	treated	9 068	0.181	0.385	0.000	0.000	1.000
	control	14 069	0.108	0.310	0.000	0.000	1.000
market	treated	9 068	0.438	0.496	0.000	0.000	1.000
	control	14 069	0.486	0.500	0.000	0.000	1.000

表6 主要变量的相关性检验结果

	invest_r	invest_c	did	size	age	lev	toa	roe	growth	board	dual	indep	state	market
invest_r	1.000													
invest_c	0.714***	1.000												
did	−0.022**	−0.056***	1.000											
size	−0.069***	−0.089***	0.204***	1.000										
age	−0.057***	−0.084***	0.409***	0.185***	1.000									
lev	−0.031***	−0.044***	0.006	0.441***	0.207***	1.000								
toa	−0.031***	−0.021*	−0.108***	−0.007	−0.029***	0.083***	1.000							
roe	0.038***	0.047***	−0.081***	0.102***	−0.054***	−0.154***	0.136***	1.000						
growth	0.184***	0.184***	−0.041***	0.024**	−0.0160	0.042***	0.072***	0.159***	1.000					
board	−0.035***	−0.026**	−0.084***	0.244***	0.026**	0.126***	0.005	0.039***	−0.01	1.000				
dual	0.042***	0.054***	0.020*	−0.187***	−0.104***	−0.148***	−0.034***	0.011	−0.003	−0.174***	1.000			
indep	0.014	−0.007	0.060***	0.067***	−0.033***	0.029***	−0.019*	−0.023**	0.000	−0.504***	0.107***	1.000		
state	0.009	0.013**	0.034***	0.149***	0.003	0.106***	0.001	0.007	0.050***	0.163***	0.120***	0.050***	1.000	
market	−0.012	−0.049***	0.323***	0.122***	0.127***	−0.078***	−0.001	0.046***	−0.002	−0.115***	0.140***	0.054***	0.080***	1.000

注：***、**和*分别表示在1%、5%和10%的置信水平上显著。

（二）回归结果及分析

为检验H1，本文运用模型设定中的模型（3）进行回归检验，结果见表7。其中，列（1）为未加入控制变量时的回归结果，列（2）为加入控制变量时的回归结果。可以看到，未加入控制变量时，did的系数为-0.0056，且在1%水平上显著，加入控制变量后did与invest_r之间依然存在显著、稳定的负相关关系，说明两类公司确实显著降低了企业的非效率投资水平，验证了本文的假设一。此外，通过观察控制变量的系数可以发现，企业规模（size）、企业年龄（age）、总资产周转率（toa）、董事会规模（board）与非效率投资水平均具有显著的负向关系，企业成长性（growth）能够显著正向影响非效率投资水平，资产负债率（lev）、净资产收益率（roe）、独立董事比例（indep）对非效率投资水平无显著影响；列（3）是以过度投资作为被解释变量的回归结果，列（4）是以投资不足作为被解释变量的回归结果。可以看到，在两个回归结果中，did的系数均为负，说明两类公司对于过度投资和投资不足均具有抑制效果，但对于投资不足的抑制作用更加显著。这可能是因为被出资企业的企业性质大多是国有企业，这些企业受到国家和地方政策法规等的影响比较大，除了经济目标以外，更多地需要考虑社会和政治目标，因此投资不足的现象更为明显，因此，两类公司的成立可以使企业投资不足的现象得到改善。

表7 **国资公司成立与投资效率的回归结果**

variables	(1) invest_r	(2) invest_r	(3) overinvest	(4) underinvest
treated	0.0026** (2.090)	0.0027** (2.220)	0.0005 (0.388)	0.0013* (1.705)
time	-0.0007 (-0.411)	0.0023 (1.314)	0.0020 (1.000)	-0.0028** (-2.541)
did	-0.0056*** (-3.769)	-0.0047*** (-3.261)	-0.0012 (-0.795)	-0.0017* (-1.946)
size		-0.0014*** (-4.773)	0.0004 (1.189)	-0.0021*** (-11.159)
age		-0.0037*** (-3.896)	-0.0022** (-1.998)	-0.0036*** (-5.661)
lev		0.0025 (1.522)	0.0152*** (7.258)	-0.0118*** (-9.893)

续表

variables	(1) invest_r	(2) invest_r	(3) overinvest	(4) underinvest
toa		-0.0049^{***} (−7.412)	-0.0057^{***} (−7.928)	-0.0013^{***} (−3.331)
roe		0.0006 (0.507)	0.0132^{***} (5.816)	-0.0055^{***} (−4.257)
growth		0.0203^{***} (34.057)	0.0255^{***} (38.128)	−0.0005 (−1.437)
board		-0.0103^{***} (−5.255)	-0.0057^{***} (−2.741)	-0.0031^{***} (−2.680)
dual		0.0025^{***} (3.420)	0.0034^{***} (4.332)	0.0002 (0.501)
indep		−0.0077 (−1.164)	−0.0078 (−1.123)	0.0029 (0.725)
Constant	0.0432^{***} (14.239)	0.1031^{***} (12.801)	0.0302^{***} (3.406)	0.0890^{***} (17.736)
Industry	Yes	Yes	Yes	Yes
Year	Yes	Yes	Yes	Yes
N	23 137	23 137	8 454	14 683
Adj.R^2	0.0212	0.0634	0.0767	0.0498

注：***、**和*分别表示在1%、5%和10%的置信水平上显著。

为检验H2，本文采用模型设定中的模型（3），将样本分为高国有持股比例和低国有持股比例两组进行分组检验，回归结果见表8。列（1）、（2）分别为高国有持股比例组和低国有持股比例组的回归结果，state=1组的did回归系数为-0.0073，在10%水平上显著；而state=0组的did回归系数为-0.0038，在5%水平上显著，说明两类公司对不同国有持股比例的投资效率均会产生积极影响，但前者did回归系数的绝对值大于后者，可判定两类公司更有利于提升高国有持股比例公司的投资效率，验证了本文的假设二。

表8 国资公司成立、国有持股比例与投资效率的回归结果

variables	(1) state=1	(2) state=0
treated	0.0066** (2.190)	0.0015 (1.123)
time	0.0003 (0.052)	0.0030 (1.543)
did	-0.0073* (-1.866)	-0.0038** (-2.441)
size	0.0009 (1.084)	-0.0019*** (-6.084)
age	0.0011 (0.411)	-0.0044*** (-4.282)
lev	-0.0057 (-1.129)	0.0036** (2.098)
toa	-0.0054** (-2.554)	-0.0049*** (-7.068)
roe	0.0047 (0.907)	0.0003 (0.252)
growth	0.0167*** (12.730)	0.0213*** (31.348)
board	-0.0238*** (-4.196)	-0.0084*** (-3.995)
dual	0.0056** (1.985)	0.0022*** (2.926)
indep	0.0008 (0.043)	-0.0089 (-1.249)
Constant	0.0700*** (3.152)	0.1115*** (12.774)
Industry	Yes	Yes
Year	Yes	Yes
N	3 804	19 333
Adj.R^2	0.0749	0.0646

注：***、**和*分别表示在1%、5%和10%的置信水平上显著。

为检验假设H3，本文运用前述模型（3），将样本分为高市场化程度和低市场化程度两组进行分组检验，回归结果见表9。列（1）、（2）分别为高市场化程度组和低市场化程度组的回归结果，market=1组的did回归系数为-0.0023，market=0组的did回归系数为-0.0055，在1%水平上显著，说明无论企业所在地区的市场化程度的高

低，两类公司均会提高其投资效率，但是在低市场化程度的地区这种提高效果更为显著，这一点从两组did回归系数的绝对值也可看出，验证了本文的假设三。

表9 国资公司成立、市场化程度与投资效率的回归结果

variables	(1) market=1	(2) market=0
treated	0.0035* (1.662)	0.0021 (1.371)
time	0.0125*** (3.387)	0.0056** (2.375)
did	-0.0023 (-0.956)	-0.0055*** (-2.671)
size	-0.0014*** (-2.946)	-0.0009** (-2.095)
age	-0.0032** (-2.188)	-0.0009 (-0.601)
lev	0.0056** (1.985)	0.0006 (0.272)
toa	-0.0041*** (-4.185)	-0.0072*** (-6.642)
roe	-0.0017 (-1.161)	0.0038* (1.651)
growth	0.0231*** (24.818)	0.0201*** (22.454)
board	-0.0101*** (-3.183)	-0.0107*** (-3.677)
dual	0.0004 (0.378)	0.0031** (2.548)
indep	0.0019 (0.181)	-0.0160 (-1.575)
Constant	0.1054*** (7.430)	0.0903*** (7.576)
Industry	Yes	Yes
Year	Yes	Yes
N	11 679	11 458
Adj.R^2	0.0770	0.0639

注：***、**和*分别表示在1%、5%和10%的置信水平上显著。

（三）稳健性检验

1.平行趋势检验

如前所述，本文主回归检验的实证结果表明：随着两类公司的试点改革，国资监管的加强，企业的非效率投资显著下降。但是，对于该实证结果可能还存在其他解释，双重差分模型成立的一个前提是要满足处理组和对照组在政策实施前具有平行的发展趋势。基于此，为了验证本文DID模型的适当性，借鉴敖小波（2018）、李瑞生和宋璐（2020）的做法对处理组和对照组的投资效率进行了共同趋势检验。根据平行趋势检验的原理，允许treated*time的系数在试点实施之前随时间变动，以检验试点实施之前是否存在企业非效率投资显著下降的趋势。本文分别对两类公司试点实施前四年（pre_）、实施年度2014年（current）以及实施后三年（post_）的交乘项进行平行趋势检验，为了避免完全共线性问题，剔除了试点实施前第四年（pre_4）的虚拟变量指标，结果见表10。可以看到，pre_3、pre_2和pre_1的系数均不显著，而current、post_1、post_2、post_3的系数均显著。因此，可以得出结论，在2014年两类公司试点实施之前，不同特征的企业投资效率的趋势并未发生显著变化，从而验证了本文实证结论的稳健性。

2.变量替换

为了验证结论的可靠性和稳健性，本文替换了被解释变量并重新进行检验。借鉴钟马和徐光华（2017）的做法，采用Chen et al.（2011）在Biddle et al.（2009）基础上改进的方法计算得出的非效率投资水平invest_c作为被解释变量重新进行回归检验，双重差分回归结果见表11，其中，列（1）、（2）、（3）分别是对假设H1、H2、H3替换被解释变量后的回归结果。列（1）为全样本的双重差分回归结果，政策效应变量did的估计系数为-0.003，显著为负，与之前的结果一致，说明两类公司显著降低了企业的非效率投资水平，提高了企业的投资效率。列（2）为国有持股比例分组检验替换变量后的回归结果，其中，高国有持股比例组的did估计系数为-0.0066且显著，同样地，高国有持股比例组did回归系数的绝对值大于低国有持股比例组，与之前的结论保持一致。列（3）为市场化程度分组检验替换变量后的回归结果，其中，低市场化程度组的did估计系数为-0.0032且显著，同样地，低市场化程度组的did估计系数的绝对值大于高市场化程度组，与之前的结论一致。对投资效率采用不同的度量方法进行检验的结果表明前文的结论是稳健的。

3.PSM-DID

为了避免在样本选择上的偏差导致回归结果不稳健，本文采取PSM-DID的方法，以便更准确地评估两类公司成立对企业投资效率的影响。首先，通过倾向得分匹配筛选出与处理组具有相似特征的样本；其次，对实验组及匹配样本再进行双重差分回归以检验政策效果。

表10 平行趋势检验

	Coef.	t
pre_3	0.0002	0.110
pre_2	-0.0027	-1.400
pre_1	-0.0009	-0.500
current	0.0052***	2.760
post_1	0.0117***	6.330
post_2	0.0040***	2.150
post_3	-0.0035***	-1.930
size	-0.0019***	-7.200
age	-0.0050***	-5.900
lev	-0.0027**	-1.680
toa	-0.0040***	-6.610
roe	-0.0002	-0.170
growth	0.0202***	33.99
board	-0.00756***	-3.920
dual	0.00239***	3.320
indep	-0.00567	-0.850
cons	0.118***	16.11
Industry	Yes	
Year	Yes	
N	23 137	
R-squared	0.0481	

注：***、**和*分别表示在1%、5%和10%的置信水平上显著。

表11 替换被解释变量

	(1)	(2)		(3)	
		state=1	state=0	market=1	market=0
treated	0.002*	0.0083**	0.0007	0.0031	0.0023
	(1.669)	(2.445)	(0.481)	(1.378)	(1.340)
time	0.006***	-0.0020	0.0069***	0.0083*	0.0019
	(2.948)	(-0.373)	(3.070)	(1.960)	(0.709)
did	-0.003*	-0.0066*	-0.0015	-0.0021	-0.0032*
	(-1.803)	(-1.842)	(-0.872)	(-0.831)	(-1.725)
size	-0.002***	-0.0004	-0.0020***	-0.0024***	-0.0015***
	(-5.696)	(-0.405)	(-5.838)	(-4.845)	(-2.772)
age	-0.004***	0.0016	-0.0047***	-0.0052***	-0.0024
	(-3.540)	(0.435)	(-3.930)	(-3.171)	(-1.308)
lev	0.017***	0.0040	0.0179***	0.0185***	0.0129***
	(7.890)	(0.580)	(8.130)	(5.708)	(3.957)
toa	-0.006***	-0.0070***	-0.0064***	-0.0052***	-0.0078***
	(-8.714)	(-2.924)	(-8.430)	(-5.044)	(-6.459)
roe	0.013***	0.0151*	0.0115***	0.0133***	0.0084***
	(5.693)	(1.913)	(5.024)	(3.431)	(2.697)
growth	0.021***	0.0147***	0.0235***	0.0202***	0.0214***
	(32.201)	(10.725)	(30.930)	(20.603)	(21.064)
board	-0.009***	-0.0215***	-0.0069***	-0.0039	-0.0108***
	(-4.044)	(-3.508)	(-3.056)	(-1.170)	(-3.453)
dual	0.003***	0.0085**	0.0026***	0.0020*	0.0046***
	(3.855)	(2.575)	(3.184)	(1.751)	(3.228)
indep	-0.004	-0.0320	0.0001	0.0137	-0.0194*
	(-0.582)	(-1.575)	(0.008)	(1.258)	(-1.766)
Constant	0.121***	0.1262***	0.1203***	0.1191***	0.1171***
	(13.496)	(4.709)	(12.439)	(7.997)	(8.530)
Industry	Yes	Yes	Yes	Yes	Yes
Year	Yes	Yes	Yes	Yes	Yes
N	23 137	3 804	19 333	11 679	11 458
Adj.R^2	0.0820	0.0818	0.0841	0.0822	0.0801

注：***、**和*分别表示在1%、5%和10%的置信水平上显著。

第一步，本文设计以下随机实验，将由两类公司参股控股的企业作为处理组，将非两类公司企业作为对照组进行匹配，并通过Logit回归估计出倾向匹配的得分。匹配前后处理组和对照组在可测变量上是否存在显著差异决定了倾向得分匹配结果的可靠性。为了保证匹配效果，本文采用逐步回归对特征变量进行鉴别，最终筛选出企业规模（size）、年龄（age）、成长性（growth）、董事会规模（board）和两职合一（dual）五个特征变量作为协变量。本文选择最近邻匹配方法（本文选择1：2进行匹配）对这五个协变量进行平衡性检验，结果见表12。从t值可以看出，匹配前协变量的差异都非常显著，除成长性（growth）在10%的水平上显著以外，其余协变量均在1%水平上显著，但在匹配后协变量都不再显著，说明这五个协变量在匹配后的处理组和匹配组之间已经不存在显著差异。从标准化偏差及偏差降低幅度可以看出标准化偏差与匹配前相比均有大幅度的减少，结果表明本文的匹配协变量和匹配方法的选取是恰当的。

表12 变量匹配平衡性检验

变量	匹配	均值				t检验	
		处理组	对照组	标准化偏差	偏差降低幅度（%）	t	p
size	U	22.45	21.96	35.80	98.40	29.22	0.000
	M	22.44	22.45	-0.600		-0.35	0.724
age	U	2.865	2.818	12.50	99.80	9.890	0.000
	M	2.865	2.865	0.000		0.02	0.986
board	U	2.149	2.123	12.90	94.10	10.28	0.000
	M	2.148	2.147	0.800		0.510	0.610
growth	U	0.178	0.165	2.200	96.50	1.850	0.065
	M	0.178	0.178	-0.100		-0.050	0.960
dual	U	0.218	0.301	-19.20	93	-14.85	0.000
	M	0.218	0.224	-1.300		-0.950	0.343

第二步，使用匹配后的样本与处理组一同再次进行双重差分回归，结果见表13。列（1）为全样本的回归结果，其中did的估计系数为-0.0059，且在1%的水平上显著，再次说明两类公司的成立能够显著降低企业的非效率投资水平。列（2）为国有持股比例分组检验的回归结果，其中，高国有持股比例组的did估计系数为-0.0068，显著为负，低国有持股比例组的did估计系数为-0.0053，在1%水平上显著，且高国有持股比例组did估计系数的绝对值略大于低国有持股比例组，与之前的结论一致。列（3）为市场化程度分组检验的回归结果，其中，低市场化程度

组的did估计系数为-0.0084，在1%水平上显著，且低市场化程度组的did估计系数的绝对值仍高于高市场化程度组，与之前的结论一致。综上，PSM与DID结合的方法再次验证了前述检验结果的可靠性。

表13　　　　PSM-DID回归结果

	(1)	(2)		(3)	
		state=1	state=0	market=1	market=0
treated	0.0036**	0.0057	0.0028*	0.0039	0.0038**
	(2.517)	(1.582)	(1.756)	(1.563)	(2.146)
time	0.0020	-0.0108*	0.0033	0.0073	-0.0049
	(0.858)	(-1.774)	(1.303)	(1.553)	(-1.635)
did	-0.0059***	-0.0068*	-0.0053***	-0.0030	-0.0084***
	(-3.395)	(-1.759)	(-2.851)	(-1.045)	(-3.874)
size	-0.0010***	0.0009	-0.0015***	-0.0017***	-0.0006
	(-2.840)	(0.944)	(-3.928)	(-2.937)	(-1.231)
age	-0.0026**	0.0044	-0.0037***	-0.0022	-0.0024
	(-2.102)	(1.357)	(-2.755)	(-1.183)	(-1.463)
lev	0.0042**	-0.0022	0.0051**	0.0099***	0.0019
	(2.030)	(-0.350)	(2.325)	(2.794)	(0.752)
toa	-0.0060***	-0.0104***	-0.0054***	-0.0049***	-0.0071***
	(-7.224)	(-3.938)	(-6.258)	(-3.970)	(-6.397)
roe	0.0000	0.0079	-0.0005	-0.0010	0.0052*
	(0.035)	(1.386)	(-0.348)	(-0.625)	(1.918)
growth	0.0200***	0.0181***	0.0205***	0.0210***	0.0188***
	(27.973)	(12.130)	(24.719)	(18.969)	(20.135)
board	-0.0121***	-0.0265***	-0.0097***	-0.0101***	-0.0129***
	(-5.000)	(-3.981)	(-3.724)	(-2.588)	(-4.216)
dual	0.0033***	0.0075**	0.0029***	0.0011	0.0050***
	(3.497)	(2.125)	(2.990)	(0.807)	(3.865)
indep	-0.0081	0.0018	-0.0093	0.0157	-0.0250**
	(-0.983)	(0.080)	(-1.043)	(1.209)	(-2.347)
Constant	0.0958***	0.0690***	0.1032***	0.1138***	0.0902***
	(9.590)	(2.594)	(9.486)	(6.656)	(7.186)
Industry	Yes	Yes	Yes	Yes	Yes
Year	Yes	Yes	Yes	Yes	Yes
N	18 952	2 712	16 240	8 710	10 242
Adj.R^2	0.0677	0.1007	0.0674	0.0864	0.0622

注：***、**和*分别表示在1%、5%和10%的置信水平上显著。

4.安慰剂检验

尽管处理组和对照组在两类公司试点实施之前满足平行趋势假设，但仍要进一步考虑投资效率的变化是否是由于其他政策的实施引起的，即两类公司试点之后处理组和对照组的趋势变化可能还会受到同时期其他政策的影响。因此，本文还进行了安慰剂检验，具体做法为：将两类公司试点的政策时点整体向前推三年进行回归，即将2011年作为政策发生时点，结果见表14。列（1）为检验假设H1的全样本回归结果，列（2）为安慰剂检验的回归结果。在对相关变量、行业和年度进行控制后，列（2）中did的回归系数不再显著，说明投资效率的提高确实是由两类公司的成立所引起的，通过了安慰剂检验，再次验证了前述检验结果的可靠性和稳健性。

表14　　安慰剂检验

	（1）	（2）
treated	0.0027**	0.0037
	（2.220）	（1.221）
time	0.0023	0.0078***
	（1.314）	（3.157）
did	−0.0047***	−0.0037
	（−3.261）	（−1.191）
size	−0.0014***	−0.0019***
	（−4.773）	（−5.732）
age	−0.0037***	−0.0040***
	（−3.896）	（−3.535）
lev	0.0025	0.0166***
	（1.522）	（7.907）
toa	−0.0049***	−0.0064***
	（−7.412）	（−8.714）
roe	0.0006	0.0125***
	（0.507）	（5.700）
growth	0.0203***	0.0211***
	（34.057）	（32.207）

续表

	(1)	(2)
board	-0.0103***	-0.0085***
	(-5.255)	(-4.068)
dual	0.0025***	0.0031***
	(3.420)	(3.852)
indep	-0.0077	-0.0043
	(-1.164)	(-0.602)
Constant	0.1031***	0.1208***
	(12.801)	(13.356)
Industry	Yes	Yes
Year	Yes	Yes
N	23 137	23 137
Adj.R^2	0.0634	0.0817

注：***、**和*分别表示在 1%、5% 和 10% 的置信水平上显著。

五、研究结论及其启示

本文以我国特殊的国资监管制度为背景，从国资委提出的关于国有资本投资、运营公司试点改革出发，在运用现代企业制度理论、股东积极主义理论、出资者财务理论等的基础之上，基于两类公司以及受到其影响的 A 股上市公司的相关数据，运用双重差分模型，从投资效率角度实证检验了两类公司的成立对企业的影响，并进一步分析了国有持股比例和市场化程度对两类公司抑制企业非效率投资作用的影响，最终得出以下结论：

(1) 国有资本投资运营公司显著提高了企业的投资效率，且相比于投资过度，两类公司对投资不足的抑制作用更为显著。这表明国资监管向管理资本而非资产的转变方向是恰当合理的，以两类公司为代表的国有资本授权经营体制改革的积极后果也得以体现，被出资企业的投资效率受到了积极的影响，企业的治理水平、运营效率和价值创造等都得到了很大的提升。

（2）两类公司在不同国有持股比例公司中对企业投资效率的影响程度不同。相比于低国有持股比例公司，两类公司的成立更有利于提升高国有持股比例公司的投资效率。随着企业国有股权比例的增加，其投资经营决策更具有政府和社会目标，会表现出一定的非市场化行为，导致投资效率低下，而两类公司的成立使企业拥有更多的自主经营权，两类公司作为“人格化”的积极股东，通过对出资企业行使股东权利等，避免企业出现非效率投资行为。

（3）两类公司在不同市场化程度下对企业投资效率的影响程度不同。相比于高市场化程度地区的公司，两类公司的成立更有利于提升低市场化程度地区公司的投资效率。在市场化程度较低的地区，企业面临的外部金融环境比较落后，投资效率较低，而两类公司能利用专业化的资本运作能力，积极影响出资企业的重大财务事项和投资决策。

根据研究结论，提出以下建议：

（1）持续推进国资监管体制改革，充分发挥两类公司的积极作用

在经济高质量发展的转型背景下，应当充分发挥两类公司对出资企业的积极作用，并以此为经验，坚定不移地加强对授权经营体制改革的推进，进一步地，以此为基础带动对国资监管体制的深入改革。通过两类公司在国资委和国有企业间的“隔离墙”作用，进一步推动政企分离和政资分离，提高国有资产的质量和效率，进而提升国有企业的投资效率、经营活力以及价值创造，推动国有经济的高质量发展。但同时也要意识到，任何制度方面的改革都不是一蹴而就的，国资监管体制改革是一项系统性、全方位的改革，涉及从国家到企业的各个层级，需要各方共同协作，不能仅仅依赖于设立几家国有资本投资公司或者运营公司，而是要了解其背后涉及的诸多调整和原理，既不能一刀切，也不能陷入行政化的老路，应当未雨绸缪，不断探索。

（2）优化委托代理关系，完善两类公司的内部治理，处理好国资委与两类公司之间的关系

在处理国资委与两类公司的委托代理关系中，国资委应当充分发挥其监督管理职能而非行政出资职责，将工作重点放到制定负面清单、选聘考核两类公司管理层以及监督两类公司市场化运作规范性等方面，正视两类公司的市场化地位，坚持放管结合，不可过度干预两类公司的日常运营，根据两类公司的投资属性和运营属性特点的不同采取差异化管理，制定分类分级的激励约束体制，最大限度地发挥出两类公司在国企改革中的作用。

（3）引入市场化机制，处理好两类公司与出资企业之间的关系

两类公司应当从如何建立并完善现代企业制度的角度进行考量，充分发挥董事会、监事会、管理层三者之间的治理安排，形成分工明确、相互协调的机制，激励与约束机制并存，进而提升企业的价值管理能力和决策可靠性。现有研究已经表

明，两类公司对于企业价值提升、创新升级等方面均具有积极的影响，因此，应当持续强化两类公司对出资企业在投资、经营等方面的协助和推动效应。作为“人格化”的积极股东，两类公司应充分运用市场化手段和专业的资本运作能力，为出资企业提供更多的自主经营权和决策权。在选择所要参股或者控股的企业进行后续出资时也应当采用市场化机制，遵循市场的规律，并充分考察要出资企业的背景及所在地区市场化程度等因素，积极参与出资企业的法人治理，激发出资企业的经营活力。

参考文献

[1] 敖小波. 国有资产监管变革及其对国企投资效率的影响研究［D］. 北京：中央财经大学，2018.

[2] 白俊，刘园园，邱善运. 政府放权对国企投资效率的影响——基于地方国企金字塔结构的研究［J］. 南方金融，2019（4）：37-48.

[3] 蔡明云. 监督机制对企业投资效率的影响文献综述［J］. 财会学习，2016（15）：228-229.

[4] 蔡卫星，高洪民. 企业集团、政府干预与投资效率［J］. 北京工商大学学报（社会科学版），2017，32（2）：89-99.

[5] 成荣华. 以管资本为主新型监管体制下的国有企业深化改革分析［J］. 营销界，2020（34）：179-180.

[6] 程新生，谭有超，刘建梅. 非财务信息、外部融资与投资效率——基于外部制度约束的研究［J］. 管理世界，2012（7）：137-150+188.

[7] 程仲鸣，夏新平，余明桂. 政府干预、金字塔结构与地方国有上市公司投资［J］. 管理世界，2008（9）：37-47.

[8] 丁传斌. 地方国有资产监管与运营困境突破［J］. 南通大学学报（社会科学版），2013，29（2）：37-43.

[9] 窦欢，张会丽，陆正飞. 企业集团、大股东监督与过度投资［J］. 管理世界，2014（7）：134-143.

[10] 樊纲，王小鲁，马光荣. 中国市场化进程对经济增长的贡献［J］. 经济研究，2011，46（9）：4-16.

[11] 冯琳. 国有资本投资、运营公司创新发展的策略分析［J］. 当代会计，2021（3）：78-80.

[12] 龚昌盛. 上市公司股权结构对投资效率影响的探究［J］. 法制博览，2020（21）：161-162.

[13] 郭小金，袁文. 市场化进程视角下的财务冗余与投资效率［J］. 经济研究导刊，2019（20）：167-171.

[14] 何小钢. 国有资本投资运营公司改革与国企监管转型——山东、重庆和广东的案例与经验［J］. 经济体制改革，2018（2）：24-27.

[15] 胡锋，黄速建. 对国有资本投资公司和运营公司的再认识 [J]. 经济体制改革，2017 (6)：98-103.

[16] 黄福广，周杰. 上市公司股权结构对投资决策的影响实证研究 [J]. 天津财经大学学报，2005 (10)：21-25.

[17] 黄明明. 国有资本投资、运营公司试点成效探析 [J]. 中国国情国力，2019 (12)：7-9.

[18] 雷光勇，刘茉，王文忠. 管理层质量与国有企业投资效率 [J]. 人民论坛·学术前沿，2017 (4)：91-94.

[19] 雷婷，彭涛. 创业投资参与公司治理对上市企业投资效率的影响 [J]. 当代经济，2020 (10)：70-74.

[20] 雷勇. 地方国有资本投资运营公司融投产一体化模式研究 [J]. 企业改革与管理，2019 (1)：102-103.

[21] 李端生，宋璐. 国有资本投资运营公司成立提高企业价值了吗？——来自中央企业和省级改革试点的经验数据 [J]. 经济与管理研究，2020，41 (10)：103-120.

[22] 李刚，侯青川，张瑾. 政府补助与公司投资效率——基于中国制度背景的实证分析 [J]. 审计与经济研究，2017，32 (4)：74-82.

[23] 李昊楠，郭彦男. 国有资本改革能否提高国企投资效率？[J]. 经济评论，2021 (5)：1-14.

[24] 李辉，白云朴. 国有股留存控制权、政治联系与企业投资效率 [J]. 未来与发展，2015，39 (6)：60-67.

[25] 李郡. 国有资本投资、运营公司改革试点：意义、环节和深化路径 [J]. 上海市经济管理干部学院学报，2019，17 (5)：1-9.

[26] 李琼，寇小萱. 制度环境对企业投资效率的影响研究 [J]. 中国中小企业，2020 (1)：131-132.

[27] 李延喜，陈克兢，刘伶，等. 外部治理环境、行业管制与过度投资 [J]. 管理科学，2013，26 (1)：14-25.

[28] 廖红伟，杨良平. 以管资本为主新型监管体制下的国有企业深化改革研究 [J]. 学习与探索，2018 (12)：125-132.

[29] 林兆木. 关于我国经济高质量发展的几点认识 [N]. 人民日报，2018-01-17.

[30] 刘冰. 供给侧结构性改革的财务视角及国有资本投资运营公司的响应路径分析 [J]. 齐鲁珠坛，2020 (1)：39-44.

[31] 刘超，徐丹丹，郑忱阳. 国有企业双重目标与投资效率改进——基于独立董事网络和国企混改视角 [J]. 经济体制改革，2020 (1)：111-118.

[32] 刘圣瑜. 浅析出资者财务、经营者财务、财务经理财务三者之间的关系 [J]. 经贸实践，2018 (9)：110.

[33] 刘文慧. 国有资产经营公司“代理问题”及其解决 [J]. 经济问题探索，1998 (1)：27-28.

[34] 刘艳霞，祁怀锦. 管理者自信会影响投资效率吗——兼论融资融券制度的公司外部治

理效应［J］. 会计研究，2019（4）：43-49.

［35］刘银国，焦健，张琛. 股利政策、自由现金流与过度投资——基于公司治理机制的考察［J］. 南开管理评论，2015，18（4）：139-150.

［36］柳学信，孔晓旭，牛志伟. 新中国70年国有资产监管体制改革的经验回顾与未来展望［J］. 经济体制改革，2019（5）：5-11.

［37］罗付岩. 股权激励能够抑制投资非效率吗［J］. 贵州财经大学学报，2013（3）：29-36.

［38］罗飞，王竹泉. 国家出资者对国有企业财务管理的激励与监督约束机制研究［J］. 会计论坛，2004（2）：42-49.

［39］孟凡雅. 国有资本授权经营体制改革与企业升级［D］. 北京：北京交通大学，2020.

［40］钱澄. 市场化进程对企业债务融资成本的影响研究——基于企业社会责任的中介效应［J］. 财会通讯，2020（22）：83-86.

［41］宋韶君，刘文希. 国有资本投资公司职能及绩效评价体系的构建逻辑［J］. 中国商论，2019（13）：117-119.

［42］谭啸. 改组组建国有资本投资、运营公司的思考与建议［J］. 中国发展观察，2020（Z1）：53-56.

［43］王光远，郑晓宇. 行政审批改革跟踪审计对企业投资效率的影响［J］. 厦门大学学报（哲学社会科学版），2021（3）：43-55.

［44］王力强. 关于国有资本运营公司履行出资人职责——对集中统一监管省级经营性国有资产分类管理的研究［J］. 中小企业管理与科技（中旬刊），2021（4）：91-93.

［45］王曙光，王天雨. 国有资本投资运营公司：人格化积极股东塑造及其运行机制［J］. 经济体制改革，2017（3）：116-122.

［46］魏纪泳，刘庆龄. 政策性负担、管理层能力与投资效率［J］. 会计之友，2021（8）：94-100.

［47］吴疆. 市场化进程、投资效率与企业绩效［D］. 大庆：黑龙江八一农垦大学，2019.

［48］吴敬琏. 中国：政府在市场经济转型中的作用［J］. 河北学刊，2004（4）：39-46.

［49］夏立军，陈信元. 市场化进程、国企改革策略与公司治理结构的内生决定［J］. 经济研究，2007（7）：82-95+136.

［50］谢志华. 出资者财务论［J］. 会计研究，1997（5）：25-30.

［51］辛清泉，林斌，王彦超. 政府控制、经理薪酬与资本投资［J］. 经济研究，2007（8）：110-122.

［52］徐爱君. 国有资本投资运营公司发展路径研究［D］. 南京：东南大学，2017.

［53］徐贵丽，黄毅，孟珊珊. 管资本背景下国有企业投资效率评价研究——基于投入角度［J］. 商业会计，2021（3）：80-84.

［54］徐文进．"管资本"功能视角下国有资本投资运营公司研究［J］. 东吴学术，2020（5）：123-128.

［55］杨惠. 控股股东股权质押、股权结构与企业投资效率［D］. 济南：山东大学，2020.

［56］叶陈云，杨克智. 国有资本投资运营公司内部审计规制体系构建研究［J］. 审计研究，2015（6）：100-107.

［57］于广文. 对“两类公司”试点工作开展的几点思考［J］. 国有资产管理，2020（8）：50-53.

［58］余怒涛，张华玉，李文文. 非控股大股东退出威胁究竟威胁了谁？——基于企业投资效率的分析［J］. 中央财经大学学报，2021（2）：55-72.

［59］袁东明，陶平生. 国有资本投资运营公司的运行与治理机制［J］. 发展研究，2015（6）：29-32.

［60］张宁，才国伟. 国有资本投资运营公司双向治理路径研究——基于沪深两地治理实践的探索性扎根理论分析［J］. 管理世界，2021，37（1）：8+108-127.

［61］中汇雪儿. 国有资本投资运营公司改革后对国企有哪些作用［J］. 企业观察家，2019（9）：42-43.

［62］钟海燕，冉茂盛，文守逊. 政府干预、内部人控制与公司投资［J］. 管理世界，2010（7）：98-108.

［63］周中胜，罗正英，周秀园，等. 内部控制、企业投资与公司期权价值［J］. 会计研究，2017（12）：38-44+96.

［64］BARBERIS N，BOYCKO M，SHLEIFER A，et al. How Does Privatization Work? Evidence from the Russian Shops［J］. Journal of Political Economy，1996，104（4）：764-790.

［65］BERLE A A，MEANS A. Corporations and the Public Investor［J］. The American Economic Review，1930，20（1）：54-71.

［66］BIDDLE G C，HILARY G，VERDI R S. How Does Financial Reporting Quality Relate to Investment Efficiency?［J］. Journal of Accounting and Economics，2009，48（23）：112-131.

［67］CHEN F，HOPE O K，LI Q，et al. Financial Reporting Quality and Investment Efficiency of Private Firms in Emerging Markets［J］. The Accounting Review，2011，86（4）：1255-1288.

［68］CHOON-YIN S. Partial Privatization and the Role of State-owned Holding Companies in China［J］. Journal of Management & Governance，2013，17（3）：767-789.

［69］COASE R H. The Nature of the Firm，Economics［J］. New Series，1937（14）：386-405.

［70］DING S，GUARIGLIA A，KNIGHT J. Does China Overinvest? Evidence from a Panel of Chinese Firms［J］. European Journal of Finance，2019，25（6）：489-507.

［71］FAMA E F，JENSEN M C. Agency Problems and Residual Claims［J］. Journal of Law & Economics，1983，26（2）：327-349.

［72］FAZZARI S，PETERSEN H B. Investment，Financing Decisions，and Tax Policy［J］. The American Economic Review，1988，78（2）：200-205.

［73］HART O，SHLEIFER A，VISHNY R W. The Proper Scope of Government：Theory and an Application to Prisons［J］. The Quarterly Journal of Economics，1997，112（4）：1127-1161.

［74］JENSEN M，MECKLING W. Theory of the Firm：Managerial Behavior，Agency Cost and Ownership Structure［J］. Journal of Financial Economics，1976，3（4）：305-360.

［75］JOHNSON S，PORTA R L，SILANES F. Tunneling［J］. American Economic Review，2000，90（2）：22-27.

［76］KAPLAN S，ZINGALES L. Do Investment-Cash Flow Sensitivities Provide Useful Measures of Financing Constraints? [J]. Quarterly Journal of Economics, 1997, 112 (1): 169-215.

[77] KUMAR S, RANJANI K S. Financial Constraints and Cash Flow Sensitivity to Investment in Indian Listed Manufacturing Firms [M]. Switzerland: Springer, 2018.

[78] MCLEAN R D, ZHANG T, ZHAO M. Why Does the Law Matter? Investor Protection and Its Effects on Investment, Finance, and Growth [J]. Social Science Electronic Publishing, 2012, 67 (1): 313-350.

[79] MCNICHOLS M, STUBBEN S. Does Earnings Management Affect Firms' Investment Decisions? [J]. The Accounting Review, 2008, 83 (6): 1571-1603.

[80] MEGGINSON W L, NETTER J M. From State to Market: A Survey of Empirical Studies on Privatization [J]. Journal of Economic Literature, 2001, 39 (2): 321-389.

[81] MODIGLIANI F, MILLER M H. The Cost of Capital Corporation Finance and The Theory of Investment [J]. American Economic Review, 1959, 48 (4): 443-453.

[82] MYERS S C, MAJLUF N. Corporate Financing and Investment Decisions When Firms Have Information that Investors Do Not Have [J]. Journal of Financial Economics, 1984, 13 (2): 187-222.

[83] PORTA R L, LOPEZ-DE-SILANES F, SHLEIFER A. Law and Finance [J]. Journal of Political Economy, 1998, 106 (6): 1113-1155.

[84] RAVI D, GERARD G, PAMELA B. Privatization in Emerging Economies: An Agency Theory Perspective [J]. The Academy of Management Review, 2000, 25 (3): 650-669.

[85] ROBERT N. Management Control in Nonprofit Organization [J]. Young Fourth Edition, 2002, 36-68.

[86] SCOTT R. Overinvestment of Free Cash Flow [J]. Review of Accounting Studies, 2006, 11 (2): 159-189.

[87] SRITHONGRUNG A. The Impacts of State Capital Management Programs on State Economic Performance [J]. Public Budgeting & Finance, 2008, 28 (3): 83-107.

[88] STEIN J C. Agency, Information and Corporate Investment [M]. New York: Handbook of the Economics of Finance, 2003.

[89] STULZ R. Managerial Discretion and Optimal Financing Policies [J]. Journal of Financial Economics, 1990, 26 (1): 3-27.

[90] TOBIN J. A General Equilibrium Approach To Monetary Theory [J]. Journal of Money, Credit and Banking, 1969, 1 (1): 15-29.

[91] WURGLER J. Financial Markets and the Allocation of Capital [J]. Journal of Financial Economics, 2001, 58 (1): 187-214.

Research on the Influence of State-owned Capital Investment and Operation Company on Enterprise Investment Efficiency

Jingsheng Wang, Yangfan Shi

Abstract After the Third Plenary Session of the Eighteenth Central Committee of the Communist Party of China in 2013, the government realized that the market is very important in the allocation of economic resources, and proposed for the first time to strengthen the supervision of state-owned assets by focusing on "capital management", reform the authorized mangement system of state-owned capital, and set up some state-owned capital investment and operation companies. In order to explore the economic effects of the establishment of state-owned capital investment and operation companies, this article explores the impact of state-owned capital investment and operation companies on the investment efficiency of funded companies from the perspective of investment efficiency. The research conclusions of this paper show that: Firstly, state-owned capital investment and operating companies can significantly improve the investment efficiency of enterprises, and the degree of restraint of underinvestment is more significant than the degree of restraint of overinvestment. Secondly, the two types of companies have different degrees of impact on the investment efficiency of companies with different state-owned shareholding ratios, and their establishment is more conducive to improving the investment efficiency of companies with high state-owned shareholding ratios. Thirdly, the two types of companies have different degrees of impact on the investment efficiency of enterprises under different levels of marketization, and their establishment is more conducive to improving the investment efficiency of companies in regions with low levels of marketization.

Key Words state-owned capital investment and operation company; investment efficiency; state-owned assets management system

第13辑，2022年
No.13，2022
会计与控制评论
Review of Accounting and Control

内部控制质量、管理层权力与劳动力投资效率①

袁知柱[1]　姜沈红[1]　周维瑞[2]

（1.东北大学工商管理学院　沈阳　110169
2.北京师范大学—香港浸会大学联合国际学院工商管理学部　珠海　519087）

摘　要　已有文献考察内部控制质量与企业投资效率的关系时都集中于资本性支出投资，很少有文献从劳动力投资的角度进行研究。本文以中国上市公司为样本，考察内部控制质量对劳动力投资效率的影响，并分析管理层权力的调节效应。研究结果表明：内部控制质量与劳动力投资效率显著正相关，即高质量内部控制能起到抑制非效率劳动力投资的作用，且这一效应在劳动力投资不足及投资过度样本中均存在。管理层权力有负向调节作用，当管理层权力较大时，内部控制质量对劳动力投资效率的提升效果减弱。进一步研究发现，管理层权力的负向调节作用只存在于管理层过度自信的企业，对于管理层不过度自信的企业，调节作用不显著；企业存在政治关联时，劳动力雇佣负担较重，内部控制质量对劳动力投资过度行为的抑制作用不再显著；《企业内部控制基本规范》实施前，内部控制质量能有效缓解劳动力投资不足，但对劳动力投资过度的抑制作用不显著。

关键词　内部控制质量　管理层权力　劳动力投资效率

①　基金项目：国家社会科学基金一般项目“制度环境、公司治理与劳动力投资效率研究”（19BGL074）。

一、引 言

自从安然公司等财务丑闻发生后，企业内部控制建设进程明显加快，美国在2002年颁布了《萨班斯-奥克斯利法案》，其中包括了内部控制建设的重要条款。我国上交所、深交所也陆续发布了内部控制指引，随后财政部等相关部委在2008年后出台了《企业内部控制基本规范》《企业内部控制配套指引》等一系列全国性的规范性文件，我国企业内部控制受到越来越广泛的关注，内部控制设计和运行有效性已经成为企业发展的关键要素。随着内部控制建设的推进，内部控制质量的经济后果也逐渐成为学术界的研究热点，其中投资效率问题是经济后果的一个重要方面，李万福等（2011）、Cheng et al.（2013）、方红星和金玉娜（2013）、Sun（2016）、池国华等（2016）等文献均发现高质量的内部控制能抑制企业投资过度及投资不足行为，改进企业投资效率，最终对企业经营绩效及价值提升产生重要促进作用，从而充分肯定了内部控制的治理作用。

然而，这些文献所指的投资效率说的都是资本性支出（包括购建固定资产、无形资产或长期投资等支出）的投资效率，很少有文献考察企业在人力资本要素，即劳动力上的投资效率（也称为员工雇佣上的投资效率）。实际上，劳动力是企业产品生产投入的最重要生产要素之一，劳动力成本（即企业员工薪酬支出）通常约占企业经济增加值近2/3的份额（Hamermesh，1993）。例如，美国“制造业年度调查报告”显示，2008年美国制造业的员工工资和福利总额为7 840亿美元，而资本性投资支出仅为1 660亿美元，前者是后者的4.7倍（Jung et al.，2014）。就中国证券市场来说，2018年沪深两市全部上市公司的员工工资和福利费总额为38 780亿元，而资本性投资支出总额为27 577亿元，前者也达到了后者的1.41倍，因此劳动力投资效率的高低将对中国企业经营决策及绩效产生重要影响。尤其对于以服务、创新和技术为导向的知识经济时代，劳动力已成为企业最为重要的核心资产，它也是企业获取竞争优势的最重要因素之一（廖冠民、陈燕，2014）。基于此，研究劳动力投资效率的影响因素是非常有必要的，能为企业价值创造提供重要借鉴。

基于此，本文试图将投资支出的研究范畴从资本性支出扩展到劳动力投资，系统考察内部控制质量与劳动力投资效率的关系，为企业内部控制的治理功能提供新证据。进一步地，管理层权力较高时，其可控资源增加，牟取私利的可能性加大，此时内部控制的治理作用可能会受到抑制，因此本文还考察了管理层权力对内部控制质量与劳动力投资效率关系的影响。与已有文献相比，本文的研究贡献与创新点在于：将内部控制质量与企业劳动力投资效率联结起来，有效弥补了国内外研究的不足，一方面从劳动力投资角度为企业内部控制治理效果提供了新的研究视角；另一方面，丰富了劳动力投资效率影响因素的研究成果，为探讨企业劳动力投资效率的提升对策提供借鉴。

二、相关研究评述

（一）企业内部控制质量经济后果的文献评述

自从美国2002年颁布的《萨班斯-奥克斯利法案》中的302条款和404条款对企业内部控制做出重要规定，我国出台《企业内部控制基本规范》《企业内部控制配套指引》等规范性文件后，国内外企业内部控制建设实践进展迅速，大量企业基于内部环境、风险评估、控制活动、信息与沟通、内部监督五要素建立了有效的内部控制系统。相对应地，内部控制问题逐渐成为国内外学术研究热点，较多的文献从多个角度研究了内部控制质量的经济后果。资本性支出投资效率方面，李万福等（2011）较早探讨了内部控制在公司投资中的角色，研究发现，当公司很可能面临投资过度境况时，更低的内部控制质量加剧了该现象的发生；而当公司很可能面临投资不足境况时，更低的内部控制质量同样加剧了投资不足现象的发生，因此加强内部控制建设是提高公司投资效率的重要途径。Cheng et al.（2013）考察了《萨班斯-奥克斯利法案》颁布后披露内部控制缺陷公司的投资行为，发现面临融资约束的公司存在投资不足，而不面临融资约束的公司存在投资过度，但是当公司内部控制缺陷披露后，投资不足及投资过度行为均减少，投资效率显著提升。方红星和金玉娜（2013）发现高质量内部控制能抑制民营企业的操作性投资过度和国有企业的操作性投资不足。此外，Sun（2016）、池国华等（2016）等文献也得到了类似的研究结论。

除了资本性支出投资外，大量文献从其他角度对内部控制的治理作用进行了考察，发现高质量内部控制能降低风险承担水平（方红星、陈作华，2015）、增加创新投资绩效（马永强、路媛媛，2019）、提高会计信息质量（Lu et al.，2011；刘启亮等，2013；胡明霞，2018）、减少报表舞弊风险（Donelson et al.，2017）、降低股权融资与债务融资成本（Ogneva et al.，2007；敖小波等，2017）、提升并购绩效（赵息、张西栓，2013；Harp和Barnes，2018）、减少审计费用（邓文涛等，2018）、提升企业运营效率（Cheng et al.，2018）等，从而充分肯定了内部控制的治理效用。尽管如此，却很少有文献考察其对劳动力投资效率的影响。

（二）企业劳动力投资效率测度方法及影响因素的研究评述

早期经济学文献认为劳动力支出是一个纯粹的变动成本因素，因此其增减过程中不会产生额外的固定成本（Dixit，1997）。此时源于信息不对称的融资市场摩擦与劳动力投资决策是无关的（Jung et al.，2014），投资机会是决定劳动力投资的唯一因素，劳动力投资永远是高效率的，不存在投资不足及投资过度问题。更进一步，Oi（1962）、Hamermesh（1989）指出，劳动力成本并非完全是变动成本，它也包含了固定成本成分（或者至少是准固定成本），如企业招聘新员工会发生招聘、培训和适应成本，解雇员工会发生赔偿成本。尽管如此，这些固定成本相对于资本性支出调整来说，仍然是比较低的，因此劳动力投资的调整成本较低。随着对劳动力调整成本关注的深入，一些文献开始探讨劳动力投资过程中的融资约束与代理冲突问题（Pagano和Volpin，2005；钟宁桦等，2017），劳动力投资效率逐渐成为学术界热点话题。

尽管企业劳动力投资效率问题引起了学术界的关注，但其实证研究进展却非常缓慢，究其原因，主要是一直未能解决其测度问题。Jung et al.（2014）在Pinnuck和Lillis（2007）的企业净雇佣率预测模型基础上，采用异常净雇佣率方法来测度劳动力投资效率（包括劳动力投资过度及投资不足），并得出了高质量的财务报告可以缓解市场摩擦以及管理层道德风险，进而提升公司劳动力投资效率的结论。该方法设计合理，测度结果可靠性高，与Richardson（2006）的经典企业投资效率测度方法的设计思路基本一致，因此得到了国内外文献的普遍认可（Ben-Nasr和Alshwer，2016；孔东民等，2017），成为当前研究劳动力投资效率的主流方法，也为本文研究提供了难得机会。

部分文献采用该度量方法研究了劳动力投资效率的影响因素问题。Ben-Nasr和Alshwer（2016）沿用Jung et al.（2014）的分析框架，采用股价信息含量来度量信息质量，发现高信息含量股价同样能减少企业道德风险及逆向选择，在劳动力投资上具有治理作用，能抑制企业劳动力投资不足及投资过度行为，且工会组织力量越强大，股价信息含量的抑制作用越显著。除了信息质量外，公司治理机制对劳动力投资效率也有显著影响。Cao和Chen（2019）运用双重差分法研究发现，不可避免披露原则（禁止离职雇员在其专业领域内为原雇主的竞争对手工作）的采用，会使企业的实际劳动力投资与最优劳动力投资偏差更大，即商业秘密保护会降低劳动力投资效率。Ghaly et al.（2020）考察了机构投资者的治理作用，发现长线投资者有较强的监督动机，有效缓解了劳动力投资决策上的代理问题，进而减少了投资不足及投资过度程度，且当技术型工人比例较高时，劳动力调整成本较高，此时长线投资者提升劳动力投资效率的作用更显著。卜君、孙光国（2020）研究发现，环境不确定性会抑制企业劳动力投资效率，且代理问题与管理者能力是环境不确定性作用于企业劳动力投资效率的主要路径。

三、理论分析和研究假设

（一）内部控制质量与劳动力投资效率

已有文献发现，与资本性支出投资一样，劳动力投资同样存在代理冲突，进而导致劳动力投资过度与投资不足。代理冲突下追求待遇、权利和威望等私利的管理层可能会采用雇佣过量劳动力的手段来实现“帝国建造”的目标（Chen et al.，2012）。CEO为提高其工资定价权力，改善与劳动力的关系，会给那些在企业层级或地理位置上与公司总部更接近、工会谈判力更强的分部的劳动力支付更多薪酬（Cronqvist et al.，2009）。解雇不足同样是劳动力投资过度的重要形式，Bertrand和Mullainathan（2003）发现，出于对稳定工作的偏好，为了避免裁员带来的麻烦，管理层经常不会去削减那些不创造利润的亏损部门。代理冲突也可能导致劳动力投资不足。劳动力投资属于人力资本投资，其收益的实现时间较长，因此有短期经营绩效或股价上涨压力的管理层为了实现短期盈余目标，会缩减雇佣规模，进而导致劳动力投资不足（Ghaly et al.，2020）。基于管理层权力假说，钟宁桦等（2017）以我国12个城市1 268家企业调查数据为样本，发现权力大的经理人员有着很强的动机来通过削减劳动力工资来提高短期业绩，但有效的公司治理机制能约束工资削减幅度。

融资约束同样可能导致劳动力投资不足。Nickell和Nicolitsas（1999）发现在控制影响劳动力工资水平及需求量的因素后，企业融资约束及财务压力的增加会导致劳动力雇佣量大幅下降。若企业当年到期的长期债务量较多，管理层会通过消减劳动力投资规模来缓解融资约束问题（Benmelech et al.，2015）。国内方面，罗长远、陈琳（2012）发现受到融资约束的公司依据信贷获得流动资本的能力会受到影响，导致降低劳动雇佣量或工资水平。张三峰、张伟（2016）以2003年中国人民银行对货币信贷过快增长进行调控为自然实验，发现紧缩性货币政策操作导致的融资约束对企业劳动力雇佣需求有负面冲击。公司感知到的融资难度每增加1个单位，其劳动力雇佣增长率会降低3个百分点。而高质量内部控制能降低信息不对称程度，缓解企业面临的融资约束。

建立内部控制是为了实现效率经营、防止舞弊，通过划分职责，明确各部门、各岗位和员工职责、制定作业标准等实现风险控制目标（叶陈刚等，2016），以约束管理层行为，减少逆向选择和道德风险的发生，缓解代理冲突（Cheng et al.，2018；池国华等，2016），从而抑制非效率劳动力投资行为。根据《企业内部控制基本规范》，内部控制包括内部环境、风险评估、控制活动、信息与沟通、内部监督五要素。作为整个内部控制系统的“基石”，良好的内部环境通过经营理念的确定和公司文化的梳理、治理结构与机制的规范与完善，有助于抑制企业风险投资行为（陈汉文、杨增生，2018）。人力资源政策是内部环境的一个重要方面，《企业内部控制应用指引第3号——人力资源》对企业劳动力的引进与开发、使用与退出做出了明确的规定，从制度层面为企业高效率的劳动力投资行为提供了保障。风险评估方面，方红星、陈作华（2015）发现高质量内部控制有助于识别公司特定风险因素，并对其进行有效评估，采取相应策略和措施加以应对，以便将特质风险控制在可以接受的水平之内。依据《企业内部控制应用指引第3号——人力资源》，企业应及时识别、评估、系统分析劳动力投资环节中存在的风险，尤其关注劳动力缺乏或过剩、劳动力结构及激励约束制度不合理、关键岗位人员管理不完善、开发及退出机制不健全的风险，合理确定风险应对策略。作为内部控制的核心要素，控制活动与内部监督是内部控制体系得到有效执行的保证，针对劳动力投资的评估风险水平，通过合理的设计控制和监督活动，如职责分工控制、授权审批控制、会计系统控制、内部报告控制、经济活动分析控制、内部审计监督等方面（孙慧、程柯，2013），及时甄别、发现和纠正企业内部契约各方可能源于主客观方面的操作性错误（Ashbaugh-Skaife，2009），预防和及时矫正管理层低效的劳动力投资行为，从而提升企业劳动力投资效率。

最后，信息与沟通能增强公司内部纵向的不同层级和横向的不同部门之间，以及公司内部与外部环境之间的信息交流与传递，减少公司契约各方的信息不对称问题（周中胜等，2016）。已有文献发现，企业内部控制质量越高，异常应计越小，会计信息质量越高（Lu et al.，2011；刘启亮等，2013；胡明霞，2018）、管理层的报表舞弊风险降低（Donelson et al.，2017）、业绩快报重大错报的可能性及快报误差下降（李常青等，2018）。因此在高质量内部控制下，一方面，股东能准确把握企业经营及财务状况，从而更好地监督及管理经理人员，制约其牟取私利的劳动力投资过度行为；股东可根据披露信息推断研发投入、盈利状况、产品的边际利润率或者下个生产期间的劳动力雇佣规模与薪酬方案等是否合理，从而实现更有效的监管。此时管理层雇佣过度劳动力实现“帝国建造”、控股股东雇佣过度劳动力扩大控制性资源、继续雇佣亏损部门劳动力或缩减劳动力规模实现短期盈余目标等非效率的劳动力雇佣行为更容易被观察到，劳动力投资过度及投资不足行为能得到抑制。另一方面，高质量内部控制下企业内外部信息沟通顺畅，为外部资金提供者决策提供了良好信息环境，从而降低了股权融资成本（Ogneva et al.，2007；Ashbaugh-Skaife，2009）及债务融资成本（Kim et al.，2011；敖小波等，2017），有效缓解了融资约束（顾奋玲、解角羊，2018）。此外，郑军等（2013）还从商业信用融资的角度进行了考察，发现内控质量较高的企业能获得更多的商业信用融资，在货币政策紧缩时期，尽管企业获得的商业信用融资显著下降，但内控质量较高的公司受到的影响较小，因此企业内部控制质量越高，融资成本越低，劳动力投资受到的融资约束程度越轻，劳动力投资不足行为显著减少。

基于上述分析，提出如下的研究假设：

假设1：内部控制质量与企业劳动力投资效率显著正相关。

（二）管理层权力对内部控制质量和劳动力投资效率关系的影响

内部控制在本质上是一种包括激励和监督的内在制度安排，这种制度安排有利于权力制衡，提升群体决策，激励和监督管理层努力工作，实现最优投资决策（王治等，2015）。根据《企业内部控制基本规范》，内部控制设计的一个重要原则是制衡性原则，即内部控制应当在治理结构、机构设置及权责分配、业务流程等方面相互制约、相互监督，形成科学有效的职责分工和制衡机制。管理层权力指管理层对公司决策权、监督权和执行权等治理体系的影响能力（Bebchuk和Fried，2002），它是影响内部控制制衡原则的重要因素。郭军、赵息（2016）发现管理层权力与内部控制缺陷数量显著正相关，而刘焱、姚海鑫（2014）研究发现，专业的审计委员会有助于提高公司内部控制质量，但随着管理层权力的增加，审计委员会专业性对内部控制的监控作用将被削弱。

管理层权力越大，其对公司决策体系的掌控能力越强，将个人决策动机转化为实际决策的可能性就越高（张春龙、张国梁，2017），因此管理层权力大的企业往往伴随着更高的管理层私有收益和薪酬水平（权小锋等，2010；Göx和Hemmer，2020）、更多的公司违规行为（魏志华等，2017）、更低的信息效率（Qian et al.，2018）、更严重的资本性支出过度投资水平（谭庆美等，2015）、而这些经营表现也会降低投资者或债权人对企业的经营预期，从而增加外部融资成本（闫焕民等，2020）。因此，当管理层权力较大时，内部控制体系可能失衡，内部环境、风险评估、控制活动、信息与沟通、内部监督等要素的治理作用受到较大影响，外部融资也受到约束，推断此时内部控制质量对劳动力投资效率的提升作用下降。

现有文献也从其他视角考察了管理层权力对内部控制治理效应的影响，从而为上述推断提供了支持。赵息、张西栓（2013）研究发现，内部控制对并购绩效具有显著正向影响，而管理层权力与并购绩效负相关，并且内部控制与管理层权力之间存在反向的相互作用关系。胡明霞（2018）发现内部控制质量与应计盈余程度显著负相关，而总经理两职兼任（大的管理层权力）会削弱内部控制对应计盈余管理行为的抑制作用。此外，基于审计费用的研究还发现，高效内部控制有助于降低审计费用，但管理层权力同样会弱化内部控制与审计费用的负相关关系（邓文涛等，2018）。

基于上述分析，提出如下研究假设：

假设2：管理层权力会削弱内部控制质量与劳动力投资效率的正向关系。

四、研究设计

（一）主要研究变量定义

1.劳动力投资效率

以Jung et al.（2014）的企业异常净雇佣率模型作为测度劳动力投资效率的模型，该方法得到了国内外文献（Ben-Nasr和Alshwer，2016；孔东民等，2017；Cao和Chen，2019）的认可，是当前研究劳动力投资效率的主流方法。模型列示如下：

$$\begin{aligned}NET\_HIRE_{i,t} = {} & \beta_0 + \beta_1 SALE\_GROWTH_{i,t-1} + \beta_2 SALE\_GROWTH_{i,t} + \beta_3 \Delta ROA_{i,t} + \\ & \beta_4 \Delta ROA_{i,t-1} + \beta_5 ROA_{i,t} + \beta_6 RETURN_{i,t} + \beta_7 SIZE\_R_{i,t-1} + \beta_8 QUICK_{i,t-1} + \beta_9 \Delta QUICK_{i,t-1} + \\ & \beta_{10} \Delta QUICK_{i,t} + \beta_{11} LEV_{i,t-1} + \beta_{12} LOSSBIN1_{i,t-1} + \beta_{13} LOSSBIN2_{i,t-1} + \beta_{14} LOSSBIN3_{i,t-1} + \\ & \beta_{15} LOSSBIN4_{i,t-1} + \beta_{16} LOSSBIN5_{i,t-1} + \beta_j \sum_{j=17}^{62} INDUSTRY + \varepsilon_{i,t}\end{aligned} \tag{1}$$

其中β_0为常数项，$\beta_j(j=1,2,\cdots,N)$表示方程回归系数。方程左边的因变量净雇佣率$NET_HIRE_{i,t}$为企业雇佣劳动力人数的年度增长率，劳动力人数用企业雇佣的员工人数来表示。方程右边的自变量SALES_GROWTH为营业收入的年度变化率、$ROA_{i,t}$为资产净利率、$\Delta ROA_{i,t}$为第t年$ROA_{i,t}$与第t-1年$ROA_{i,t-1}$的差值、$RETURN_{i,t}$为年股票收益率、SIZE_R指企业所有者权益市场价值自然对数的百分位数排序、$QUICK_{i,t-1}$为速动比率（等于流动资产和存货的差值与流动负债的比值）、$\Delta QUICK_{i,t}$为第t年$QUICK_{i,t}$与第t-1年$QUICK_{i,t-1}$的差值、$LEV_{i,t-1}$为资产负债率。根据$ROA_{i,t-1}$值的范围区间-0.025到0，以0.005为一个时间间隔，给出$LOSSBIN1_{i,t-1}$到$LOSSBIN5_{i,t-1}$这5个0—1的虚拟变量，当$ROA_{i,t-1}\in[-0.005,0)$时，$LOSSBIN1_{i,t-1}$取值为1，否则为0；当$ROA_{i,t-1}\in[-0.010,-0.005)$时，$LOSSBIN2_{i,t-1}$取值为1，否则为0；依此类推，当$ROA_{i,t-1}\in[-0.025,-0.020)$时，$LOSSBIN5_{i,t-1}$取值为1，否则取值为0。INDUSTRY为行业虚拟变量，用来控制行业特征对企业劳动力投资的影响。

对方程（1）分年度进行回归，可得到方程残差值$\varepsilon_{i,t}$（即净雇佣率实际值与依据这些影响因素预测变量计算的预期值之间的差异），该残差值$\varepsilon_{i,t}$即是异常净雇佣率，对$\varepsilon_{i,t}$取绝对值，表示为$AB_NET_HIRE_{i,t}$，即企业劳动力投资效率的度量值，其值越大表示投资效率越低。此外，$\varepsilon_{i,t}$大于0代表劳动力投资过度（用$OVER_NET_HIRE_{i,t}$表示），小于0代表劳动力投资不足（为讨论方便，将小于0的残差值乘以-1，用 $UNDER\_NET\_HIRE_{i,t}$ 表示）。$UNDER\_NET\_HIRE_{i,t}$、$OVER\_NET\_HIRE_{i,t}$ 值越大，表示劳动力投资不足及投资过度程度越严重。

2.内部控制质量

参考国内相关文献（孙慧、程柯，2013；郑军等，2013；敖小波等，2017；李常青等，2018；马永强、路媛媛，2019），本文采用迪博内部控制与风险管理数据库编制的内部控制指数来度量内部控制质量，该指数以内部控制五要素为导向，并选取与其相对应的指标，同时以内部控制重要缺陷和重大缺陷作为修正指标构建，为衡量2000年以来我国上市公司内部控制水平和风险管控能力提供依据，推动了我国内部控制实证研究的发展。内部控制指数数值越大，表示企业内部控制质量越高。由于当企业存在重大内部控制缺陷时，内部控制指数数值会是0，故本文对内部控制指数加1取对数作为内部控制质量的衡量方式（LNINTCON）。

3.管理层权力

关于管理层权力，参考权小锋等（2010）、Albuquerque和Miao（2013）、周美华等（2016）、魏志华等（2017）、闫焕民等（2020）等文献，从以下不同方面选择描述管理层权力特征的变量：

（1）CEO职位，若企业CEO不兼任董事职位，取值为1，若企业CEO兼任董事，取值为2；若CEO兼任董事长，取值为3。

（2）CEO任期，取值为CEO在该职位上的任职年限。

（3）董事会规模，取值为董事会人数。

（4）内部董事比例，数值越大表示受到外部董事监督的力度越小，管理层权力越大。

（5）CFO职位，若CFO为董事，取值为1，否则为0。

然后采用主成分分析法将以上5个变量合成为管理层权力综合变量（POWER），数值越大，表示管理层权力越大。因为SPSS软件默认后台算法中的成分得分系数是由载荷矩阵除以相应的特征值得到的，而STATA软件是由载荷矩阵除以特征值的平方根而得到的，所以本文采用STATA软件进行计算。具体做法是，先计算KMO值，发现每一年都在0.5左右，表明这些变量存在共线性的条件，有必要进行主成分分析（刘焱、姚海鑫，2014）；分年度取特征值大于1的成分作为主成分，再以各主成分贡献率除以主成分累计贡献率作为权重，与STATA计算出的主成分值相乘并加总后计算出当年管理层权力的大小。

（二）模型构建

参考Jung et al.（2014）、Cao和Chen（2019）、Ghaly et al.（2020）等文献，构建如下的方程来考察内部控制质量对企业劳动力投资效率的影响。

$$AB\_NET\_HIRE_{i,t}=\beta_0+\beta_1 LNINTCON_{i,t-1}+\beta_2 MTB_{i,t-1}+\beta_3 SIZE_{i,t-1}+\beta_4 QUICK_{i,t-1}+\beta_5 LEV_{i,t-1}+\beta_6 DIVDUM_{i,t-1}+\beta_7 STDCFO_{i,t-1}+\beta_8 STDSALES_{i,t-1}+\beta_9 TANGIBLE_{i,t-1}+\beta_{10} LOSS_{i,t-1}+\beta_{11} INST_{i,t-1}+\beta_{12} STD\_NET\_HIRE_{i,t-1}+\beta_{13} LABOR\_INTENSITY_{i,t-1}+\beta_{14} AB\_INVEST\_OTHER_{i,t}+\beta_j\sum_{j=15}^{60} INDUSTRY+\beta_j\sum_{j=61}^{72} YEAR+\varepsilon_{i,t} \tag{2}$$

其中β_0为常数项，$\beta_k(k=1,2,\cdots,N)$为回归系数，因变量为劳动力投资效率，即异常净雇佣率$AB_NET_HIRE_{i,t}$（或投资不足程度$UNDER_NET_HIRE_{i,t}$及投资过度程度$OVER_NET_HIRE_{i,t}$），自变量$LNINTCON_{i,t-1}$为内部控制质量。参考Jung et al.（2014）、Cao和Chen（2019）、Ghaly et al.（2020）等文献，自变量及控制变量均比因变量滞后一期，且加入市场账面价值比、企业规模、速动比率、资产负债率、是否支付现金股利、经营活动现金流标准差、营业收入标准差、固定资产比率、是否经营亏损、机构投资者持股比例、劳动力密集度及资本投资效率等变量作为控制变量。

为考察管理层权力对内部控制质量与企业劳动力投资效率关系的影响，建立如下包含管理层权力$POWER_{i,t-1}$及其与内部控制交乘项$LNINTCON_{i,t-1}\times POWER_{i,t-1}$的回归方程。

$$AB\_NET\_HIRE_{i,t}=\beta_0+\beta_1 LNINTCON_{i,t-1}+\beta_2 POWER_{i,t-1}+\beta_3 LNINTCON_{i,t-1}\times POWER_{i,t-1}+\beta_4 MTB_{i,t-1}+\beta_5 SIZE_{i,t-1}+\beta_6 QUICK_{i,t-1}+\beta_7 LEV_{i,t-1}+\beta_8 DIVDUM_{i,t-1}+\beta_9 STDCFO_{i,t-1}+\beta_{10} STDSALES_{i,t-1}+\beta_{11} TANGIBLE_{i,t-1}+\beta_{12} LOSS_{i,t-1}+\beta_{13} INST_{i,t-1}+\beta_{14} STD\_NET\_HIRE_{i,t-1}+\beta_{15} LABOR\_INTENSITY_{i,t-1}+\beta_{16} AB\_INVEST\_OTHER_{i,t}+\beta_j\sum_{j=17}^{62} INDUSTRY+\beta_j\sum_{j=63}^{74} YEAR+\varepsilon_{i,t} \tag{3}$$

为了克服多重共线性的影响，计算交乘项$LNINTCON_{i,t-1}\times POWER_{i,t-1}$时，将内部控制质量变量$LNINTCON_{i,t-1}$和管理层权力变量$POWER_{i,t-1}$分别进行去中心化处理（即减去均值后重新构建变量）。

研究变量定义见表1。

表1 **研究变量定义**

变量类型	变量名称	变量符号	变量说明
被解释变量	劳动力投资效率	AB_NET_HIRE	企业雇佣劳动力人数增长率的实际值与预期值之差的绝对值，即方程（1）残差的绝对值
	劳动力投资不足	UNDER_NET_HIRE	方程（1）的正的残差值
	劳动力投资过度	OVER_NET_HIRE	方程（1）的负的残差值
解释变量	内部控制质量	LNINTCON	迪博数据库的内部控制指数加1取自然对数
	管理层权力	POWER	对5个度量指标进行主成分分析，计算综合得分值
	内部控制质量×管理层权力	LNINTCON× POWER	内部控制质量和管理层权力的交乘项

续表

变量类型	变量名称	变量符号	变量说明
控制变量	权益市场账面价值比	MTB	（总股本×年末收盘价）/所有者权益账面价值
	企业规模	SIZE	权益市场价值（总股本×年末收盘价）的自然对数
	速动比率	QUICK	（流动资产-存货）/流动负债
	资产负债率	LEV	总负债/总资产
	是否支付现金股利	DIVDUM	若公司支付现金股利则取值为1，否则为0
	经营活动现金流标准差	STDCFO	过去3年经营活动现金流量净额的标准差
	营业收入标准差	STDSALES	过去3年营业收入的标准差
	固定资产比率	TANGIBLE	固定资产净额/总资产
	是否经营亏损	LOSS	若ROA<0，则LOSS取值为1，否则为0
	机构投资者持股比例	INST	机构投资者持股数量/总股本，其中机构投资者包括基金、券商、QFII、保险公司、财务公司、企业年金、社保基金、信托公司和银行这9种类别
	劳动力净雇佣率标准差	STD_NET_HIRE	过去3年 NET_HIRE 的标准差
	劳动力密集度	LABOR_INTENSITY	员工总数/总资产
	资本投资效率	AB_INVEST_OTHER	异常资本性支出值，根据 Richardson（2006）的投资效率度量模型计算的方程残差的绝对值
	行业虚拟变量	INDUSTRY	用来控制行业差异对回归结果的影响，当公司属于某行业时取值为1，否则取值为0
	年度虚拟变量	YEAR	用来控制宏观经济变动对回归结果的影响，属于某年度时取值为1，否则取值为0

注：为了控制变量量级，STDCFO 及 STDSALES 将除以 1 000 000 000，而 LABOR_INTENSITY 将乘以 100 000。

（三）样本选择和数据来源

由于金融行业的公司财务信息与其他行业差异程度很高，本文选择的样本是2006—2017年的非金融类A股上市公司。剔除无法判断CEO个人特征和变量缺失的样本，最终保留的观测值为11 055个。内部控制指数来自于迪博内部控制与风险管理数据库，其余数据来自CSMAR数据库、锐思数据库和万德数据库。为降低异常值的影响，对所有连续变量进行了1%分位及99%分位处理。

五、实证结果分析

（一）研究变量描述性统计及相关性分析

本文研究变量的描述性统计情况见表2。

表2 研究变量的描述性统计

变量名	观测值	均值	标准差	最小值	p25	中位数	p75	最大值
AB_NET_HIRE	11 055	0.210	0.359	0.002	0.053	0.113	0.208	2.581
UNDER_NET_HIRE	7 584	0.159	0.164	0.003	0.060	0.116	0.193	1.065
OVER_NET_HIRE	3 471	0.332	0.646	0.001	0.038	0.103	0.277	3.557
LNINTCON	11 055	6.315	1.070	0	6.433	6.516	6.568	6.833
MTB	11 055	4.116	4.165	-3.042	1.878	3.038	4.899	33.083
SIZE	11 055	22.345	1.016	19.907	21.654	22.338	22.985	25.293
QUICK	11 055	1.460	1.645	0.110	0.570	0.935	1.598	9.804
LEV	11 055	0.472	0.215	0.068	0.311	0.474	0.629	1.157
DIVDUM	11 055	0.631	0.482	0	0	1	1	1
STDCFO	11 055	2.821	6.045	0.043	0.430	0.969	2.440	47.286
STDSALES	11 055	0.821	1.973	0.006	0.092	0.235	0.634	15.944
TANGIBLE	11 055	0.260	0.177	0.002	0.121	0.230	0.371	0.754
LOSS	11 055	0.112	0.315	0	0	0	0	1
INST	11 055	0.055	0.075	0	0.003	0.023	0.076	0.352
STD_NET_HIRE	11 055	0.343	1.007	0.005	0.052	0.114	0.259	9.475
LABOR_INTENSITY	11 055	0.092	0.084	0.002	0.036	0.069	0.120	0.473
AB_INVEST_OTHER	11 055	0.025	0.026	0.0003	0.008	0.017	0.031	0.142

从表2可以看到，劳动力投资效率（AB_NET_HIRE）的均值是0.210，最小值是0.002，中位数是0.113，最大值是2.581，与Jung et al.（2014）、Ben-Nasr和Alshwer（2016）的统计结果类似，一定程度说明了本文计算结果的有效性。另外，相对于投资过度样本，企业劳动力投资不足的样本量更多，说明我国劳动力投资不足的情况会多一些，但是投资过度样本的均值（0.332）比投资不足的样本均值（0.159）更大，说明劳动力投资过度的情况更加严重。内部控制质量（LNINTCON）的均值为6.315，中位数是6.516，p25分位数值6.433与最大值6.833也差距不大，表明我国企业内部控制质量相差不大，但仍应重点关注内部控制设计和运行的有效性。权益市场账面价值比（MTB）的均值是4.116，说明多数上市公司的所有者权益市场价值大于账面价值，处于股权溢价状态。企业规模（SIZE）的均值22.345，速动比率（QUICK）的均值1.460，资产负债率（LEV）的均值0.472，这些变量的统计值与以往文献吻合。变量LOSS的均值为0.112，大约有11%的公司处于亏损状态。

表3列示了主要研究变量的Person相关系数和显著性水平，内部控制质量变量LNINTCON与劳动力投资效率AB_NET_HIRE、UNDER_NET_HIRE及OVER_NET_HIRE均在1%的水平上显著负相关，与预期一致，初步支持了假设1。但表3仅仅是简单相关系数分析结果，没有考虑控制变量的影响，为准确分析内部控制质量与劳动力投资效率的关系，需要采用多元线性回归方程进行检验。

（二）内部控制质量对劳动力投资效率影响的检验结果

为考察内部控制质量对企业劳动力投资效率的影响，对方程（2）进行回归，检验结果见表4。

从表4的回归结果可以看到，模型（Ⅰ）中自变量内部控制质量（LNINTCON）的回归系数在1%的水平上显著为负，t值达到了-4.150，因此内部控制质量越高，异常净雇佣率绝对值越低，企业劳动力投资效率越高，从而支持了假设1。模型（Ⅱ）和模型（Ⅲ）中变量LNINTCON的回归系数依然显著为负，因此内部控制质量对劳动力投资效率的改善作用在劳动力投资不足与投资过度子样本中均存在。此外，投资不足子样本内部控制质量LNINTCON的回归系数为-0.013，即一个标准差的内部控制质量增加，能减少0.014的劳动力投资不足程度（-0.013×投资不足子样本中LNINTCON的标准差1.063），约占劳动力投资不足程度均值的8.81%（0.014÷0.159×100%）；而投资过度子样本的回归系数为-0.027，一个标准差的内部控制质量增加，能减少0.029的劳动力投资过度程度（-0.027×投资过度子样本中LNINTCON的标准差1.088），约占劳动力投资过度程度均值的8.73%（0.029÷0.332×100%），因此高质量内部控制在缓解劳动力投资不足及投资过度问题上能发挥重要作用。

表3 研究变量的相关性分析

变量名称	AB_NET_HIRE	UNDER_NET_HIRE	OVER_NET_HIRE	LNINTCON	MTB	SIZE	QUICK	LEV	DIVDUM	STDCFO	STDSALES	TANGIBLE	LOSS	INST	STD_NET_HIRE	LABOR_INTENSITY	AB_INVEST_OTHER
AB_NET_HIRE	1																
UNDER_NET_HIRE	-	1															
OVER_NET_HIRE	-	-	1														
LNINTCON	-0.082***	-0.125***	-0.054***	1													
MTB	0.088***	0.110***	0.074***	-0.126***	1												
SIZE	-0.018*	-0.043***	0.002	0.075***	0.178***	1											
QUICK	0.013	0.016	0.009	0.054***	0.077***	0.075***	1										
LEV	0.017*	0.025**	0.013	-0.144***	-0.004	-0.094***	-0.654***	1									
DIVDUM	-0.072***	-0.143***	-0.035**	0.220***	-0.128***	0.314***	0.176***	-0.253***	1								
STDCFO	-0.019**	-0.024**	-0.006	0.021**	-0.133***	0.429***	-0.149***	0.262***	0.079***	1							
STDSALES	-0.006	-0.024**	0.016	0.034***	-0.107***	0.414***	-0.139***	0.244***	0.084***	0.652***	1						
TANGIBLE	-0.066***	-0.107***	-0.039**	-0.017*	-0.149***	-0.122***	-0.245***	0.117***	-0.105***	0.005	0.027***	1					
LOSS	0.045***	0.124***	-0.011	-0.290***	0.088***	-0.189***	-0.117***	0.239***	-0.422***	-0.028***	-0.023**	0.123***	1				
INST	-0.004	-0.056***	0.024	0.109***	0.114***	0.353***	0.057***	-0.073***	0.256***	0.057***	0.096***	-0.083***	-0.163***	1			
STD_NET_HIRE	0.035***	0.101***	0.008	-0.013	0.019**	0.083***	-0.023**	0.035***	-0.012	0.049***	0.087***	-0.056***	-0.026***	-0.013	1		
LABOR_INTENSITY	-0.091***	-0.020*	-0.159***	-0.003	0.046***	-0.301***	-0.065***	-0.009	-0.115***	-0.198***	-0.122***	0.171***	0.065***	-0.003	-0.019*	1	
AB_INVEST_OTHER	0.028***	0.015	0.024	0.003	0.049***	-0.053***	0.023**	-0.049***	-0.046***	-0.068***	-0.050***	0.154***	0.001	0.035***	-0.013	0.080***	1

说明：表格左下部分为Pearson相关系数，***、**和*分别表示1%、5%和10%的显著性水平。

表4 内部控制质量对劳动力投资效率影响的检验结果

变量名称	全样本		劳动力投资不足		劳动力投资过度	
	模型（Ⅰ）		模型（Ⅱ）		模型（Ⅲ）	
	回归系数	t检验值	投资不足	t检验值	投资过度	t检验值
Constant	0.554***	3.76	0.179**	2.44	1.073**	2.31
LNINTCON	-0.020***	-4.150	-0.013***	-4.38	-0.027**	-2.10
MTB	0.008***	5.69	0.003***	4.33	0.014***	3.84
SIZE	-0.005	-0.81	0.006*	1.88	-0.018	-0.84
QUICK	0.002	0.78	0.002	0.92	0.008	0.85
LEV	-0.038	-1.41	-0.036**	-2.29	-0.013	-0.16
DIVDUM	-0.033***	-3.70	-0.026***	-5.37	-0.038	-1.36
STDCFO	-0.002**	-2.42	-0.001**	-1.98	-0.004	-1.28
STDSALES	0.005*	1.78	0.001	1.35	0.011	1.03
TANGIBLE	-0.063**	-2.25	-0.071***	-4.46	0.034	0.36
LOSS	0.017	1.24	0.041***	4.51	-0.057	-1.44
INST	0.030	0.51	-0.097***	-3.95	0.213	1.16
STD_NET_HIRE	0.009**	2.49	0.013***	5.33	-0.001	-0.09
LABOR_INTENSITY	-0.484***	-9.64	-0.024	-0.84	-1.581***	-8.95
AB_INVEST_OTHER	0.426***	2.83	0.112	1.51	0.370	0.88
行业效应	控制		控制		控制	
年度效应	控制		控制		控制	
调整后 R^2	0.050		0.104		0.076	
观测值	11 055		7 584		3 471	

注：***、**和*分别表示检验值在1%、5%和10%水平上显著。

以模型（Ⅰ）为例对控制变量的回归结果进行解释，变量MTB的系数显著为正，企业成长性越强，出现经营扩张、帝国建造的可能性越大，代理成本上升，劳动力投资效率下降。变量STDSALES的回归系数显著为正，因此营业收入波动性越严重，企业经营状况越不稳定，劳动力投资效率越低。固定资产比例变量TANGIBLE的回归系数显著为负，因此企业总资产中固定资产所占比例越高，流动资金量越少，融资约束程度越高，越可能出现劳动力投资不足。变量

STD_NET_HIRE的回归系数显著为正，因此企业劳动力雇佣的波动性越大，人员越不稳定，劳动力调整成本高，难以实现高效率劳动力投资。变量AB_INVEST_OTHER的回归系数在1%水平显著为正，这表明资本性投资的投资行为能对企业劳动力投资行为产生影响，当资本性投资的投资效率较低时，劳动力投资也缺乏效率。一个重要的问题由此产生，即前述内部控制质量对劳动力投资效率的提升作用是不是由资本性投资驱动的？后文稳健性检验中对该问题进行了深入分析。

（三）管理层权力对内部控制质量与劳动力投资效率关系的影响

为考察管理层权力对内部控制质量与劳动力投资效率关系的影响，从两个方面进行检验，一方面，对方程（3）进行回归，观察交乘项的检验结果；另一方面，按照管理层权力值的中位数对样本进行分组，考察方程（2）在不同的分组子样本下自变量的回归系数是否显著。结果见表5。

从表5可以看到，全样本检验结果中，无论是管理层高权力组子样本（模型（Ⅰ））还是低权力组子样本（模型（Ⅱ）），内部控制质量变量LNINTCON的回归系数均显著为负，即内部控制质量对劳动力投资效率的提升作用在不同程度管理层权力的子样本中均存在。模型（Ⅲ）的交乘项检验结果发现，交乘项LNINTCON×POWER的回归系数在1%水平上显著为正，它与LNINTCON的回归系数方向相反，因此管理层权力越大，内部控制质量对劳动力投资效率的提升作用越弱，假设2得到了验证。如前文所述，当管理层权力较大时，内部控制体系可能失衡，内部环境、风险评估、控制活动、信息与沟通、内部监督等要素的治理作用受到较大影响，外部融资也受到约束，此时内部控制质量对劳动力投资效率的提升作用下降。劳动力投资不足样本的回归结果（模型（Ⅳ）到模型（Ⅵ））与全样本回归结果类似。劳动力投资过度样本的回归结果显示，管理层高权力样本组（模型（Ⅶ））中内部控制质量变量LNINTCON的回归系数不显著，而在低权力样本组中（模型（Ⅷ））LNINTCON的回归系数显著为负，因此在管理层高权力样本组中，企业内部权力机构处于失衡状态，高质量内部控制无法起到制衡作用，“帝国建造”动机可能诱使管理层利用职权进行劳动力过度投资，或者为了避免裁员带来的麻烦，管理层通常不会去削减那些不创造利润的亏损部门。

（四）稳健性检验

1.内生性问题

前文虽然验证了内部控制质量对企业劳动力投资效率的提升作用，但内部控制质量变量不是外生变量，因此前文结果可能受到内生性问题的影响，这包括样本选择偏误、自变量与因变量间反向因果关系及遗漏控制变量等情况。为缓解这些问题，本文进行了如下三个方面的努力。

表 5　　管理层权力对内部控制质量与劳动力投资效率关系影响的检验结果

变量名称	全样本			劳动力投资不足			劳动力投资过度		
	高权力组	低权力组	高权力 VS 低权力	高权力组	低权力组	高权力 VS 低权力	高权力组	低权力组	高权力 VS 低权力
	模型（Ⅰ）	模型（Ⅱ）	模型（Ⅲ）	模型（Ⅳ）	模型（Ⅴ）	模型（Ⅵ）	模型（Ⅶ）	模型（Ⅷ）	模型（Ⅸ）
Constant	0.623*** (3.32)	0.487*** (2.74)	0.422*** (2.93)	0.314*** (3.20)	0.049 (0.49)	0.093 (1.28)	1.043* (1.68)	1.139** (2.04)	0.932** (2.03)
LNINTCON	-0.010** (-2.09)	-0.034*** (-6.90)	-0.023*** (-4.46)	-0.006** (-2.57)	-0.020*** (-7.41)	-0.014*** (-4.68)	-0.010 (-0.65)	-0.047*** (-2.99)	-0.032** (-2.35)
POWER			0.002 (0.53)			-0.001 (-0.26)			0.023 (1.60)
LNINTCON× POWER			0.018*** (2.99)			0.012*** (2.94)			0.026** (2.03)
MTB	0.010*** (7.67)	0.005*** (3.97)	0.008*** (5.74)	0.005*** (6.99)	0.002*** (2.85)	0.003*** (4.41)	0.018*** (4.35)	0.010** (2.33)	0.014*** (3.86)
SIZE	-0.012 (-1.43)	0.002 (0.29)	-0.005 (-0.78)	-0.003 (-0.60)	0.015*** (3.42)	0.006* (1.96)	-0.020 (-0.71)	-0.017 (-0.65)	-0.019 (-0.88)
QUICK	0.007 (1.42)	-0.001 (-0.38)	0.002 (0.76)	0.002 (0.95)	0.001 (0.73)	0.002 (0.97)	0.016 (1.06)	-0.003 (-0.24)	0.007 (0.75)
LEV	-0.002 (-0.06)	-0.086*** (-2.62)	-0.040 (-1.52)	-0.043** (-2.41)	-0.028 (-1.49)	-0.036** (-2.28)	0.147 (1.28)	-0.214** (-2.11)	-0.028 (-0.35)
DIVDUM	-0.028** (-2.25)	-0.035*** (-3.00)	-0.033*** (-3.72)	-0.016** (-2.52)	-0.034*** (-5.31)	-0.026*** (-5.41)	-0.054 (-1.31)	-0.016 (-0.43)	-0.037 (-1.30)
STDCFO	-0.001 (-0.63)	-0.004*** (-3.05)	-0.002** (-2.46)	0.000 (0.00)	-0.002** (-2.47)	-0.001** (-1.98)	-0.003 (-0.78)	-0.008 (-1.63)	-0.005 (-1.42)
STDSALES	0.002 (0.48)	0.011*** (2.85)	0.005* (1.78)	0.001 (0.84)	0.002 (0.95)	0.001 (1.36)	0.001 (0.04)	0.026** (2.17)	0.011 (1.07)
TANGIBLE	-0.048 (-1.30)	-0.074** (-2.07)	-0.062** (-2.22)	-0.078*** (-4.16)	-0.063*** (-3.23)	-0.070*** (-4.41)	0.157 (1.23)	-0.076 (-0.68)	0.033 (0.35)

续表

变量名称	全样本			劳动力投资不足			劳动力投资过度		
	高权力组	低权力组	高权力VS低权力	高权力组	低权力组	高权力VS低权力	高权力组	低权力组	高权力VS低权力
	模型（Ⅰ）	模型（Ⅱ）	模型（Ⅲ）	模型（Ⅳ）	模型（Ⅴ）	模型（Ⅵ）	模型（Ⅶ）	模型（Ⅷ）	模型（Ⅸ）
LOSS	0.008 (0.43)	0.029* (1.68)	0.016 (1.13)	0.047*** (4.97)	0.035*** (3.71)	0.040*** (4.42)	-0.106* (-1.84)	0.023 (0.43)	-0.060 (-1.50)
INST	0.024 (0.30)	0.025 (0.36)	0.028 (0.48)	-0.065 (-1.57)	-0.126*** (-3.18)	-0.099*** (-4.01)	0.231 (0.87)	0.186 (0.87)	0.220 (1.20)
STD_NET_HIRE	0.006 (1.41)	0.012** (2.43)	0.009*** (2.58)	0.011*** (4.89)	0.015*** (5.83)	0.013*** (5.40)	-0.008 (-0.52)	0.014 (0.71)	-0.001 (-0.11)
LABOR_INTENSITY	-0.611*** (-8.63)	-0.386*** (-6.14)	-0.483*** (-9.63)	-0.040 (-1.12)	-0.021 (-0.62)	-0.023 (-0.79)	-2.177*** (-8.52)	-1.070*** (-5.01)	-1.581*** (-8.95)
AB_INVEST_OTHER	0.505** (2.51)	0.360** (2.02)	0.428*** (2.84)	0.113 (1.05)	0.081 (0.79)	0.114 (1.53)	0.912 (1.43)	-0.104 (-0.20)	0.378 (0.90)
行业效应	控制	控制	控制	控制	控制	控制	控制	控制	控制
年度效应	控制	控制	控制	控制	控制	控制	控制	控制	控制
调整后 R^2	0.048	0.057	0.052	0.105	0.108	0.107	0.078	0.076	0.078
观测值	5 401	5 654	11 055	3 765	3 819	7 584	1 636	1 835	3 471

注：***、**和*分别表示检验值在1%、5%和10%水平上显著。

（1）倾向得分匹配（PSM）

为消除样本选择偏误的影响，参考Bae et al.（2011）、韩美妮和王福胜（2016）等文献，采用倾向得分匹配（PSM）的方法来解决，从更高维度选择精准的样本匹配对象，从而增强研究结果的可靠性。其核心思想是，先依据内部控制质量得分值将样本分为高内部控制质量样本和低内部控制质量样本。然后通过对处理组（高内部控制质量）与对照组（低内部控制质量）的匹配，在其他条件完全相同的情况下（依据控制变量），分析处理组与对照组在劳动力投资效率上是否存在显著差别。在方法论上，PSM试图通过匹配再抽样的方法使得观测数据尽可能接近随机实验数据，在很大程度上减少观测数据的偏差。

表6给出了PSM方法的检验结果。ATT值表示高内部控制质量样本（处理组）

与低内部控制质量样本（控制组）的劳动力投资效率的差异，其值显著为负表明内部控制质量较高时，企业劳动力投资效率更高。可以看到，按照一对四匹配法、半径匹配法、局部线性回归匹配法和样条匹配法进行匹配后，ATT值均显著为负，这表明，在控制样本选择偏误后，内部控制质量对企业劳动力投资效率的提升作用依旧显著。

表6　　内部控制质量与劳动力投资效率的关系：PSM检验

匹配方法	因变量：AB_NET_HIRE	
	ATT	显著性
一对四匹配	-0.019*	t=-1.73
半径匹配	-0.018*	t=-1.71
局部线性回归匹配	-0.021*	t=-1.75
样条匹配	-0.018*	P=0.067

注：***、**和*分别表示检验值在1%、5%和10%水平上显著。

（2）工具变量法

参考郑培培、陈少华（2018）等文献解决解释变量与扰动项可能相互干扰的办法，将自变量滞后两期（LNINTCON2）和滞后三期（LNINTCON3）构建工具变量，使得工具变量和模型中内生解释变量高度相关，并且不与随机误差项相关。因为滞后导致缺失值，观测变量减少至10 876个。

对于工具变量的有效性检验，首先进行过度识别检验，发现显著性水平p值为0.2，证明工具变量外生，与扰动性不相关；其次，从第一阶段回归结果（表7的（1）列）可以看出，工具变量LNINTCON2和LNINTCON3的t检验值均在1%的水平上显著为正，这表明工具变量对内生变量LNINTCON有较好的解释力；最后，在结构方程中对内生解释变量的显著性进行名义显著性水平为5%的Wald检验，最小特征值统计量为438.7，大于对应的临界值11.59，因此可以拒绝弱工具变量的假设（假如可以接受真实显著性水平不超过15%）。

表7的（1）、（2）和（3）列列示了2SLS方法的（两阶段最小二乘法）回归结果，（2）列中内部控制质量变量LNINTCON的回归系数仍然在1%的水平上显著为负，假设1得到验证，（3）列中交乘项LNINTCON×POWER也在1%的水平上显著为正，假设2也得到验证。如果存在异方差，GMM（广义矩估计回归）比2SLS更有效率，表7的（4）和（5）列列示了GMM方法的回归结果，发现结果与2SLS方法基本一致。因此不论是采用2SLS还是GMM方法，自变量和交乘项的回归系数方向及显著性水平与表4、表5基本一致，因此前述研究结果是可靠的。

表7 基于工具变量法的内生性问题检验

变量名称	2SLS回归方法			GMM回归方法	
	(1)	(2)	(3)	(4)	(5)
	LNINTCON	AB_NET_HIRE	AB_NET_HIRE	AB_NET_HIRE	AB_NET_HIRE
Constant	3.043*** (7.72)	0.826*** (4.57)	0.874*** (4.73)	0.822*** (4.55)	0.876*** (4.74)
LNINTCON2	0.257*** (8.75)				
LNINTCON3	0.131*** (4.19)				
LNINTCON		-0.079*** (-3.83)	-0.089*** (-4.05)	-0.079*** (-3.82)	-0.090*** (-4.07)
POWER			0.002 (0.42)		0.002 (0.47)
LNINTCON× POWER			0.031*** (3.70)		0.031*** (3.65)
控制变量	控制	控制	控制	控制	控制
行业及年度效应	控制	控制	控制	控制	控制
调整后 R^2	0.2076	0.024	0.019	0.024	0.019
观测值	10 876	10 876	10 876	10 876	10 876

注：***、**和*分别表示检验值在1%、5%和10%水平上显著。

（3）公司固定效应模型

前文参考Jung et al.（2014）、Ghaly et al.（2020）等文献，方程（2）中加入了13个控制变量，虽然控制变量数量较多，但由于劳动力投资效率影响因素研究成果较少，因此仍然可能有其他控制变量被遗漏了，从而影响回归结果的可靠性。固定效应模型可以缓解不随时间变化的公司遗漏变量问题（梁上坤，2018），因此这里采用公司固定效应模型进行检验，结果见表8。

从表8可以看到，控制公司固定效应后，模型（Ⅰ）中变量LNINTCON的回归系数显著为负，而模型（Ⅱ）中交乘项LNINTCON× POWER的回归系数显著为正，这与表4和表5的结果是一致的，因此前文研究结果并没有受到遗漏控制变量导致的内生性问题的影响。

表8 基于固定效应模型的内部控制质量对劳动力投资效率影响的检验结果

变量名称	模型（Ⅰ）		模型（Ⅱ）	
	回归系数	t检验值	回归系数	t检验值
Constant	1.089***	3.16	1.025***	3.00
LNINTCON	−0.013**	−2.42	−0.014***	−2.66
POWER			0.002	0.33
LNINTCON× POWER			0.014**	2.10
控制变量	控制		控制	
行业及年度效应	控制		控制	
调整后 R^2	0.122		0.122	
观测值	11 055		11 055	

注：***、**和*分别表示检验值在1%、5%和10%水平上显著。

2.其他类别投资行为对研究结果的影响

已有大量文献发现内部控制质量对资本性支出等其他投资支出的投资效率也有显著提升作用（李万福等，2011；Cheng et al.，2013；池国华等，2016），而劳动力投资与其他投资一般都是同期发生的，如果劳动力投资仅仅是其他投资支出的补充，那么内部控制质量对企业劳动力投资效率的提升作用可能是被其他投资支出驱动的。虽然在前文建立方程（2）时，将资本性支出投资效率AB_INVEST_OTHER作为控制变量可以一定程度解决这个问题，但仍不能完全排除其影响。为排除这种可能性，提高研究结果的稳健性，将考察资本性支出、并购支出这两类支出对结果的影响。如按照资本性投资支出与劳动力投资支出NET_HIRE的变化方向将样本分为两组，若这两个变量同增或同减，则将样本划分为同向组，若一个变量增加，而另一个变量减少，则将样本分为反向组（若其他投资支出缺少数据，则标为“不确定组”），如果内部控制质量对企业劳动力投资效率的抑制作用在反向组中也存在，就排除了其抑制作用是由于其他投资支出驱动的可能性。结果见表9。

从表9可看到，无论是资本性投资支出，还是并购支出，当其与劳动力投资支出的变化方向相同或相反时，内部控制质量变量LNINTCON的回归系数均显著为负，交乘项LNINTCON×POWER的回归系数均显著为正，与表5一致，这说明其他投资支出并不是推动内部控制质量与劳动力投资效率形成正相关关系的原因，内部控制质量对劳动力投资效率存在直接影响，前述结果是稳健的。

表9　其他投资支出对内部控制质量与劳动力投资效率关系的影响

变量名称	资本性投资支出				并购支出			
	同向组		反向组		同向组		反向组	
	模型（Ⅰ）		模型（Ⅱ）		模型（Ⅲ）		模型（Ⅳ）	
变量名称	回归系数	t检验值	回归系数	t检验值	回归系数	t检验值	回归系数	t检验值
Constant	0.658***	3.21	0.178	0.89	0.323**	2.16	0.522**	2.40
LNINTCON	−0.029***	−3.75	−0.016**	−2.33	−0.024***	−5.97	−0.022***	−3.67
POWER	0.011*	1.80	−0.007	−1.03	−0.001	−0.22	0.009	1.16
LNINTCON× POWER	0.017**	2.01	0.018*	1.95	0.022***	4.67	0.016**	2.50
控制变量	控制		控制		控制		控制	
行业及年度效应	控制		控制		控制		控制	
调整后 R^2	0.071		0.042		0.058		0.049	
观测值	5 797		5 258		6 103		4 952	

注：***、**和*分别表示检验值在1%、5%和10%水平上显著。

3.替换因变量劳动力投资效率

前文依据方程（1）计算出来的异常净雇佣率来度量劳动力投资效率AB_NET_HIRE，这里采用如下三种方法对AB_NET_HIRE进行替代计量：①先分年度计算同行业内企业净雇佣率NET_HIRE的平均值，然后用本企业实际净雇佣率减去该平均值，得到相对于同行业均值的异常净雇佣率，取绝对值后表示为ABNMD；②用企业本年度实际净雇佣率NET_HIRE减去其过去两年净雇佣率的平均值，取绝对值后表示为ABNMN2；③参考Biddle et al.（2009）的资本性支出投资效率计算方法，方程（1）右边解释变量仅包括营业收入增长率 $SALES\_GROWTH_{i,t-1}$（即仅用成长性指标来预测劳动力雇佣增长率），方程残差取绝对值后表示为ABNS。替代变量回归结果见表10。

从表10可以看到，除了模型（Ⅴ）外（劳动力投资不足样本，ABNMN2为因变量），在所有其他模型中，内部控制质量变量LNINTCON的回归系数均显著为负，交乘项LNINTCON× POWER的回归系数均显著为正，与表4及表5的结果一致，假设1和假设2都得到了验证。因此综合来说，因变量劳动力投资效率的度量方法是比较稳健的。

表10　替换因变量劳动力投资效率的检验结果

变量名称	全样本			劳动力投资不足			劳动力投资过度		
	ABNMD	ABNMN2	ABNS	ABNMD	ABNMN2	ABNS	ABNMD	ABNMN2	ABNS
	模型（Ⅰ）	模型（Ⅱ）	模型（Ⅲ）	模型（Ⅳ）	模型（Ⅴ）	模型（Ⅵ）	模型（Ⅶ）	模型（Ⅷ）	模型（Ⅸ）
Constant	0.608*** （3.51）	0.254** （2.16）	0.598*** （4.23）	0.187*** （2.78）	−0.128 （−0.87）	0.151** （2.02）	1.148*** （3.48）	0.796*** （4.55）	1.792*** （3.88）
LNINTCON	−0.019*** （−3.14）	−0.009** （−2.55）	−0.022*** （−4.34）	−0.011*** （−5.22）	−0.004 （−0.95）	−0.015*** （−5.80）	−0.042** （−2.57）	−0.014** （−2.29）	−0.040** （−2.33）
POWER	0.002 （0.35）	0.003 （0.74）	0.008* （1.70）	−0.001 （−0.53）	0.001 （0.14）	0.006** （2.16）	0.012 （1.07）	0.006 （1.07）	0.015 （1.15）
LNINTCON×POWER	0.012* （1.88）	0.007* （1.76）	0.011* （1.91）	0.004* （1.67）	0.001 （0.14）	0.005* （1.75）	0.031* （1.74）	0.013** （2.02）	0.021 （1.18）
控制变量	控制	控制	控制	控制	控制	控制	控制	控制	控制
行业及年度效应	控制	控制	控制	控制	控制	控制	控制	控制	控制
调整后 R^2	0.035	0.130	0.512	0.116	0.304	0.838	0.060	0.062	0.239
观测值	11 055	11 055	11 055	5 607	5 763	8 071	5 308	5 272	2 984

注：***、**和*分别表示检验值在1%、5%和10%水平上显著。

4.劳动力投资不足与投资过度样本的进一步分类（四类不同子样本）

对于劳动力投资不足样本，当劳动力预期净雇佣率（即方程（1）的因变量预测值）为正时，表现为雇佣不足，而当预期净雇佣率为负时，表现为解雇过度；对于劳动力投资过度样本，当预期净雇佣率为正时，表现为雇佣过度，而当预期净雇佣率为负时，表现为解雇不足。雇佣不足、解雇过度、雇佣过度及解雇不足这四类子样本代表了不同的劳动力投资情境。为了结果的稳健性，这里考察前文结果在四类不同子样本中是否仍然成立，检验结果见表11。

从表11可以看到，雇佣不足、解雇过度及雇佣过度三个子样本中内部控制质量变量LNINTCON的回归系数均在1%的水平上显著为负，而对于解雇不足样本，LNINTCON的回归系数不显著。雇佣不足和解雇过度属于劳动力投资不足，高质量内部控制均能发挥缓解作用，与表4结果一致。而雇佣过度和解雇不足属于劳动力投资过度，高质量内部控制对雇佣过度有抑制作用，但对解雇不足的抑制作用不显著。这可能是相对于雇佣过度来说，解雇不足可能更隐蔽，不易被察觉（“帝国建造”的雇佣过度行为容易被发现，相对来说，企业各行政或生产部门的劳动力数量是否超额，其判断标准可能更模糊一些），且出于对稳定工作的偏好，为了避免裁

表11 四类不同子样本的检验结果

变量名称	雇佣不足	解雇过度	雇佣过度	解雇不足
	模型（Ⅰ）	模型（Ⅱ）	模型（Ⅲ）	模型（Ⅳ）
Constant	0.233** (2.50)	0.090 (0.38)	1.559*** (2.98)	0.502 (1.28)
LNINTCON	-0.020*** (-3.80)	-0.013*** (-3.64)	-0.065*** (-2.92)	-0.004 (-0.43)
控制变量	控制	控制	控制	控制
行业及年度效应	控制	控制	控制	控制
调整后R^2	0.111	0.090	0.104	0.011
观测值	6 715	869	2 551	920

注：***、**和*分别表示检验值在1%、5%和10%水平上显著。

员带来的麻烦，管理层经常不会去削减那些不创造利润的亏损部门（Bertrand和Mullainathan，2003）。亏损导致的裁员压力甚至可能促使管理层与劳动力结盟，管理层采用长期劳动合同来降低劳动力被解雇的可能性；而作为回报，劳动力也会尽力促成企业继续聘用有权利做出这些决策的管理层（Pagano和Volpin，2005）。基于这些原因，高质量内部控制对企业劳动力解雇不足的治理作用有限，抑制效果不显著。

此外，本文还进行了一些其他稳健性检验，结果均没有显著改变。首先，将样本分为制造业和非制造业两个子样本进行分组检验；其次，由于劳动力密集度不同，企业劳动力投资模式及数量要求有一定区别，因此按照劳动力密集度中位数将样本分为高劳动力密集度与低劳动力密集度两个子样本进行分组检验；最后，对方程（2）和方程（3）的控制变量进行了部分删减或替换。

六、进一步分析

（一）考虑公司政治关联的影响

前文在进行实证考察时，并没有考虑企业政治关联的影响。实际上，政治关联是决定企业劳动力投资效率的重要因素（Kong et al.，2018）。由于政府主导经济政策制度的制定并且掌握企业需要的大量资源配置权，政治关联企业通常可以获取一系列政企关系带来的好处，比如，获得更多的政府补助（郭剑花、杜兴强，2011）、通过政府偏袒机制降低股价崩盘风险（袁军、潘慧峰，2018）、更低的违规处罚风险（罗喜英、刘伟，2019）、与政府或政府投资主体达成协议获得债务豁免或债务重组的优惠条件（李传宪，2014）。相对应地，为了维持好相应的政治关联，企业也需要承担政府目标，例如解决就业问题、稳定地方就业率，如马连福（2013）发现党委会参与公司治理会增加公司冗余雇员规模，刘慧龙等（2010）、郭剑花和杜兴强（2011）发现政治关联企业承担了更多的雇员负担，其雇员冗余程度更高。因此，当企业具有政治关联时，劳动力雇佣负担较重，雇佣劳动力有时候会成为企业需要完成的硬工作任务，管理层更加容易做出为满足政府要求扩大劳动力雇佣规模的决策，此时高质量内部控制缓解管理层代理冲突的作用会受到牵制，对劳动力投资过度行为的抑制效果会降低甚至不显著。相应地，由于假设1受到限制，假设2“管理层权力会削弱内部控制质量与劳动力投资效率的正向关系”的作用也会减弱。

参考刘慧龙等（2010）、李传宪（2014）、袁军和潘慧峰（2018）、罗喜英、刘伟（2019）等文献，如果公司的董事长或总经理目前或曾经担任过政府官员、人大代表或政协委员，则定义该公司存在政治关联，否则就不存在政治关联。根据前面的分析，预期政治关联仅对劳动力投资过度产生影响，而对劳动力投资不足不会产生影响，因此这里不再分析总样本，仅分析劳动力投资不足和投资过度样本。依据政治关联的变量定义，将劳动力投资不足、投资过度样本分为有政治关联和无政治关联子样本，然后对方程（2）和方程（3）重新进行回归，回归结果见表12。

从表12可以看到，劳动力投资不足样本检验结果中（模型（Ⅰ）与模型（Ⅱ）），无论企业是否存在政治关联，内部控制质量变量LNINTCON的回归系数分别为-0.017和-0.011，且均在1%水平上显著为负，对回归系数差异进行Chow检验，P值为0.374，因此两个模型的回归系数差异不显著，即内部控制质量对劳动力投资不足的缓解作用在是否存在政治关联的样本中没有显著差异。劳动力投资过度样本检验结果发现，模型（Ⅴ）中内部控制质量变量LNINTCON的回归系数不显著，而模型（Ⅵ）中LNINTCON的回归系数在1%的水平上显著为负，因此不存在政治关联时，高质量内部控制仍然能起到抑制劳动力投资过度行为的作用，而当企业存在政治关联时，高质量内部控制不能发挥治理作用，这是因为政治关联企业需要为政府承担稳定就业的任务，劳动力雇佣负担较重，管理层容易做出为满足政府要求扩大劳动力雇佣规模的决策，高质量内部控制缓解管理层代理冲突的作用会受到牵制，对劳动力投资过度行为的抑制效果将会削弱。考虑管理层权力的影响，劳动力投资不足样本中（模型（Ⅲ）与模型（Ⅳ）），有政治关联和无政治关联的两个模型交乘项LNINTCON×POWER的回归系数均在1%水平上显著为正，且系数差异

表12 政治关联背景下内部控制质量与劳动力投资效率关系的检验结果

变量名称	劳动力投资不足				劳动力投资过度			
	有政治关联	无政治关联	有政治关联	无政治关联	有政治关联	无政治关联	有政治关联	无政治关联
	模型（Ⅰ）	模型（Ⅱ）	模型（Ⅲ）	模型（Ⅳ）	模型（Ⅴ）	模型（Ⅵ）	模型（Ⅶ）	模型（Ⅷ）
Constant	0.336*** (2.69)	0.142* (1.70)	0.223* (1.82)	0.063 (0.76)	0.713 (0.97)	1.190** (2.38)	0.628 (0.86)	1.022** (2.06)
LNINTCON	-0.017*** (-4.77)	-0.011*** (-5.33)	-0.017*** (-4.80)	-0.013*** (-6.09)	-0.022 (-1.19)	-0.033*** (-2.60)	-0.021 (-1.10)	-0.039*** (-2.99)
POWER	-	-	-0.010** (-2.41)	0.002 (0.83)	-	-	0.030 (1.15)	0.019 (1.13)
LNINTCON×POWER	-	-	0.010*** (2.60)	0.013*** (4.58)	-	-	0.001 (0.04)	0.029** (2.40)
控制变量	控制	控制	控制	控制	控制	控制	控制	控制
行业及年度效应	控制	控制	控制	控制	控制	控制	控制	控制
调整后R^2	0.081	0.110	0.086	0.114	0.113	0.075	0.112	0.076
观测值	2 054	5 530	2 054	5 530	943	2 528	943	2 528
有无政治关联模型回归系数差异Chow检验	LNINTCON系数差异检验P值=0.374		LNINTCON×POWER系数差异检验P值=0.803		-		-	

注：***、**和*分别表示检验值在1%、5%和10%水平上显著。

不检验（Chow检验的P值为0.803），而劳动力投资过度样本中，有政治关联样本（模型（Ⅶ））的交乘项回归系数不显著，无政治关联样本（模型（Ⅷ））的交乘项回归系数显著为正。对于政治关联样本，内部控制质量对劳动力投资过度的治理效果不显著，管理层权力的抑制作用也不存在，进一步支持前文所述。

（二）考虑《企业内部控制基本规范》实施的影响

从我国内部控制制度的建设情况来看，2008年财政部会同相关部委发布了《企业内部控制基本规范》，从2009年开始在全国上市公司范围内实施，这是第一部全国性的内部控制法规，此后我国企业内部控制制度建设才趋于制度化和规范化（虽然在2008年之前，上交所、深交所分别发布了内部控制指引，但其规范性及科学性程度不如《企业内部控制基本规范》，也没有从标准化的内部控制五要素的角度来构建内部控制体系）。如前文所述，本文的样本区间是2006—2017年，其中包含了《企业内部控制基本规范》开始实施的2009年。由于方程（2）及方程（3）

的自变量比因变量滞后一期（2010年样本的自变量内部控制质量数据是2009年），这里将总样本分为2006—2009年和2010—2017年两个子样本区间，重新对方程（3）进行检验，结果见表13。

表13 《企业内部控制基本规范》实施前后不同时间区间的检验结果

变量名称	2006—2009年		2010—2017年	
	劳动力投资不足	劳动力投资过度	劳动力投资不足	劳动力投资过度
	模型（Ⅰ）	模型（Ⅱ）	模型（Ⅲ）	模型（Ⅳ）
Constant	0.000 (0.00)	0.100 (0.09)	0.092 (1.10)	1.279** (2.38)
LNINTCON	−0.059** (−2.03)	−0.094 (−1.55)	−0.013*** (−4.40)	−0.026* (−1.84)
POWER	0.000 (0.02)	0.008 (0.25)	−0.001 (−0.31)	0.027* (1.73)
LNINTCON×POWER	0.025 (0.76)	0.044 (1.51)	0.011*** (2.79)	0.026* (1.93)
控制变量	控制	控制	控制	控制
行业及年度效应	控制	控制	控制	控制
调整后R^2	0.098	0.036	0.117	0.098
观测值	1 675	799	5 909	2 672

注：***、**和*分别表示检验值在1%、5%和10%水平上显著。

从表13可以看到，对于劳动力投资过度样本，《企业内部控制基本规范》实施前（模型（Ⅱ）），内部控制质量变量LNINTCON的回归系数不显著，而实施后（模型（Ⅳ）），LNINTCON的回归系数显著为负，这可能是因为《企业内部控制基本规范》实施前，内部控制体系不够规范，内部控制五要素并没有真正构建起来，内部控制体系难以发挥治理作用。而对于劳动力投资不足样本（模型（Ⅰ）和模型（Ⅲ）），LNINTCON的回归系数均显著为负，即无论是《企业内部控制基本规范》实施前还是实施后，高质量内部控制均能起到缓解劳动力投资不足的作用。虽然《企业内部控制基本规范》实施前，内部控制不能起到抑制劳动力投资过度的作用，但却能缓解劳动力投资不足，这可能是因为对于外部投资者来说，尽管在《企业内部控制基本规范》实施前企业内部控制的整体规范性可能不够，但只要相对于其他公司来说，目标公司的内部控制质量得分高，说明目标公司的内部控制比其他公司更有效率，此时投资者愿意提供低成本的股权或债务融资资金。

（三）管理层过度自信对管理层权力发挥作用的影响

前文讨论管理层权力作用时没有考虑管理层过度自信的影响，实际上，管理层处于企业治理和组织结构的顶层，是企业的核心人员，有较大的决策权力，因此比普通人容易出现过度自信。过度自信的管理层容易高估自己的能力，对企业经营有较大信心，低估经营风险，对项目投资收益也更乐观（马春爱、易彩，2017）。已有文献发现，当管理层过度自信时，净现值为负的投资项目容易审批通过，诱发投资过度行为（Lin et al.，2005；李云鹤，2014）。因此，我们推测，管理层权力作用的发挥会受到管理层过度自信的影响，当管理层不过度自信时，工作风格偏保守，即使其权力较大，也可能不会影响内部控制质量与劳动力投资过度行为的关系；而当管理层过度自信时，其对劳动力的投资收益更乐观，管理层的权力效应可能会进一步膨胀，此时管理层权力对内部控制质量与劳动力过度投资的关系会产生显著抑制作用。关于管理层过度自信，Hayward和Donald（1997）研究发现，CEO薪酬相对于其他管理层人员的薪酬的比例越高，说明CEO在企业中的地位越重要，工作时也更容易过度自信。且管理层薪酬比例较高时，其工作信心更足，对项目投资收益更乐观（Brown和Sarma，2007）。基于数据的可获取性，参考姜付秀等（2009）、马春爱和易彩（2017）等文献，采用前三名管理层薪酬之和与全部管理层薪酬之和的比例OC来度量管理层过度自信。由于本文要进行分组检验，因此定义当变量OC值大于中位数时，管理层是过度自信，小于中位数时，管理层不过度自信。分管理层是否过度自信对方程（3）进行检验，结果见表14。

从表14可以看到，当企业劳动力投资不足时（模型（Ⅰ）和模型（Ⅱ）），无论管理层是否过度自信，交乘项LNINTCON×POWER的回归系数均在1%水平上显著为正，Chow检验发现，两个回归系数差异的P检验值为0.828，差异不显著，因此管理层权力对内部控制质量与劳动力投资不足关系的作用不受其是否过度自信的影响。而当企业劳动力投资过度时，如果管理层过度自信（模型（Ⅲ）），交乘项LNINTCON×POWER的回归系数仍然显著为正，因为此时管理层工作偏激进，对劳动力的投资收益更乐观，权力效应进一步膨胀，内部控制作用下降，管理层权力会显著削弱内部控制质量对劳动力投资过度行为的抑制效果，与表5的结果一致。而当管理层不过度自信时（模型（Ⅳ）），LNINTCON×POWER的回归系数不再显著，因为此时管理层工作风格偏保守，对劳动力投资谨慎，即使其权力较大，也可能不会影响内部控制质量与劳动力投资过度行为的关系。

表14 管理层过度自信对管理层权力作用影响的检验结果

变量名称	劳动力投资不足		劳动力投资过度	
	模型（Ⅰ）	模型（Ⅱ）	模型（Ⅲ）	模型（Ⅳ）
	过度自信	不过度自信	过度自信	不过度自信
Constant	0.026 （0.24）	0.104 （1.19）	1.460** （2.26）	0.163 （0.32）
LNINTCON	-0.016*** （-6.04）	-0.011*** （-4.20）	-0.050*** （-3.00）	-0.009 （-0.67）
POWER	0.003 （0.81）	-0.004 （-1.19）	0. 038* （1.77）	0.005 （0.29）
LNINTCON×POWER	0.011*** （3.70）	0.013*** （3.82）	0.031** （2.01）	0.014 （0.95）
控制变量	控制	控制	控制	控制
行业及年度效应	控制	控制	控制	控制
调整后 R^2	0.129	0.074	0.078	0.081
观测值	3 770	3 814	1 809	1 662
LNINTCON× POWER 回归系数差异的 Chow 检验	P值=0.828		-	

注：***、**和*分别表示检验值在1%、5%和10%水平上显著。

七、研究结论及未来展望

虽然已有较多文献考察了内部控制质量对企业资本性支出投资效率的影响，也得到了丰富的研究成果（李万福等，2011；Cheng et al.，2013；方红星、金玉娜，2013；Sun，2016），但很少有文献考察其对劳动力投资效率的影响，本文以我国上市公司为研究样本，系统地考察了内部控制质量与劳动力投资效率的关系，并分析管理层权力的调节作用。研究结果表明：内部控制质量与企业劳动力投资效率显著正相关，这一关系在劳动力投资不足及劳动力投资过度样本中均存在。调节效应检验发现，管理层权力会削弱高质量内部控制对劳动力投资效率的抑制作用，即当管理层权力较大时，内部控制体系可能失衡，内部控制要素的治理效果受到较大影响，此时内部控制质量对劳动力投资效率的提升作用下降。论文还从政治关联、《企业内部控制基本规范》实施、管理层过度自信的角度做了进一步分析，发现当企业存在政治关联时，高质量内部控制对劳动力投资过度行为的抑制作用不显著，因为政治关联企业需要为政府承担稳定就业的任务，劳动力雇佣负担较重，管理层容易做出为满足政府要求扩大劳动力雇佣规模的决策，高质量内部控制缓解管理层代理冲突的作用会受到牵制。《企业内部控制基本规范》实施前，内部控制质量能有效缓解劳动力投资不足，但对劳动力投资过度的抑制作用不显著。内部管理层权力对内部控制质量与劳动力投资效率关系的影响只存在于管理层过度自信企业，而对于管理层不过度自信的企业，管理层权力的调节效应不显著。研究结果最后通过了多个角度的稳健性检验。

对于处于全面深化改革、经济转型升级关键时期的中国，创新是经济发展的第一推动力，而人力资本是企业技术创新过程中最为关键的投入要素，高效率的劳动力投资行为对于企业创新能力提升起到至关重要的作用，因而研究其影响因素，进而探寻提升对策就非常关键。虽然部分国外文献采用Jung et al.（2014）的异常净雇佣率方法，从股价信息含量（Ben-Nasr和Alshwer，2016）、商业秘密保护（Cao和Chen，2019）、机构投资者持股（Ghaly et al.，2020）、环境不确定性（卜君、孙光国，2020）等角度进行了研究，但国外成熟资本市场的成果未必适用于新兴的处于转轨期的中国资本市场。本文虽然从内部控制质量的角度进行了实证研究，也得到了有价值的研究启示，如通过提高内部控制质量，并对管理层权力加以制衡，能有效地提升劳动力投资效率，但这方面可供研究的影响因素还有很多，如制度环境、董事会治理、管理层薪酬、劳动力保护、分析师跟进等，期待未来有更多文献从事这方面的研究，从而揭示劳动力投资效率影响因素的全貌。

参考文献

[1] 敖小波，林晚发，李晓慧. 内部控制质量与债券信用评级［J］. 审计研究，2017（2）：57-64.

[2] 卜君，孙光国. 环境不确定性会影响企业劳动投资效率吗？［J］. 经济管理，2020（10）：23-38.

[3] 陈汉文，杨增生. 内部控制质量与银行资本充足率——来自我国上市银行的经验证据［J］. 厦门大学学报（哲学社会科学版），2018（1）：55-64.

[4] 池国华，杨金，郭菁晶. 内部控制、EVA考核对非效率投资的综合治理效应研究——来自国有控股上市公司的经验证据［J］. 会计研究，2016（10）：63-69.

［5］邓文涛，平瑗嘉，熊欢欢．内部控制、管理层权力对审计费用影响研究［J］．中国注册会计师，2018（5）：49-54．

［6］方红星，陈作华．高质量内部控制能有效应对特质风险和系统风险吗？［J］．会计研究，2015（4）：70-77．

［7］方红星，金玉娜．公司治理、内部控制与非效率投资：理论分析与经验证据［J］．会计研究，2013（7）：63-69．

［8］顾奋玲，解角羊．内部控制缺陷、审计师意见与企业融资约束——基于中国A股主板上市公司的经验数据［J］．会计研究，2018（12）：77-84．

［9］郭剑花，杜兴强．政治联系、预算软约束与政府补助的配置效率——基于中国民营上市公司的经验研究［J］．金融研究，2011（2）：114-128．

［10］郭军，赵息．高管权力、制度环境与内部控制缺陷［J］．系统工程，2016（7）：73-77．

［11］韩美妮，王福胜．法治环境、财务信息与创新绩效［J］．南开管理评论，2016（5）：28-40．

［12］胡明霞．管理层权力、内部控制质量与盈余管理［J］．重庆大学学报（社会科学版），2018（2）：66-76．

［13］姜付秀，张敏，陆正飞，等．管理者过度自信、企业扩张与财务困境［J］．经济研究，2009（1）：131-143．

［14］孔东民，项君怡，代昀昊．劳动投资效率、企业性质与资产收益率［J］．金融研究，2017（3）：145-158．

［15］李常青，陈泽艺，黄玉清．内部控制与业绩快报质量［J］．审计与经济研究，2018（1）：21-33．

［16］李传宪．政治关联、债务重组扭亏与公司投资效率［J］．审计与经济研究，2014（2）：76-84．

［17］李万福，林斌，宋璐．内部控制在公司投资中的角色：效率促进还是抑制？［J］．管理世界，2011（2）：81-99．

［18］李云鹤．公司过度投资源于管理者代理还是过度自信［J］．世界经济，2014（12）：95-117．

［19］梁上坤．机构投资者持股会影响公司费用粘性吗？［J］．管理世界，2018（12）：133-148．

［20］廖冠民，陈燕．劳动保护、劳动密集度与经营弹性：基于2008年《劳动合同法》的实证检验［J］．经济科学，2014（2）：91-103．

［21］刘慧龙，张敏，王亚平，等．政治关联、薪酬激励与员工配置效率［J］．经济研究，2010（9）：109-121+136．

［22］刘启亮，罗乐，张雅曼，等．高管集权、内部控制与会计信息质量［J］．南开管理评论，2013（1）：15-23．

［23］刘焱，姚海鑫．高管权力、审计委员会专业性与内部控制缺陷［J］．南开管理评论，2014（2）：4-12．

［24］罗喜英，刘伟．政治关联与企业环境违规处罚：庇护还是监督——来自IPE数据库的证据［J］．山西财经大学学报，2019（10）：85-99．

［25］罗长远，陈琳. 融资约束会导致劳动收入份额下降吗？——基于世界银行提供的中国企业数据的实证研究［J］. 金融研究，2012（3）：29-42.

［26］马春爱，易彩. 管理者过度自信对财务弹性的影响研究［J］. 会计研究，2017（7）：75-81.

［27］马连福，王元芳，沈小秀. 国有企业党组织治理、冗余雇员与高管薪酬契约［J］. 管理世界，2013（5）：100-115.

［28］马永强，路媛媛. 企业异质性、内部控制与技术创新绩效［J］. 科研管理，2019（5）：134-144.

［29］权小锋，吴世农，文芳. 管理层权力、私有收益与薪酬操纵［J］. 经济研究，2010（11）：73-87.

［30］孙慧，程柯. 政府层级、内部控制与投资效率——来自国有上市公司的经验证据［J］. 会计与经济研究，2013（3）：65-74.

［31］谭庆美，陈欣，张娜，等. 管理层权力、外部治理机制与过度投资［J］. 管理科学，2015（4）：59-70.

［32］王治，张皎洁，郑琦. 内部控制质量、产权性质与企业非效率投资——基于我国上市公司面板数据的实证研究［J］. 管理评论，2015（9）：95-107.

［33］魏志华，李常青，曾爱民，等. 关联交易、管理层权力与公司违规——兼论审计监督的治理作用［J］. 审计研究，2017（5）：87-95.

［34］闫焕民，张燕华，李瑶瑶. 管理层权力会影响银行贷款契约吗［J］. 当代财经，2020（3）：126-136.

［35］叶陈刚，裘丽，张立娟. 公司治理结构、内部控制质量与企业财务绩效［J］. 审计研究，2016（2）：104-112.

［36］袁军，潘慧峰. 企业政治关联与股价崩盘风险［J］. 系统工程，2018（7）：1-8.

［37］张春龙，张国梁. 高管权力、现金股利政策及其价值效应［J］. 管理评论，2017（3）：168-175.

［38］张三峰，张伟. 融资约束、金融发展与企业雇佣——来自中国企业调查数据的经验证据［J］. 金融研究，2016（10）：111-126.

［39］赵息，张西栓. 内部控制、高管权力与并购绩效——来自中国证券市场的经验证据［J］. 南开管理评论，2013（2）：75-81.

［40］郑军，林钟高，彭琳. 高质量的内部控制能增加商业信用融资吗？——基于货币政策变更视角的检验［J］. 会计研究，2013（6）：62-68.

［41］郑培培，陈少华. 管理者过度自信、内部控制与企业现金持有［J］. 管理科学，2018（4）：3-16.

［42］钟宁桦，何佳馨，黄伟. 经理人权力与员工工资——来自五百家非上市公司的证据［J］. 学术月刊，2017（3）：48-60.

［43］周美华，林斌，林东杰. 管理层权力、内部控制与腐败治理［J］. 会计研究，2016（3）：56-63.

［44］周中胜，徐红日，陈汉文，等. 内部控制质量对公司投资支出与投资机会的敏感性的

影响：基于我国上市公司的实证研究［J］. 管理评论，2016（9）：206-217.

［45］ ALBUQUERQUE R，MIAO J. CEO Power，Compensation，and Governance［J］. Annals of Economics and Finance，2013，14（2）：443-479.

［46］ ASHBAUGH-SKAIFE H，COLLINS D W，KINNEY W R，et al. The Effect of SOX Internal Control Deficiencies on Firm Risk and Cost of Equity［J］. Journal of Accounting Research，2009，47（1）：1-43.

［47］ BAE K H，KANG J K，WANG J. Employee Treatment and Firm Leverage：A Test of the Stakeholder Theory of Capital Structure［J］. Journal of Financial Economics，2011，100（1）：130-153.

［48］ BEBCHUK L，FRIED J，WALKER D. Managerial Power and Rent Extraction in the Design of Executive Compensation［J］. University of Chicago Law Review，2002（69）：751-846.

［49］ BENMELECH E，BERGMAN N K，SERU A. Financing Labor［R］. Chicago：Working Paper，Northwestern University and NBER，2015.

［50］ BEN-NASR H，ALSHWER A. Does Stock Price Informativeness Affect Labor Investment Efficiency?［J］. Journal of Corporate Finance，2016，38（c）：249-271.

［51］ BERTRAND M，MULLAINATHAN S. Enjoying the Quiet Life? Corporate Governance and Managerial Preferences［J］. Journal of Political Economy，2003，111（5）：1043-1075.

［52］ BIDDLE G，HILARY G. Accounting Quality and Firm-level Capital Investment［J］. The Accounting Review，2006，81（5）：963-982.

［53］ BROWN R，SARMA N. CEO Overconfidence，CEO Dominance and Corporate Acquisitions［J］. Journal of Economics and Business，2007，59（5）：358-379.

［54］ CAO Z，CHEN S X. Does Trade Secrets Protection Affect Human Capital Investment? Evidence from the Inevitable Disclosure Doctrine［R］. Nanjing：Working Paper，Nanjing Audit University and Lancaster University，2019.

［55］ CHEN C X，LU H，SOUGIANNIS T. The Agency Problem，Corporate Governance，and the Asymmetrical Behavior of Selling，General，and Administrative Costs［J］. Contemporary Accounting Research，2012，29（1）：252-282.

［56］ CHENG M，DHALIWAL D，ZHANG Y. Does Investment Efficiency Improve After the Disclosure of Material Weaknesses in Internal Control over Financial Reporting?［J］. Journal of Accounting and Economics，2013，56（1）：1-18.

［57］ CHENG Q，GOH B W，KIM J B. Internal Control and Operational Efficiency［J］. Contemporary Accounting Research，2018，35（2）：1102-1139.

［58］ CRONQVIST H，HEYMAN F，NILSSON M，et al. Do Entrenched Managers Pay Their Workers More?［J］. Journal of Finance，2009，64（1）：309-339.

［59］ DIXIT A. Investment and Employment Dynamics in the Short Run and the Long Run［J］. Oxford Economic Papers，1997，49（1）：1-20.

［60］ DONELSON D C，EGE M S，MCINNIS J M. Internal Control Weaknesses and Financial Reporting Fraud［J］. Auditing：A Journal of Practice & Theory，2017，36（3）：45-69.

[61] GHALY M, DANG V A, STATHOPOULOS K. Institutional Investors' Horizons and Corporate Employment Decisions [J]. Journal of Corporate Finance, 2020, forthcoming.

[62] GÖX R F, HEMMER T. On the Relation between Managerial Power and CEO Pay [J]. Journal of Accounting and Economics, 2020, 69 (2-3): 1-22.

[63] HAMERMESH D. Labor Demand and the Structure of Adjustment Costs [J]. American Economic Review, 1989, 79 (4): 674-689.

[64] HAMERMESH D. Labor Demand [M]. New Jersey: Princeton University Press, 1993.

[65] HARP N L, BARNES B G. Internal Control Weaknesses and Acquisition Performance [J]. The Accounting Review, 2018, 93 (1): 235-258.

[66] HAYWARD L A, DONALD C H. Explaining the Premiums Paid for Large Acquisitions: Evidence of CEO Hubris [J]. Administrative Science Quarterly, 1997, 42 (1): 103-127.

[67] JUNG B, LEE W J, WEBER D P. Financial Reporting Quality and Labor Investment Efficiency [J]. Contemporary Accounting Research, 2014, 31 (4): 1047-1076.

[68] KIM J, SONG B Y, ZHANG L. Internal Control Weakness and Bank Loan Contracting: Evidence from SOX Section 404 Disclosures [J]. The Accounting Review, 2011, 86 (4): 1157-1188.

[69] KONG D, LIU S, XIANG J. Political Promotion and Labor Investment Efficiency [J]. China Economic Review, 2018, 50: 273-293.

[70] LIN Y, HU S, CHEN M. Managerial Optimism and Corporate Investment: Some Empirical Evidence from Taiwan [J]. Pacific-Basin Finance Journal, 2005, 13 (5): 523-546.

[71] LU H, RICHARDSON G, SALTERIO S. Direct and Indirect Effects of Internal Control Weaknesses on Accrual Quality: Evidence from a Unique Canadian Regulatory Setting [J]. Contemporary Accounting Research, 2011, 28 (2): 675-707.

[72] NICKELL S, NICOLITSAS D. How does Financial Pressure Affect Firms? [J]. European Economic Review, 1999, 43 (8): 1435-1456.

[73] OGNEVA M, SUBRAMANYAM K R, RAGHUNANDAN K. Internal Control Weakness and Cost of Equity: Evidence from SOX Section 404 Disclosures [J]. The Accounting Review, 2007, 82 (5): 1255-1297.

[74] OI W. Labor as a Quasi-fixed Factor [J]. Journal of Political Economy, 1962, 70 (6): 538-555.

[75] PAGANO M, VOLPIN P F. Managers, Workers, and Corporate Control [J]. Journal of Finance, 2005, 60 (2): 841-868.

[76] PINNUCK M, LILLIS A M. Profits Versus Losses: Does Reporting an Accounting Loss Act as a Heuristic Trigger to Exercise the Abandonment Option and Divest Employees? [J]. The Accounting Review, 2007, 82 (4): 1031-1053.

[77] QIAN M, SUN P, YU B. Top Managerial Power and Stock Price Efficiency: Evidence from China [J]. Pacific-Basin Finance Journal, 2018, 47: 20-38.

[78] RICHARDSON S. Over-investment of Free Cash Flow [J]. Review of Accounting Studies,

2006, 11 (2): 159-189.

[79] SUN Y. Internal Control Weakness Disclosure and Firm Investment [J]. Journal of Accounting, Auditing & Finance, 2016, 31 (2): 277-307.

Internal Control Quality, Management Power and Labor Investment Efficiency

Zhizhu Yuan, Shenhong Jiang, Weirui Zhou

Abstract Existing documents have focused on capital expenditure investment when investigating the relationship between internal control quality and corporate investment efficiency. Few documents have conducted research from the perspective of labor investment. It takes Chinese listed companies as sample, examines the impact of internal control quality on labor investment efficiency, and analyzes the moderating effect of management power. The research results show that the quality of internal control is significantly positively correlated with labor investment efficiency, that is, high-quality internal control can play a role in restraining inefficient labor investment, and the effect exists in both labor underinvestment and overinvestment samples. Management power has a negative moderating effect. When the power of management is greater, the effect of internal control quality on labor investment efficiency is weakened. Further research finds that the negative moderating effect of management power only exists in companies that are overconfident. For companies that are not overconfident, the moderating effect is not significant. For politically connected companies, the burden of labor employment is heavier, and then internal control quality no longer has a significant inhibitory effect on labor overinvestment. Before the implementation of the "Basic Norms for Enterprise Internal Control", internal control quality can effectively alleviate labor underinvestment, but the inhibitory effect on labor overinvestment is not significant.

Keywords internal control quality; management power; labor investment efficiency

第 13 辑，2022 年
No.13，2022
会计与控制评论
Review of Accounting and Control

智慧审计的理论框架与实践探索①

祁渊[1] 张莉[2] 朱琦[3]

（1.东北财经大学会计学院 大连 116025；2.天津商业大学会计学院 天津 300134；3.天津审计科研培训中心 天津 300050）

摘 要 《"十四五"国家审计工作发展规划》在落实科技强审方面提出，要"充分运用现代信息技术开展审计，提高审计质量和效率"。2021 年 12 月 23 日修订的《审计法》为审计机关通过国家政务信息系统和数据共享平台取得和应用电子数据等资料，进行综合分析，提供了法律依据。本文在这一背景下，从相关智慧概念的应用扩展到智慧审计的内涵，基于《北京宣言》和《莫斯科宣言》构建智慧审计的目标。在此基础上，以自我迭代、敏捷治理和用户导向描述智慧审计的特征，依据协同理论、耗散结构理论、权变理论和可持续发展理论构建智慧审计的理论基础。本文进一步将智慧审计的发展阶段划分为网络化阶段、智能化阶段和智慧化阶段，并分析了目前智慧审计的实践案例及实践效果，最后提出发展智慧审计的对策建议。

关键词 国家审计 智慧审计 敏捷治理 耗散结构理论 可持续发展理论

① 基金项目：审计署重点科研课题"大数据背景下智慧审计的构建与实施"（18SJ01001）。

一、引　言

《“十四五”国家审计工作发展规划》在落实科技强审方面提出，要“充分运用现代信息技术开展审计，提高审计质量和效率”。2021年12月23日修订的《审计法》为审计机关通过国家政务信息系统和数据共享平台取得和应用电子数据等资料，进行综合分析，提供了法律依据。根据2021年发布的《国务院办公厅关于进一步规范财务审计秩序促进注册会计师行业健康发展的意见》，我国将建设注册会计师行业统一监管信息平台，这也为审计机关的数据分析提供更多维的数据集合。与此同时，2019年国际标准化组织成员国投票通过了由我国审计署牵头制定的“审计数据采集”国际标准最终草案，并通过ISO向全球发布。“审计数据采集”国际标准作为审计领域的第一项国际标准，将为全球范围内国家审计、注册会计师审计、内部审计工作提供数据应用指南。2021年金审三期署本级多个分子系统全部开放上线，并在各类专项审计中广泛应用。由此可见，我国国家审计在数据化、信息化和智能化方面的建设成效，已为智慧审计的构建与实施提供了技术支持和制度保障。与此同时，智慧审计的理论框架尚未构建，相关的实践经验有待总结。因此，辨析智慧审计的内涵与外延，提炼智慧审计的实践经验，对我国智慧审计的未来发展极具现实意义。

二、智慧审计的内涵

（一）智慧与智能

在《辞海》（第7版）中，智慧指对事物能认识、辨析、判断处理和发明创造的能力。狭义上，智慧描述的是生物神经器官的一种高级能力，广义上智慧体现为对事物迅速、灵活、正确地理解和解决。智慧与智能相似，但又存有差异。一般而言，智能是智力和能力的总称。虽然“智慧”和“智能”都包含了人的智力因素，但是“智能”更强调的是从智慧中分离出来的一部分能力，依靠信息科技或其他技术发挥作用，以机器替代人工实现目标。而“智慧”则在强调借助智能手段，通过科技的研发和应用，基于信息和数据交互与共享，充分挖掘和激发人的主观能动性，提升决策及其执行的效果和效率。

（二）智慧概念的应用

目前，智慧概念的应用主要有智慧城市、智慧社会、智慧国家和智慧地球等。我们试图通过分析智慧概念在不同场景的应用，归纳智慧带给相关主体的主要影响。

1.智慧城市

智慧城市被塑造成未来的城市形态，它是指由技术和数据驱动的网络化城市，这种城市更高效、更有适应力和更具可持续性发展（Kevin、Kendra、王奎明，2018）。也就是说，智慧城市是将新一代信息技术充分运用于城市各行各业的基于信息和知识创新的城市信息高级化形态（余潇枫、潘临灵，2018）。一般来说，“智慧城市”具备四大特征：全面透彻的感知、宽带泛在的互联、智能融合的应用以及以人为本的可持续创新。欧盟于2006年开始建设智慧城市，旨在帮助居民利用信息技术和移动应用服务提升生活质量，使人的需求在其间得到最大的尊重和满足。2012年，我国选取了90个城市作为首批国家智慧城市试点城市。

2.智慧社会

党的十九大报告在论述加快建设创新型国家时，“智慧社会”一词，与科技强国、质量强国、航天强国、网络强国、交通强国、数字中国等理念并列。智慧社会作为智慧政务、智慧产业、智慧民生、智慧城市等各种智慧系统的总和，是人类文明发展的新阶段（梅宏，2018）。智慧社会的特征包括信息网络泛在化、规划管理信息化、基础设施智能化、公共服务普惠化、社会治理精细化、产业发展数字化、政府决策科学化（单志广，2021）。

3.智慧国家

新加坡分别在2006年和2014年启动了两次“智慧国家”计划，提出建设覆盖全岛的数据收集、连接和分析的基础设施与操作系统，根据收集的数据了解、预测公民需求，提供更好的公共服务（张雅妮、张婵，2017）。2014年8月，德国政府出台《数字议程（2014—2017）》，倡导数字化创新驱动经济社会发展。

4.智慧地球

2008年11月，IBM提出“智慧地球”概念，它包括三个维度：第一，能够更透彻地感应和度量世界的本质和变化；第二，促进世界更全面地互联互通；第三，在上述基础上，所有事物、流程、运行方式都将实现更深入的智能化，企业因此获得更智能的洞察。

（三）智慧审计的界定

通过比较智慧城市、智慧社会、智慧国家、智慧地球的概念特征，我们认为，“智慧”带给原有事物的主要改变体现在：依靠信息技术实现主体内部以及主体内外之间的信息及其他物质的互通、共享，从而提升组织的运行效率、效果和持续创新能力。

1.一般概念

智慧审计可以理解为利用信息技术将审计流程和审计方法智能化，使审计组织内部、审计组织内部与外部之间实现信息的交互与共享，从而以高效、创新的方式实现审计组织的目标。纵观智慧城市、智慧社会、智慧国家和智慧地球的概念，都是以信息技术与流程和方法的融合为契机，一方面，提高现有运行方式的效率和效果；另一方面，通过信息的互通和共享，创新流程和方法，实现组织功能的质的提升。

智慧审计正是基于信息技术提供的数据获取和分析的新方法，高效地实现审计组织目标。例如，2020年全国基本医疗保险基金审计，依托智慧审计，跨层级、跨系统、多维度地进行数据贯通分析，共发现8 780家定点医药机构、中介机构及参保人员涉嫌骗取、套取基金10.59亿元（2021年审计工作报告）。再如，通过组建数据分析团队、现场核实团队、数据处理团队和集中审理团队，2020年全国多地实现了市区两级一级预算单位审计全覆盖。

智慧审计在高效发挥监督功能的基础上，其服务功能日益提升。例如某市根据医疗保险业务数据分析因病致贫时，重点对超出医疗费总额35万元就医人员的自费比例、病种进行分析，结合盘活大额医疗资金，提出增加大额救助报销金额、适当调高报销比例等惠民建议。

2.具体概念

有学者认为，智慧审计是通过“先审计方法，后审计数据”的审计思维，建立“法律法规—审计方法—审计数据—审计疑点—定性依据”的闭环链条，汇集广大审计人员的审计思路、审计判断与审计方法于一体，由计算机系统自动完成审计分析、实现审计目标的过程（鲁清仿等，2018）。

基于当前审计实践的角度，我们认为：智慧审计是指充分运用网络技术、大数据、云计算、人工智能等先进的信息技术，与审计业务、审计业务管理体系深度融合，系统、全面地提升审计判断和决策环节的效率和效果，完善审计业务管理，推动审计全覆盖，全面提升审计能力与质量。

基于技术创新和审计未来发展趋势的角度，我们认为：智慧审计是以信息技术更新为驱动，以制度创新为指导，重组审计需求、审计供给方面的数据，实现审计机关的单层级（署、省、市、区或县）或跨层级（跨地方政府）的一体化管理，以培养审计主体的思维方式、行为方式与审计技术相互平衡共进为基础，以推进公共资源使用透明度、服务于良好治理为目标，以智能化的审计平台为实现手段的一个生态系统（张莉、祁渊、朱琦，2019）。

“以信息技术更新为驱动”是指构建智慧审计依据的数据架构、分析技术和交互方法始终会随着信息技术的进步而同步更新。一方面这是智慧审计对提升审计效率和效果的要求，另一方面，因为智慧审计在“重组审计需求、审计供给”的同时，必然与“生态系统”中的审计客体以及其他审计机关、其他政府部门进行数据交互，这也倒逼智慧审计的底层信息技术必须与时俱进，以便达到数据对接要求。

“以制度创新为指导”是指当技术更新为智慧审计赋能后，现有的组织方式可能或者已经有碍于审计效能的发挥，适时和适度的制度创新成为审计组织方式与审计技术达到适配的基本路径，并且敏捷、灵活的制度创新也是智慧审计的新常态。

“以培养审计主体的思维方式、行为方式与审计技术相互平衡共进为基础”，强调了在智慧审计中审计主体应当具备的数据素养对于智能化审计工具、智能化审计流程的作用发挥至关重要，人机共进是智慧审计生态系统的价值所在。

“以推进公共资源使用透明度、服务于良好治理为目标，以智能化的审计平台为实现手段”，突出了智慧审计借助“审计平台”以“透明”的方式与“生态系统”中的其他主体协同共享，基于监督职能的发挥来服务社会经济发展，助力国家治理。

三、智慧审计的目标与特征

（一）智慧审计的目标：提高审计服务国家治理的效能

2013年，世界审计组织大会通过《北京宣言》，将“促进良好治理”作为各国最高审计组织的使命和目标。2019年，世界审计组织在《莫斯科宣言》（INTOSAI，2019）中指出，数据不断快速累加、科技与通信领域的发展日新月异，是国家审计面临的机遇与挑战，提高审计质量，提升审计效率，立足战略方向，才能增加审计机关的价值，提升政府部门的公信力。从《北京宣言》到《莫斯科宣言》，智慧审计客观上成为以信息化、数据化和智能化方式提质增效、服务良好治理的整合路径。例如，在全国扶贫审计中，与教育、卫生、民政、城建、人社、残联等相关部门联动，全面收集扶贫政策的具体落实情况；向公安、自然资源和规划等多个部门获取贫困人口房产、车辆、财政供养人员、个税缴纳等基础数据，搭建精准扶贫审计数据库；通过数据分析比对、复查抽查等方式优化模型和算法。截至2021年4月，2019年度扶贫审计发现的问题已整改2 545.4亿元，制定完善制度3 485项，追责问责722人。智慧审计通过整合海量、多维数据，进行算法优化和迭代，完成审计对象的精准画像；同时，在进行信息化和数据化的构建中，识别和改进体制机制中的具体问题。

（二）智慧审计的特征

智慧审计的特征包括自我迭代、敏捷治理和用户导向。

1.自我迭代

智慧审计可以通过文字识别（OCR）、网络爬虫、知识图谱等技术实现结构化和非结构化数据的采集与分析，借助机器学习、深度学习，在人机共进中完成算法和模型的优化，提升智能审计信息平台及时识别、评估、预警和应对能力。例如，智能审计信息平台可以根据被审计单位属性特征，对照所在区域、行政类别、行业类别、数据类型、过往审计报告性质等多维数据，精准定制和及时更新审计不同阶段的针对性策略，提升审计的效率和效果。随着技术进步和审计赋能，智慧审计自我迭代的特征，将确保审计机关在面对审计目标增加、审计领域扩展、审计证据变异、审计手段升级等一系列可知或不可知的变化时从容应对。

2.敏捷治理

在大数据等技术革新为审计赋能的同时，智慧审计开启了基于数据整合的自我迭代进程。随数据运营而动，智慧审计组织方式也要相应地满足快捷、灵活、可变、可适应等目标，也就是采取敏捷治理的原则，调整审计组织方式。例如，在引入机器人流程自动化（RPA）之后，在哪一环节增设何种资质的审计人员来识别和调整PRA和审计业务之间的差距？又通过怎样的信息路径将这种差距反馈给PRA设计人员？以及因PRA减轻审计工作而新增的审计人力资源如何重新分配？再如，在推进审计业务融合、审计资源融合的过程中，构建灵活可变、适应性强的审计组织方式是多维融合的现实基础。这种伴随自我迭代而产生的组织管理方式的变化，是智慧审计的新常态，也使得敏捷治理成为智慧审计模式下审计组织治理的基本原则与特征。

3.用户导向

智慧审计旨在实现审计资源的一体化管理及智能化配置，这就要求智能审计信息平台为不同用户提供适配的操作界面与端口。

对于本级审计机关的审计人员，智能审计信息平台需要具有操作简便、可视化、可参与、及时反馈等功能，从而更利于培养和提升审计个体的专业胜任能力；对于同行、专家，智能审计信息平台需要具有经验共享、互动交流的功能，以助力审计专长的精进；对于被审计单位和社会公众，智能审计信息平台在保密责任许可的前提下，实现对审计过程、审计结果及反馈信息的适时公开，通过审计信息的透明化履行监督职责。

四、智慧审计的理论基础

（一）协同理论

协同理论认为，虽然不同系统在属性上千差万别，但各个系统在共同的环境下，存在着相互影响和合作的可能。在智慧审计模式下，据以进行审计分析的数据可能分布在不同的行业、地域，通过协同合作才能为被审计对象构建完整的侧写。例如在N市审计局对扶贫资金发放情况的审计中，通过调取申领人在房产部门的房产登记情况、公安部门的出入境情况，以及交通部门的交通工具乘坐情况，查处违规申领扶贫补助的个人。

协同理论还指出系统间信息和能量的交换，会促使系统内部在新的时空节点构建有序的结构。在智慧审计的实践中，数据分析、疑点排查逐步升级为审计流程的开端程序，正是在协同合作背景下组织方式的重构。

（二）耗散结构理论

耗散结构理论强调开放的系统在能量交互中，通过自组织的机制和规律，实现由无序状态向有序状态的转化。在智慧审计中，审计个体是驱动自组织机制得以实现的关键。这是因为，审计个体既是数据源，又是数据处理者，其对于审计组织内信息交互的方式和方法具有直接经验，最有可能提出灵活、便捷、适用的改进方案，从而促成审计组织在内外环境发生变化的状态下保持有序运转。因此，根据耗散结构理论，审计人员参与审计组织的数据化运营是审计机关赋能的关键。

与此同时，耗散结构理论中自组织机制的达成还实现了审计个体在组织中的认同感。许多审计人员表示，自己提出的算法改进、模型优化和其他为审计机关所采纳的提升绩效的方案，能够带来切实的幸福感和获得感。

（三）权变理论

权变理论认为有效的领导方式是与环境因素动态适配的过程。在环境因素包含的三个维度①中，任务结构化程度这一维度可以解释为什么智慧审计应当采取敏捷治理的原则，以及为什么审计业务的领导方式需要适时地在“指导型”、“参与型”和“成就取向型”等方式之间进行动态调整。

任务结构化程度是指任务描述的明确程度和执行的程式化程度。在智慧审计模式下，审计业务和审计管理的结构化程度处于不断提高的过程之中，其原因主要有

① 权变理论认为环境因素包含的三个维度为领导者被下属接受的程度、领导者的职位权力的正式和稳定程度。

两个方面。第一，从近年来国家审计的实践来看，政策跟踪审计、自然资源资产离任审计等新兴审计内容，与传统的国家审计业务相比，在技术方法层面存在一定差异，审计业务的结构化程度需要在不断实践和探索中提高。第二，以数据为中心驱动的“1拖N”、“大兵团作战”、“矩阵结构”和“系统流程”等审计组织方式的创新，智能平台的深度应用，都对审计资源的统筹管理提出新要求。

权变理论中的“指导型”、“参与型”和“成就取向型”的领导方式对应的任务结构化程度由高到低，因此，在智慧审计模式下，随着具体审计工作结构化程度的变化，与之适配地调整领导方式，有助于审计机关效率的提升。

（四）可持续发展理论

可持续发展理论是指既满足当代人的需要，又不对后代人满足其需要的能力构成危害的发展。可持续发展理论包括公平性原则、持续性原则和共同性原则。

公平性是指机会选择的平等性。智慧审计以数据的智慧化应用为核心，这使得数据的接触权限和应用能力成为与个人业绩密切相关的资源。因此，在合法、合理、风险可控、高效的前提下，对审计人员数据应用的适当赋权和赋能是智慧审计模式下公平性的体现。例如，N市为培养审计人员数据应用能力提供了多种类型的培训。

持续性是指生态系统在环境变化时能保持其生产力的能力。目前，对公共资金、国有资产、国有资源以及经济责任审计的全覆盖要求，拓展了审计深度和广度。为保持审计效能的持续发挥，在实践中智慧审计通过智能立项、智能推送、智能比对、智能生成工作底稿和审计报告来提升项目审计的效率；在“1拖N”等项目组织方式创新的环境下，智慧审计以灵活适配的管理、考核和激励机制来激发审计人员的效能，以自我迭代的方式优化审计管理模式。

共同性是指要实现可持续发展的总目标，必须争取相关个体共同的配合行动。智慧审计以数据共享为纽带，将审计机关内外具有共同性的组织和个人整合起来。例如，现阶段的智慧审计采取的“大兵团作战”方式属于各级审计机关的纵向联动，“矩阵结构”“系统流程”方式属于本级审计机关的内部联动，以国家审计为主导、整合社会审计与内部审计的“内外联动”方式属于社会范围内的横向联动。这些多维联动体现出智慧审计以共同性作为业务组织和审计管理的基础。

五、智慧审计的发展阶段

借鉴智慧城市发展阶段的相关研究，我们将智慧审计的发展分为网络化、智能化和智慧化三个阶段，联网审计、大数据审计和智慧审计可以分别视为这三个阶段的典型审计模式。目前的审计实践处于在由智能化阶段向智慧化阶段的过渡时期。

（一）网络化阶段

网络化阶段是指通过网络获取和传输审计证据，典型的审计模式就是联网审计。联网审计强调的是审计机关与被审计单位通过网络互联，提高对被审计单位进行数据采集和传输的效率。

联网审计与智慧审计的联系在于联网审计为智慧审计构建了审计证据获取和传输的网络途径，在智慧审计模式下，审计机关与其他多方主体实现数据共享、发挥监督和服务职能的运行基础也是网络互连。

联网审计与智慧审计的不同之处在于，联网审计为智慧审计提供的基础设施——互联互通，将随着信息技术的发展和共享机制的完善得以提升。而智慧审计借助人工智能等新技术，利用共享数据不断地进行深度学习，将实现持续创新和自我迭代。也就是说，智慧审计更强调审计系统或平台通过学习审计人员的职业判断行为、利用审计和其他领域的数据资源，可以实现优化审计组织方式，不断迭代感知和应对社会经济运行风险点的能力，提升审计人员在判断和决策环节的效率和效果，从而提升国家审计服务国家治理的能力。因此，联网审计的进步体现在数据采集的体量、效率方面的提升，而智慧审计的发展则表现为判断和决策能力的改进，两者发展的空间和维度不尽相同。

（二）智能化阶段

智能化阶段是指在实现审计证据的网络采集和传输的基础上，在审计计划、审计实施和审计报告等流程和具体环节中，依据大数据等信息技术，实现智能化运行。这一阶段代表性的审计模式是大数据审计。

大数据审计与智慧审计的相同之处在于，从数据来源上来看，它们都是基于数据互联和共享获得审计证据；从分析方法上来看，它们也都借助多维数据、海量数据来构建数据关联，从而识别、分析数据异常，锁定高风险审计领域、项目或事项。

大数据审计与智慧审计的不同之处体现在两个方面：

第一，大数据审计侧重于为审计判断和决策提供更多维度、更多类型的数据，以及更加智能的算法、模式。而智慧审计则是基于大数据审计构建的数据储备，拟态审计判断和决策，在技术层面构建知识图谱或专家系统，以实现深度思考和精准推送。

第二，借用文化的三个层次——器物、制度、观念来析辨审计，那么大数据审计属于审计的器物层面，这主要体现为大数据审计应用的智能算法、模式往往是由审计组织自上而下设定的，审计人员主要是这些技术创新成果的使用者，而非开发者。而智慧审计除了拥有电子数据处理部门主导的算法设计以外，更鼓励审计人员借助疑点核实获取的信息，积极参与算法的优化、设计甚至审计流程再造，那么智慧审计就在审计的制度层面发挥了积极的作用。同时，审计人员从分析现场审计数据到参与算法等核心技术的设计，其从审计组织中感受到的获得感和存在感大幅提升，影响到审计的观念层面。

因此，大数据审计是利器，而智慧审计是智脑。

（三）智慧化阶段

网络化阶段解决的主要是审计证据采集手段和采集效率的问题，智能化阶段解决的主要是审计数据获取、分析和报告的效率问题，而智慧化阶段解决的则是拟态审计人员的思维能力与职业判断，在技术、方法、流程等方面实现精巧性（smart）的问题。

在智慧化阶段，审计智能化应用从局部扩展到全局。在审计业务的计划、实施和报告过程中，智慧审计通过深度思考、精准推荐等方式拟态审计人员的思维能力与职业判断，在一定程度上替代审计人员的部分工作。例如，实践中应用的审计立项智能推送功能，就是拟态审计计划的生成过程，由计算机根据近年中央决策部署涉及的重点领域、立项审计问题多、整改未落实、屡查屡犯、日常审计问题多、五年未审计盲区、近年本级和下级审计机关立项计划等因素，自动生成审计计划方案，辅助当年审计立项。

在智慧化阶段，深度应用审计人员职业行为数据，有助于充分合理地使用和培育审计人力资源，实现审计管理效率提升和审计人员职业成长的协同发展。例如，实践中应用的审计人员智能组织功能，可以辅助审计机关随时掌握审计人员闲置情况，根据审计任务要求与审计人员期望进行智能组织和科学分工。当按下智能组织按钮，计算机根据特定时点闲置审计人员及基本信息、业务经历、业务专长、项目审计贡献度、历史工作信息、期望审计项目等信息，提供项目人员备选方案。

六、智慧审计的实践探索

（一）实践案例

在科技强审、大数据审计背景下，全国各级审计机关在智慧化审计模式构建及实施方面都在进行有益探索。

N市审计局对其原有的智能化审计平台“联网审计一张网”进行“智慧化”升级改造。通过有效整合被审计单位财务、运营数据，审计业务及审计人员行为数据，以审计智能化管理为核心，以数据治理为系统设计理念，以构建规范化的端到端的卓越业务流程为中心，以持续提高组织业务绩效为目的，根据现有审计业务流程的具体情况，进行规范化设计，改进管理模式。

Q市审计局建立了上海数字化智能审计工程项目，包括一个平台、两个中心、七大应用系统，通过智能积累、智能分析、智能展现、智能管理、智能追踪、智能指挥等功能，构建数据采集、加工、整理、数据模型运用和大数据关联分析整体应用框架，为实现数字化审计业务模式提供技术支撑。

S省审计厅搭建了智能化审计平台，该系统运用大数据、图数据库等先进技术方法，实现基于关系的审计数据检索和分析挖掘。该系统以Hadoop分布式架构为依托，HBASE数据库为管理平台，neo4j图数据库为结果展示工具，Spark内存计算和机器学习为实时运算引擎，该系统已经梳理整合了S省本级财政、社保、民政、工商、税务等有效数据。运用自然语言解析技术，将半结构化、非结构化信息转换为结构化数据，辅助审计业务需要。

H省审计厅依托省电子政务网和政务数据共享交换平台，建立联网审计平台，通过“五个自动”即自动采集、自动传输、自动校验、自动审计、自动预警功能，开展智能审计，自动清洗数据、自动分析问题、自动形成疑点清单，降低了审计人员的计算机使用门槛。

C市审计局大数据审计分析平台以数据查询为主要功能入口，同时提供审计数据管理、财务数据分析、行业数据分析、财政数据分析、工商数据分析、政府采购分析、综合分析、财政资金等主题模块和系统公告、日志管理等管理功能。

（二）实践效果

1.业务触发：基于数据导向的审计时间和流程安排

B市审计局基于大数据技术，在审计过程中发现的疑点，可以便捷地在相关部门推送使用。例如：每年2—5月财政处和事业处进行预算执行审计，在此期间，财政处在审计中发现疑点可以推送给事业处，事业处也可反向推送线索，由于两处重合的审计时间有5~6个月，因此据以核实和调查的线索非常丰富。事业处发现的疑点还可以推送给经责处，经责处一般在每年的6—12月进行现场审计，涉及的审计内容最为广泛，线索不易获得，因此经责处从主观意愿上有强烈的动机从其他处室获得疑点线索。由于疑点推送的应用可以在更为广泛的业务领域中进行，疑点推送在提高审计效率的同时，也改变着审计项目的时间安排和流程进展。

2.介入时点：“事后审计”变“过程监督”

通过搭建联网审计平台，将全市被审计单位数据集中管理，并持续获取各单位财务和主要管理职能部门的业务数据，通过SSIS数据转换工具，自动将不同来源、不同种类的数据进行格式统一转换，为审计模型创建及跨部门比对印证等提供条件，通过审计模型自动运行实现全市日常监控智能批量审计。对被审计单位进行批量动态监控，拓宽了审计覆盖面。审计模型是审计监督“一张网”的网线交织点，是审计关键点，以数据为基础，数据分析为手段，将重要审计事项、关键控制点、关键岗位建立起审计模型，以便通过计算机自行运转，实现智能化、自动化批量审计，有效推进日常监控，促进审计全覆盖，提高了审计监督的时效性。对重要事项建立审计模型，实现计算机日常自动批量审计，对反映的疑点问题向被审计单位下达疑点核查通知，有利于被审计单位对查实的问题及时整改。

3.人员结构：跨界组队实现优势互补

以预算执行审计为例，在智慧化审计模式推行前，对预算单位审计采取每年两轮，每轮10户的方式。这样的组织方式，一个审计年度最多可以审计20个单位的预算执行情况，并且消耗的人力巨大。一般而言，一个项目组审计一家预算单位，一个项目组包括10名审计人员，一个审计年度在预算审计方面的人力可以达到200人次。

智慧化审计模式推行后，D市审计局首先组建了预算执行审计全覆盖审计组。该小组包括20人，分别来自电子数据处、事业一处、事业二处、事业三处，以及“一张网”管理系统的开发商ZR国际有限公司。小组中进一步分成数据分析和核实两个组成部分。ZR公司负责业务数据的清洗和验证，电子数据处负责模型的设计和调试，其他业务人员负责审计思路的提供和线索核实。智慧化审计模式为跨组联合工作的方式提供数据基础和技术支撑，实现了审计机关内部之间，以及内外部之间的技术共享和优势互补。

4.审计沟通：从监督到监督与服务并重

在通过系统模型发出预警，并提请被审计单位进行说明之初，并没有得到大部分被审计单位的理解和接受。为此，L市审计局组织各被审计单位分批次来参观智慧化审计模式构建成果，帮助被审计单位了解预警模型的作用机理和方式，将国家审计从单纯的监督工具，变成与被审计单位的沟通工具。由于模型是根据被审计单位经济行为的合法合规情况发出预警，被审计单位在避免触发审计智能化平台提示疑点的过程中，客观上提升了被审计单位经济行为的合规程度。从这个现实的收效看，审计机关在沟通过程中，完成了从单纯监督到监督与服务并重的角色转换，也在更高层次发挥了国家审计在国家治理中的作用。

（三）对策建议

1.利用多来源信息，完善智能立项功能

目前，智能审计立项依据的信息，主要来源于审计机关内部，例如近年中央决策部署涉及重点领域，以往审计结果，以往整改情况，以往及同期审计计划。随着智慧审计建设的日益成熟，信息读取和分析能力的增强，在智能立项功能中，可以考虑加入其他来源的信息作为参数，例如，其他职能部门向审计机关寻求帮助的历史信息，其他监管部门和行业协会的处罚信息、与可供筛选项目相关的网络舆情。

智慧审计建构信息互联的底层逻辑是共同性，那么这些外部信息的提供者和使用者最终都会成为智慧审计监督或服务的对象。

因此，将这些外部信息嵌入到智能立项功能之中，可以增强智能审计立项的前瞻性、精准性，继而在“审前”实现资源整合。

2.构建内部信息沟通的多渠道，优化智能组织功能

从图1可见，审计组织内部有关审计人员的信息在业务处、数据处、培训部门、考核部门等多部门进行交互，这样有助于更加准确和高效地锁定与具体审计业务适配的审计人员，提升审计人力资源的使用效率，并为审计人员提供职业成长的机会。例如，在应用审计人员智能组织功能时，计算机提取的审计人员个人信息主要包括闲置时点、审计经验、业务专长，但仅依据这些信息对审计人员进行侧写不够全面。智慧审计的特征之一就是自我迭代，那么对于审计人员的侧写应包括更多动态信息，例如，培训部门提供的有关审计人员接受培训的内容和次数的信息，考核部门提供的有关审计人员近期考核结果的信息，以及电子数据部门提供的有关审计人员设计算法、模式的信息。

因此，通过内部数据的互联互通，获取审计人员职业行为的全面数据，可以增加智能组织功能的科学性和契合度。

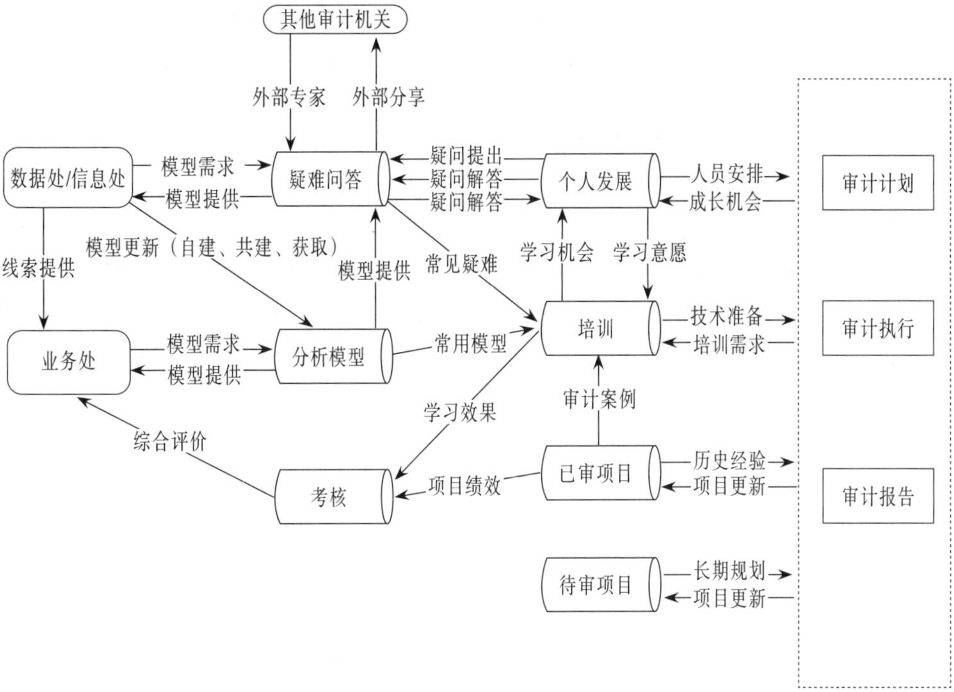

图1　业务单元、职能部门间的信息关联路径

3.鼓励审计人员参与算法、模式的设计

电子数据处虽然是算法和模式设计的主要部门，但由于这些内容往往与具体审计业务密切相关，因此，算法和模式需要随着审计对象的变化及时调整。所以，积极鼓励审计人员在执行业务过程中，保持创新和探索的意识，提出对算法、模式的新需求，或者与电子数据处共同设计算法、模式，或者直接提供新的算法、模式都有助于智慧审计的持续有效。同时，在国家审计服务国家治理的过程中，让被审计单位了解算法和模式在某种程度上成为以监督促服务的一种手段，这就导致算法、模式的使用有效期缩短。因此，审计人员参与算法、模式的设计有助于对被审计单位整改后的新状态及时反馈，提升算法、模式的有效性。此外，这也是审计人员主动参与组织数据化运营的重要方式，是审计人员在智慧审计建设中提升获得感和幸福感的关键渠道。

4.探索审计管理的敏捷治理

“1拖N”、“大兵团作战”和“矩阵结构”等审计组织方式的创新，通过审计人员在不同维度参与项目，提高了审计人力资源的利用效率。相应而言，这种变化要求审计人员的绩效考核制度也要敏捷地进行调整。例如，审计机关可以在考核中依据智能平台，按照适当权重，累计审计人员同期在不同项目的贡献程度，并据此统计个人绩效，以确保审计人员在智慧审计模式下的更多投入能够得到准确考评。

在智慧审计模式下，数据资源处于核心地位，因此业务部门与数据部门的信息交互路径应更加便捷和通畅。审计人员和数据人员联合组队、业务部门和数据部门短期轮岗都有助于提高数据资源的应用效率。

5.构建多层次的风险防控机制

智慧审计在建设风险防控机制时，应包括多个层次。

第一，强化智能风险预警和应对功能。审计机关可以结合以往经验、同行经验、专家经验，构建审计风险识别及应对的知识库、模型库、方法库、审计风险事件库等，基于这些数据的大量积累，丰富审计风险定级的专家系统，不断升级智能风险预警和应对功能。

第二，实施审计风险责任连带制度。在智慧审计的各个节点制定风险防控的具体要求和措施，在此基础上，细化分割部门整体责任、部门具体责任、审计个体责任，确保智慧审计各个节点风险控制的有效性。

第三，构建风险防控协同机制。审计机关可以借助政府部门间的数据联动，构建预判、防控和应对系统性风险的协同机制。同时，审计机关还可以通过审计成果满意度调查、意见访谈、舆情关注等方式，将社会公众的信息反馈纳入风险防控协同机制之中。

6.培养审计人员的数据运营思维

智慧审计基于审计业务数据和审计管理数据的拟态分析，为审计机关提供智能化的统筹方案，因此审计人员的数据化运营思维至关重要。数据运营思维要求审计人员在进行经验判断时，能够自觉地、有效地、合理地使用智能平台推送的信息和方案，同时又能够及时将新的审计线索和经验以数据架构的形式反馈给算法、模式的设计人员。为此，一方面，审计机关应将与智能平台相关的信息技术作为审计人员培训的日常内容，促进其数据运营思维的转变；将业务部门审计人员在算法、模式设计方面的贡献作为重要的奖励内容；为业务部门和电子数据处理部门提供定期交流的渠道，以及短期轮岗的机制。另一方面，审计机关可以与高校联合培养智慧审计人才，定制兼具信息技术与审计专长的面向未来的智慧审计人员。

7.构建信息共享的制度环境

《政务信息资源共享管理暂行办法》为规范政务部门间政务信息资源共享提供了制度依据，例如K市的业务系统涵盖银行账户管理、民政、社保、车辆等多个管理部门的数据，总量达70TB。与此同时，这也要求审计机关与数据提供部门在数据安全细则方面持续协同与合作。另外，随着智慧审计的不断发展，审计机关不仅关注审计对象的业务数据，还日趋关注审计对象的行为数据，例如各类消费数据、社交网络数据。对于这些非政务信息的采集权限和证明效力，尚未有明确的法律规范。因此，还需要以国家层面的“政府云”为基础，完备相关数据采集与应用的法律制度和规范，为拟态审计判断和决策提供多维数据基础。

七、结　论

从《北京宣言》到《莫斯科宣言》，从金审三期到科技强审，智慧审计在服务国家治理的过程中，以自我迭代、敏捷治理和用户导向，通过信息化、数据化和智能化，使审计组织内部、审计组织内部与外部之间实现信息的交互与共享，达成“环境-组织-个体”的动态平衡。经由网络化、智能化和智慧化的不同发展阶段，智能立项、智能组织和敏捷治理体现出智慧审计从业务管理发展到组织管理，培养数据运营思维和全员参与为智慧审计从根本上赋能，风险防控和信息共享保障机制的构建是智慧审计行稳致远的基石。

参考文献

［1］Desouza K C，Smith K L，王奎明．追赶智慧城市潮流：我们是否已迷失方向［J］．探索

与争鸣，2018（8）：4-10+15+141.

［2］陈伟，居江宁．基于大数据可视化技术的审计线索特征挖掘方法研究［J］．审计研究，2018（1）：16-21.

［3］单志广．智慧城市中枢系统的顶层设计与建设运营［J］．人民论坛·学术前沿，2021（9）：42-49.

［4］邓晓岚，余远剑，茅金焰，等．领导干部自然资源资产离任审计的大数据技术应用研究［J］．审计研究，2020（5）：19-29.

［5］蒋尧明，杨嘉逸，唐衍军．"区块链+国家审计"助力大数据反腐研究［J］．北京工商大学学报（社会科学版），2021，36（1）：37-45.

［6］刘梦溪．基于大数据的天津市预算执行审计探索与实践［J］．审计研究，2018（1）：22-27.

［7］鲁清仿，燕万年，王开一，等．智慧审计构想与实践探索——基于解构法律法规条款［J］．审计研究，2018（1）：28-34.

［8］梅宏．夯实智慧社会的基石［J］．中国科技奖励，2018（11）：6.

［9］牛艳芳，薛岩，邓雪梅，等．审计大数据关联的网络分析平台构建及应用研究［J］．审计研究，2018（5）：35-42.

［10］潘琰，朱灵子．领导干部自然资源资产离任审计的大数据审计模式探析［J］．审计研究，2019（6）：37-43+69.

［11］彭冲，胡重辉，陈希晖．大数据环境下的数据式绩效审计模式研究——以X市智慧停车规划与管理项目绩效审计为例［J］．审计研究，2018（2）：24-31.

［12］邱玉慧，吕天阳，杨蕴毅．企业基本养老保险历史债务的大数据审计方法研究［J］．审计研究，2022（1）：32-43.

［13］山东省审计学会课题组，栾心勇，孟祥宇．山东大数据审计探索与实践［J］．审计研究，2020（3）：29-35.

［14］审计署．国务院关于2020年度中央预算执行和其他财政收支的审计工作报告［EB/OL］．（2021-06-07）.https：//www.audit.gov.cn/n5/n26/c145346/content.html.

［15］审计署昆明特派办理论研究会课题组．新时代大数据审计实践研究——以医疗保障基金审计为例［J］．审计研究，2020（2）：7-13.

［16］审计署上海特派办理论研究会课题组．大数据技术在国家重大政策措施落实情况跟踪审计中的应用研究［J］．审计研究，2020（2）：14-21+56.

［17］王会金，刘国城．大数据时代电子政务云安全审计策略构建研究［J］．审计与经济研究，2021，36（4）：1-9.

［18］王雪荣，侯伟龙，虎袆笑．大数据智慧工程审计平台构建——基于"点—线—面"思维的数据式审计模式［J］．财会月刊，2021（17）：92-97.

［19］武晓芬，田海洋．智慧社会治理下的人工智能审计平台构建研究［J］．西安财经学院学报，2019，32（3）：17-22.

［20］徐超，陈勇．大数据技术与方法在审计监督中的应用研究［J］．数量经济技术经济研究，2021，38（5）：135-153.

[21] 杨德明，夏小燕，金淞宇，等. 大数据、区块链与上市公司审计费用 [J]. 审计研究，2020 (4): 68-79.

[22] 杨柔坚，李洋，苏艳阳. 基于大数据的政策跟踪审计方法研究——以就业政策跟踪审计为例 [J]. 审计研究，2020 (4): 28-34.

[23] 余潇枫，潘临灵. 智慧城市建设中"非传统安全危机"识别与应对 [J]. 中国行政管理，2018 (10): 127-133.

[24] 袁野. 推进新时代大数据审计工作的思考 [J]. 审计研究，2020 (1): 3-6.

[25] 张莉，祁渊，朱琦. 智慧审计：审计技术、个体与组织的动态平衡 [J]. 审计月刊，2019 (9): 4-7.

[26] 张雅妮，张婵. "智慧社会"解读：世界主要国家的智慧建设与尝试 [EB/OL]. (2017-10-27). http: //www.im2m.com.cn/hot/174929.htm.

[27] 张悦，杨乐，韩钰，等. 大数据环境下的审计变化、数据风险治理及人才培养 [J]. 审计研究，2021 (6): 26-34+60.

[28] 中央审计委员会办公室，审计署. "十四五"国家审计工作发展规划 [EB/OL]. (2021-06-28) .http: //www.gov.cn/zhengce/zhengceku/2021-06/28/content_5621230.htm.

[29] 朱雅珣. 大数据思维助力聚焦主责主业——以财政收入审计为例 [J]. 审计研究，2021 (6): 3-6.

[30] GEPP A, LINNENLUECKE M K, NEILL T J O, et al. Big Data Techniques in Auditing Eesearch and Practice: Current Trends and Future Opportunities [J]. Journal of Accounting Literature, 2018, 40: 102-115.

[31] ALLES M G. Drivers of the Use and Facilitators and Obstacles of the Evolution of Big Data by the Audit Profession [J]. Accounting Horizons, 2015, 29 (2): 439-449.

[32] ALLES M, GRAY G L. Incorporating Big Data in Audits: Identifying Inhibitors and a Research Agenda to Address Those Inhibitors [J]. International Journal of Accounting Information Systems, 2016, 22: 44-59.

[33] SHUKLA A, MATTAR L . Next Generation Smart Sustainable Auditing Systems Using Big Data Analytics: Understanding the Interaction of Critical Barriers [J]. Computers & Industrial Engineering, 2019, 128: 1015-1026,

[34] APPELBAUM D, KOGAN A, VASARHELYI M A. Big Data and Analytics in the Modern Audit Engagement: Research Needs [J]. Auditing: A Journal of Practice & Theory, 2017, 36 (4): 1-27.

[35] APPELBAUM D. Securing Big Data Provenance for Auditors: The Big Data Provenance Black Box as Reliable Evidence [J]. Journal of Emerging Technologies in Accounting, 2016, 13 (1): 17-36.

[36] BROWN-LIBURD H, ISSA H, LOMBARDI D. Behavioral Implications of Big Data's Impact on Audit Judgment and Decision Making and Future Research Directions [J]. Accounting Horizons, 2015, 29 (2): 451-468.

[37] CAO M, CHYCHYLA R, STEWART T. Big Data Analytics in Financial Statement Audits [J]. Accounting Horizons, 2015, 29 (2): 423-429.

[38] EARLEY C E. Data Analytics in Auditing: Opportunities and Challenges [J]. Business Horizons, 2015, 58 (5): 493-500.

[39] FAN K F , LI F , YU H Y , et al. A Blockchain-Based Flexible Data Auditing Scheme for the Cloud Service [J]. Chinese Journal of Electronics, 2021, 30 (6): 1159-1166.

[40] INTOSAI. Moscow Declaration: XXIII INCOSAI 2019 [EB / OL]. (2019-10-03). https: //www.intosai.org/fileadmin/downloads/news/2019/10/EN_23_Moscow_Decl_300919.pdf.

[41] JANVRIN D J, WEIDENMIER W M. "Big Data": A New Twist to Accounting [J]. Journal of Accounting Education, 2017, 38: 3-8.

[42] KOREFF J, WEISNER M, SUTTON S G. Data Analytics (AB) Use in Healthcare Fraud Audits [J]. International Journal of Accounting Information Systems, 2021, Vol. 42.

[43] LI J X , WU J G, JIANG G Y, et al.Blockchainbased Public Auditing for Big Data in Cloud Storage [J]. Information Processing & Management, 2020, 57 (6).

[44] ALLES M, GRAY G L. Incorporating Big Data in Audits: Identifying Inhibitors and a Research Agenda to Address Those Inhibitors [J]. International Journal of Accounting Information Systems, 2016, 22: 44-59.

[45] MOFFITT K C, VASARHELYI M A. AIS in an Age of Big Data [J]. Journal of Information Systems, 2013, 27 (2): 1-19.

[46] RAKIPI R, SANTIS F D , ONZA G D. Correlates of the Internal Audit Function's Use of Data Analytics in the Big Data Era: Global evidence [J]. Journal of International Accounting, Auditing and Taxation, 2021, Vol.42.

[47] ROZARIO A M, THOMAS C. Reengineering the Audit with Blockchain and Smart Contracts [J]. Journal of Emerging Technologies in Accounting, 2019, 16 (1): 21-35.

[48] ROZARIO A M, VASARHELYI M A. Auditing with Smart Contracts [J]. The International Journal of Digital Accounting Research, 2018, 18: 1-27.

[49] TANG J L, KARIM K E. Financial Fraud Detection and Big Data Analytics Implications on auditors' Use of Fraud Brainstorming Session [J]. Managerial Auditing Journal, 2019, 34 (3): 324-337.

[50] YOON K, HOOGDUIN L, ZHANG L. Big Data as Complementary Audit Evidence [J]. Accounting Horizons, 2015, 29 (2): 431-438.

Study on the Theoretical Framework and Practical Exploration of Smart Audit

Yuan Qi, Li Zhang, Qi Zhu

Abstract "The 14th Five-year" State Audit Work Development Plan put forward to "make full use of modern information technology to carry out audit and improve the quality and efficiency of audit" in the implementation of Strengthening Audit by Science and Technology. The Audit Law amended on December 23, 2021 provides a legal basis for audit institutions to obtain and apply electronic data and other materials for comprehensive analysis through the National Government Affairs Information System and Data sharing platform. In this context, this paper expands from the concepts of smart in relevant area to the connotation of smart audit, and constructs the goals of smart audit based on the Beijing Declaration and Moscow Declaration. On this basis, the characteristics of smart audit are described in terms of self-iteration, agile governance and user orientation, and the theoretical basis of smart audit is constructed according to the coordination theory, dissipative structure theory, contingency theory and sustainable development theory. This paper further divides the development stage of smart audit into network stage, intelligent stage and smart stage, and analyzes the current practical cases and practical effects of smart audit, and finally puts forward countermeasures and suggestions for the development of smart audit.

Key Words state audit; smart audit; agile governance; dissipative structure theory; sustainable development theory

第13辑，2022年
No.13，2022
会计与控制评论
Review of Accounting and Control

审计师自恋会影响审计质量吗
——基于上市公司审计报告的经验证据①

张婷婷　王航

（东北财经大学会计学院/中国内部控制研究中心　大连　116025）

摘　要　本文以2016—2019年沪深两市A股上市公司审计报告为研究样本，基于行为金融学理论和高层梯队理论，考察了审计师自恋性格以及不同签字审计师性格特征对审计质量的影响。研究表明，审计师自恋程度越高，审计质量越低并且这一关系主要体现在项目合伙人中。进一步研究发现，审计师任期对自恋性格与审计质量的关系具有调节作用，在审计初期，任期的增加有助于抑制审计师自恋对审计质量的负向影响，但在一定时间后，这一抑制作用消失；审计师自恋性格与审计质量的关系受到性别的影响，在男性审计师中，这一关系更为显著。本文采用审计师签字特征衡量审计师自恋程度，探讨了不同签字审计师的作用，扩展了审计师个人特征及审计质量的相关研究，具有一定现实意义。

关键词　审计师自恋　审计质量　审计任期

①　本文受国家自然科学青年基金项目（批号：71902020）和辽宁省教育厅青年项目（批号：LN2020Q36）的资助。

一、引　言

信息披露制度是保障资本市场运行的重要机制，在披露制度中信息的可信度起到关键作用。审计师对上市公司披露的信息进行独立审计有助于提高信息的可信性。广大投资者的需求和资本市场的有效运转决定审计师需要提供高质量的服务。但是国内外一系列审计失败案例引发了投资者和管理机构对会计师事务所审计质量的质疑。在资本市场中一直表现突出的康得新公司和辅仁药业公司，在2019年双双“暴雷”，出现账面与实际不符的情况，大额资金蒸发。负责这两家企业年报审计的瑞华会计师事务所，面临诸多质疑，其参与的30家IPO项目处于终止或者暂停状态，客户解约导致的业务流失的情况十分严峻，再次引起了社会各界对第三方独立审计质量的关注。作为提供审计服务的机构，提供高质量的服务为投资者提供更好的保护，才是在中国资本市场上立足的根本。

现有关于审计质量影响因素的研究主要从会计师事务所外部和内部两个方面展开。其中，会计师事务所外部因素包括客户与审计师的匹配关系（董沛武等，2018），违规行为的处罚（王兵等，2011）、公司治理机制（肖作平，2006）、媒体负面报道的铺垫效应（周兰等，2015）、审计市场的进入与退出壁垒和审计市场集中程度（刘明辉等，2003）等。内部影响因素包括事务所规模大小、大型事务所的声誉驱动效应、事务所的强制轮换制度（周玮和王宁，2012）、事务所转制为特殊普通合伙（刘行健和王开田，2014）、会计师事务所合并成本（王咏梅和邓舒文，2010）等。

近年来，对审计质量内部影响因素的研究逐渐从事务所层面转向审计师个人层面。审计质量的高低，最终取决于会计师事务所内部各层级审计人员，尤其是审计项目负责人及审计质量复核人，即最后在审计报告上签字的审计师。审计师的个人特征存在差异（性别，学历，从业经验，职位等），这些差异将对审计质量产生影响。因此，有必要将审计师的个人特质抽离出来单独进行研究（罗春华等，2014）。基于个体特征的研究，主要集中在繁忙度（张龙平和潘临，2018），任期长短（袁蓉丽和张馨艺，2014）以及是否提供尽职调查（唐清泉等，2018）等方面。针对审计师个人异质性的研究主要从审计师的行业经验出发，研究表明审计项目负责人的个人专长有助于提升审计质量（原红旗和韩维芳，2012；闫焕民，2015）。

在对审计师异质性与审计质量关系的研究中，对审计师个人自恋的研究较少。心理学研究表明，自恋程度较高的人更有可能从事不道德的行为。在年报中签字的审计师作为审计团队的主要领导，性格特质中不可避免地带有自恋倾向。因此，审计师自恋这一性格特征是否会对审计质量产生影响？进一步地，在审计报告中签字的不同审计师的作用是否存在差异？为了回应这些问题，本文结合相关心理学研究成果，从审计师性格特征出发，研究审计师自恋这一个体性格特征对审计质量的影响。本文以2016年—2019年我国A股上市公司年度财务报告审计为研究样本，利用审计师签字大小与姓名笔画数量的比值来衡量自恋。探讨了审计师自恋程度对审计质量的影响，并且区分了两名审计师自恋程度对审计质量产生的不同影响。研究发现，项目合伙人越自恋，审计质量越低，而签字顺位排第二名的项目负责人的自恋程度对审计质量没有显著影响。本文可能的贡献主要包括以下几个方面：

（1）从性格特征角度出发，丰富了审计师个人特征的相关研究。进一步地，将审计报告上的两名审计师区分开来，丰富签字会计师个体异质性的研究。

（2）从审计师自恋这一视角探讨了审计质量的影响因素，扩展了审计质量影响因素的相关文献。

（3）实务方面，从审计师性格特征角度为会计师事务所从人力资源角度提高审计质量，降低审计风险提供了参考。

二、理论分析与研究假设

Williams（1977）研究发现签名能够反映出人性格特征上的差异。Zweigenhaft（1973）认为，签名面积较大的人通常会表现出过高估计现实状况、表现欲较强，更强的权利追逐意识和其他自恋特征。杨国枢和林碧峰（1964）研究表明字体大小、字的可辨认程度和字的境界这三个因素与攻击性、条理需要、成就地位需要有密切的关系。陈艺萍（2017）经过实证研究发现，字迹的工整度与外向性显著负相关，性格越内向，笔记越工整。字间距越窄的个体，他们越偏向于内向保守。Dillon（1988）在研究中，邀请大学生完成一项关于自恋程度的测试。测试内容为在一张计划送给朋友的卡片上签名。结果发现，越有意愿修饰自己签名的人，自恋程度越高。以上研究证实自恋程度高低可以通过签名判断出来。Ham等（2017）通过签名大小衡量自恋程度，研究结果表明CFO自恋水平越高，企业的盈余管理水平与财务重述可能性越高，内控控制水平越低。

高层梯队理论指出，管理者特质影响个人战略选择，进而影响企业行为，最终影响企业绩效水平（Hambrick和Mason，1984）。行为金融学的“非理性经济人”假设也指出，市场中的参与者并不是完全理性的，会受到过度自信、损失规避等信念的影响，导致系统性认知偏差。签字审计师作为审计工作的执行者，在工作团队中担任领导角色，承担主要法律责任及风险。其个人特质会对审计质量的高低产生直接影响。自恋型的审计师，对自己的才智和判断力非常自信，容易在工作中出现贬低他人，不接受批评，不断肯定夸大自我的情况（Paulhus和Williams，2002）。自恋能够造成一些负面影响，自恋倾向较高的人会表现出控制欲强，对他人的质疑带有强烈的攻击性（严顺琴和张宁，2013）。对自身专业水平的高估，很有可能导致必要的审计程序没有得到实施，对审计质量产生负面影响。

自恋型领导无法理解他人的看法和行为，往往以自我为中心，忽视甚至仇视与自己不一致的观念（黄攸立和李璐，2014）。由于自恋型领导多数无法建立高质量的人际关系网络（Blair等，2008），在决策中较少考虑他人意见，可能导致其行为产生更大的负面影响。章细贞和马嫣然（2020）研究指出，过高的自我意识可能会使管理者对不同的观点和负面反馈视而不见，从而导致战略和组织决策的失败。在实务工作中，年报审计通常由若干小组组成，分别对公司旗下不同子公司，不同业务部门开展审计工作。同一小组内对财务报表项目进行分工，整体审计工作需要各个部分的工作人员配合完成。签字会计师作为审计团队的领导，在工作过程中经常需要利用其他成员的工作成果，听取审计专家的意见。审计师自恋程度越高，就会导致人际关系越差，使得团队之间人员的沟通缺乏效率，无法进行有效的交流，进而导致审计工作开展不全面，降低审计质量。自恋这一性格特征，影响专业判断，会在决策时产生负面影响。自恋的管理层往往是风险偏好者。倪清和吴成颂（2017）研究发现，自恋型CEO是引发企业过度投资的重要因素，会显著增强企业过度投资行为。对自身专业水平的高估，偏好风险，很有可能导致必要的审计程序没有得到实施，对审计质量产生负面影响。根据上述分析，提出研究假设1：

H1：在其他条件相同的情况下，自恋程度越高的审计师，其审计质量越低。

中华人民共和国财政部2001年发布通知，要求合伙会计师事务所出具的审计报告，应当由一名对审计项目负最终复核责任的合伙人（以下称项目合伙人）和一名负责该项目的注册会计师（以下简称项目负责人）签名盖章。

实务中，在审计报告中签字的两名审计师发挥的作用存在明显差异。项目负责人是审计过程中的具体执行者，负责现场审计和与客户沟通，参与现场审计工作，执行审计程序，对被审计单位的了解较深。而项目合伙人是对审计工作底稿进一步复核，对公司的了解不及项目负责人。项目合伙人主要负责对项目负责人及其团队提交的审计记录进行复核，对审计过程中发现的重大会计问题、重大审计调整等事项进行重点检查，把控整体审计风险，以确保整个项目审计的计划、实施、结论和质量符合审计准则的要求，确保在此基础上形成的审计意见恰当、公允（闫焕民，2015）。已有研究发现，项目负责人的行业审计经验（签字数量）更有助于抑制被审计单位的正向盈余操纵，而项目合伙人的作用却不明显（原红旗和韩维芳，2012）。项目合伙人现场审计参与程度较低，行业专长和审计经验在出具审计意见时发挥的作用较小。与负责现场审计的项目负责人相比，项目合伙人在审计决策时受到性格特征影响的可能性更大。因此本文预期签字会计师自恋与审计质量之间的负相关关系主要体现在项目合伙人中。根据以上分析，我们提出研究假设2：

H2：自恋程度越高的审计师，其审计质量越低，并且这一关系主要体现在项目合伙人中。

余玉苗和李琳（2003）在研究中提出“学习曲线效应”，将审计工作消耗的时间看作劳动投入，审计师的专业胜任能力通过投入的时间来衡量。那么随着审计任期的延长，签字会计师的专业胜任能力不断提高，最终审计质量得到提高。签字审计师对某一客户进行连续审计时，随着审计任期的延长，对公司经营状况的了解加深伴随着审计师学习能力的加强，此时审计质量能够得到提高。随着审计任期的延长，审计次数的不断增加，审计师将能更加细致地了解客户的经营特征和具体交易流程、内部控制系统缺陷、占据市场份额大小、行业竞争情况以及行业地位、所采用的会计政策等，从而更好地识别被审计单位财务数据可能存在的风险，采取有效的审计程序、收集审计证据，最终能够改善审计质量（刘启亮和唐建新，2009）。袁蓉丽和张馨艺（2014）认为，与连续审计相比较，在初次审计项目时，审计师对被审计单位具体情况了解不够透彻，在年审工作中需要付出大量时间精力来掌握客户情况，与财务人员沟通。因此在这种状况下，审计师发现重大错报的能力受到限制，审计质量相对较低。陈信元和夏立军（2006）以2000年至2002年获得标准无保留审计意见的上市公司为样本进行研究，发现审计任期与审计质量呈倒U形关系。即当审计任期小于一定年份（约6年）时，审计任期的增加对审计质量具有正面影响，而当审计任期超过一定年份（约6年）时，审计任期的增加对审计质量具有负面影响。因此本文认为，在客户承接初期，随着签字审计师审计任期的延长，经验的提升以及对公司财务状况的了解和加强，有助于抑制自恋对审计质量的负面影响。据此提出研究假设3：

H3：审计初期，审计任期的增加有助于抑制审计师自恋对审计质量的负向影响。

在工作方式上，女性和男性差别较大。女性通常表现出更多的风险规避和厌恶风险，在决策上倾向于平和稳健（张泽南，2016）。通常，女性更愿意在工作中向他人提供帮助，而男性则更加关注自身利益和未来个人发展，因此在道德标准方面男性对自身要求要比女性更低（Reiss和Mitra，1998）。女性在工作中为了保障自身利益而参与不道德行为的可能性较低（Krishnan和Parsons，2008）。根据以上研究结果表明，女性审计师在遵守职业道德方面可能优于男性审计师。会计师事务所内部衡量审计师工作绩效的标准很多，审计质量是最容易被外界知悉的一种方法。

女性审计师出于维护个人声誉，获取外界对其工作结果的认同，会严肃对待审计工作，其自恋程度对审计质量影响可能更小。

Chin和Chi（2008）以中国台湾地区的数据为样本研究性别对审计报告质量的影响，也发现由女性审计师参与审计的企业盈余管理机会行为相对较少。而当最后在审计报告署名的审计师均为女性时，被审计单位的操控性应计额最低。当年报上签字的男性审计师数量逐渐增加时，被审计单位异常应计额会随之增加，审计质量下降。以芬兰和瑞典两个国家上市公司作为研究样本发现，参与年报审计的合伙人性别为女时，被审计公司异常应计项较低。证实女性审计师可以抑制客户的盈余管理行为，提高审计质量（Ittonen等，2013）。因此在执行审计工作时，女性签字会计师会更加谨慎，整体把控审计风险。据此提出研究假设4：

H4：与女性审计师相比，在男性审计师中，审计师自恋程度与审计质量的关系更显著。

三、研究设计

（一）样本选择与数据来源

本文以2016—2019年中国A股上市公司审计报告为初始样本。并按以下标准对样本进行处理：

（1）删除缺少审计师签名以及财务数据缺失的样本。

（2）由于本文采取签名面积大小与笔画数的比值来衡量自恋程度，为避免审计报告比例失真（放大或缩小）对签字面积大小产生影响进而对回归数据产生干扰，删除比例失真的审计报告样本。

（3）由于中注协网站的特殊性，仅知悉注册会计师姓名不能获取有效信息，必须同时输入签发证书的地区或者证书编号。所以在搜集相关样本数据时只能手工点击签发证书地区，逐一核对。为了保证信息的真实可靠，对姓名相同但是目前任职事务所与中注协网站登记不相符的样本，予以删除。

（4）对所有连续变量在1%和99%分位上进行Winsorize处理。最终得到5 587个公司-年度样本。

本文数据主要来源如下：

（1）公司财务数据以及事务所相关数据来自CSMAR数据库；

（2）审计报告来源于巨潮资讯网站，经手工搜集整理；

（3）注册会计师个人信息数据，首先通过CSMAR数据库获取，缺失部分通过中国注册会计师协会手工搜集补齐。

（二）变量定义

1.被解释变量

本文采用修正Jones模型计算的应计盈余管理水平（DA）。具体使用模型（1）分年度分行业来估计参数α_1、α_2、α_3，然后利用模型（2）计算应计盈余管理水平。异常应计利润（DA）的绝对值越大，表明审计质量越差。

$$\frac{TA_{i,t}}{Asset_{i,t-1}}=\alpha_1\frac{1}{Asset_{i,t-1}}+\alpha_2\frac{\triangle REV_{i,t}}{Asset_{i,t-1}}+\alpha_3\frac{PPE_{i,t}}{Asset_{i,t-1}}+\varepsilon \tag{1}$$

$$DA_{i,t}=\frac{TA_{i,t}}{Asset_{i,t-1}}-(\hat{\alpha}_1\frac{1}{Asset_{i,t-1}}+\hat{\alpha}_2\frac{\triangle REV_{i,t}-\triangle REC_{i,t}}{Asset_{i,t-1}}+\hat{\alpha}_3\frac{PPE_{i,t}}{Asset_{i,t-1}}) \tag{2}$$

其中，$TA_{i,t}$表示公司i在第t年的总应计利润；$Asset_{i,t-1}$表示公司i在第t-1年年末的总资产，$\triangle REV_{i,t}$表示公司在第t年的营业收入与第t-1年营业收入的差值，$PPE_{i,t}$表示公司i在第t年的固定资产净值，$\triangle REC_{i,t}$表示公司i在第t年和第t-1年应收账款的变动。

2.解释变量

考虑汉字结构的特殊性，本文采用审计师签字面积与姓名笔画总和数的比值来衡量审计师自恋程度（Nar），具体方法如下：

在获取审计师手写签字样本时，我们发现对于同一名审计师的连续审计业务，能够搜集到的手写签字版审计报告的年份具有随机性。为了获取更多审计师签名样本，我们延长审计报告搜集年限，下载上市公司2011—2019年审计报告，筛选出签字盖章页为手写版本的审计报告。接着，截取审计师手写签名的部分。参考Ham（2017）的研究，在审计师签字的边界画一个矩形，手工测量矩形的长与宽，计算得出面积。矩形恰好包含签字的全部，即签字最突出的部分刚好位于矩形边界处。最后，用软件计算得出签字审计师姓名笔画数，使用签字面积除以姓名笔画数，获得自恋指标（Nar）。两名审计师的自恋程度分别用Nar1和Nar2表示（按照排名顺序，1代表项目合伙人，2代表项目负责人）。

变量定义表见表1。

表1 **变量定义表**

类型	变量名称	变量定义	变量衡量
被解释变量	DA	应计盈余管理水平	采用修正Jones模型进行计算得出
解释变量	Nar	审计师自恋程度	审计师签字面积与姓名笔画数的比值
调节变量	Tenau	审计师任期	审计师任职年限
控制变量	Tenoffice	事务所审计任期	事务所审计年限
	Gender	审计师性别	女性取值为0,男性取值为1
	Edu	审计师的最高学历	高中及以下取值为1,大学本科取值为2,研究生取值为3,博士取值为4

续表

类型	变量名称	变量定义	变量衡量
控制变量	Major	审计师专业	若所学专业与会计相关,则取值为1,否则为0
	Red	是否为党员	若审计师为中共党员,取值为1,否则为0
	Big4	是否为四大会计师事务所	若为四大会计师事务所,则取值为1,否则为0
	Quick	速动比率	速动资产/年末总资产
	Lev	资产负债率	总负债/总资产
	Loss	公司是否亏损	若公司当年净利润为负,则取值为1,否则为0
	Other	非经营性资金占用	其他应收款/年末总资产
	Roa	总资产净利率	净利润/年末总资产
	Size	公司规模	总资产取自然对数
	SOE	产权性质	若公司为国有企业,则取值为1,否则为0

（三）模型构建

为了检验签字审计师自恋程度对审计质量的影响，并比较审计报告上两名签字审计师自恋程度对审计质量的不同影响，本文建立模型（3）。

$$\text{Audit quality}_{i,t} = \beta_0 + \beta_1 \text{Nar1}_{i,t} + \beta_2 \text{Nar2}_{i,t} + \text{Controls} + \text{Year} + \text{Industry} + \varepsilon_{i,t} \quad (3)$$

为了检验签字审计师任期（tenau）这一调节变量的作用，我们建立了模型（4），在模型（4）中加入审计任期和自恋程度的交乘项（Nar_tenau1）。进一步地，为了检验签字审计师任期与审计质量的非线性关系，参考袁蓉丽和张馨艺（2014），我们在模型（4）中加入了审计任期的平方项（tenau1dou）以及自恋与审计任期平方项的交乘项（$\text{Nar\_tenau1dou}_{i,t}$）。

$$\begin{aligned}\text{DA}_{i,t} = {} & \beta_0 + \beta_1 \text{Nar1}_{i,t} + \beta_2 \text{Nar2}_{i,t} + \beta_3 \text{Nar\_tenau1}_{i,t} + \beta_4 \text{Nar\_tenau2}_{i,t} + \beta_5 \text{Nar\_tenau1dou}_{i,t} + \\ & \beta_6 \text{Nar\_tenau2dou}_{i,t} + \beta_7 \text{tenau1}_{i,t} + \beta_8 \text{tenau2}_{i,t} + \beta_9 \text{tenau1dou}_{i,t} + \\ & \beta_{10} \text{tenau2dou}_{i,t} + \text{Controls} + \text{Year} + \text{Industry} + \varepsilon_{i,t}\end{aligned} \quad (4)$$

为了检验签字审计师性别是否对自恋与审计质量的关系产生调节作用，我们在模型（5）中加入性别（Gender）与自恋衡量指标的交互项（Nar_Gender）。

$$\begin{aligned}\text{DA}_{i,t} = {} & \beta_0 + \beta_1 \text{Nar1}_{i,t} + \beta_2 \text{Nar2}_{i,t} + \beta_3 \text{Nar1\_Gender1}_{i,t} + \beta_4 \text{Nar2\_Gender2}_{i,t} + \\ & \text{Controls} + \text{Year} + \text{Industry} + \varepsilon_{i,t}\end{aligned} \quad (5)$$

四、实证结果分析

（一）描述性统计

表2列示了本文主要变量的描述性统计结果。从表2可以看出，被审计单位应

计盈余管理水平（DA）的均值为0.063，中位数为0.038。两名签字审计师签字面积与姓名笔画之比（Nar）的均值分别为0.197和0.165。两名签字审计师性别变量（Gender）的均值分别为0.765和0.634，说明男性签字审计师占据主导地位。会计事务所审计任期（Tenoffice）均值为6.871。Big4的均值为0.047，说明仅有4.7%的样本公司聘请了四大会计师事务所。

表2 描述性统计

变量名称	样本量	均值	标准差	最小值	中位数	最大值
DA	5 587	0.063	0.111	0	0.038	3.463
Nar1	5 587	0.197	0.116	0.022	0.171	1.101
Nar2	5 587	0.165	0.099	0.022	0.143	0.899
Tenoffice	5 587	6.871	5.183	1	5	28
Gender1	5 587	0.765	0.424	0	1	1
Edu1	5 587	2.036	0.723	1	2	5
Major1	5 587	0.579	0.494	0	1	1
Red1	5 587	0.233	0.423	0	0	1
Tenau2	5 587	2.564	1.664	1	1	11
Gender2	5 587	0.634	0.482	0	1	1
Edu2	5 587	2.049	0.881	1	2	5
Major2	5 587	0.441	0.497	0	0	1
Red2	5 587	0.224	0.417	0	0	1
Big4	5 587	0.047	0.212	0	0	1
Quick	5 587	2.115	2.502	0.171	1.281	16.040
Lev	5 587	0.420	0.213	0.054	0.408	0.938
Size	5 587	22.220	1.373	19.910	21.990	26.430
Roa	5 587	0.040	0.061	-0.239	0.033	0.256
Other	5 587	0.015	0.025	0	0.006	0.169
SOE	5 587	0.348	0.476	0	0	1
Loss	5 587	0.916	0.278	0	1	1

（二）实证回归结果

表3列示审计师自恋对审计质量影响的回归结果。列（1）结果显示，项目合伙人的自恋程度与应计盈余管理水平在5%的显著性水平上是显著的，但是项目负责人的自恋程度对审计质量的影响在统计上不显著。列（2）的回归结果表明，项目合伙人的自恋程度与应计盈余管理水平呈现显著正相关的关系，项目合伙人的自恋程度越高，被审计单位可操控性应计的绝对值越高，审计质量越低。列（3）的回归结果中，审计项目负责人的自恋程度与应计盈余管理水平的关系并不显著。表3的结果证实了研究假设1。

表3 审计师自恋对审计质量的影响

变量名	(1)	(2)	(3)
	DA	DA	DA
Nar1	0.032**	0.032**	
	(2.49)	(2.54)	
Nar2	-0.001		0.003
	(-0.09)		(0.23)
Tenoffice	-0.000	-0.000	-0.000
	(-0.96)	(-0.99)	(-1.11)
Gender1	-0.004	-0.004	
	(-1.10)	(-1.15)	
Edu1	0.001	0.001	
	(0.27)	(0.28)	
Major1	-0.003	-0.003	
	(-1.00)	(-1.04)	
Red1	-0.000	-0.001	
	(-0.05)	(-0.15)	
Gender2	0.002		0.002
	(0.51)		(0.50)
Edu2	0.001		0.001
	(0.52)		(0.53)
Major2	-0.002		-0.002
	(-0.68)		(-0.74)
Red2	-0.003		-0.003
	(-0.77)		(-0.87)
Big4	-0.001	-0.001	0.002
	(-0.10)	(-0.10)	(0.22)
SOE	-0.009**	-0.009**	-0.009**
	(-2.49)	(-2.49)	(-2.50)
Loss	-0.021***	-0.021***	-0.021***
	(-3.34)	(-3.33)	(-3.38)
Quick	0.001	0.001	0.001
	(0.85)	(0.83)	(0.80)
Lev	0.044***	0.044***	0.044***
	(4.26)	(4.26)	(4.23)
Size	-0.012***	-0.012***	-0.012***
	(-8.53)	(-8.59)	(-8.46)
Roa	-0.156***	-0.157***	-0.156***
	(-5.22)	(-5.23)	(-5.22)
Other	0.199***	0.199***	0.200***
	(3.34)	(3.34)	(3.35)
Industry	Yes	Yes	Yes
Year	Yes	Yes	Yes
r^2_a	0.0695	0.0700	0.069
Observations	5 587	5 587	5 587

表4列示了任期对签字审计师自恋与审计质量之间关系的调节作用。表4结果表明，项目合伙人自恋程度与审计任期的交乘项（Nar_tenau1）的系数为-0.031并且在10%的显著性水平上是显著的，说明审计任期的延长能够抑制合伙人自恋对审计质量的负面影响。进一步地，从表4可以发现，项目合伙人任期平方项（Tenau1dou）与自恋的交互项（Nar_Tenau1dou）的系数为0.003，并且在10%的显著性水平上是显著的。说明合伙人任期与审计质量存在非线性关系。我们认为这一结果可能的解释为，项目合伙人对上市公司进行连续审计时，在审计初期，随着审计任期的增长，项目合伙人对公司经营状况的了解加深伴随着学习能力加强，此时，合伙人任期的延长能够抑制合伙人自恋对审计质量的负面影响，起到提升审计质量的作用。但当审计任期增加到一定程度时，这种抑制作用消失，合伙人任期的延长进一步加强了自恋对审计质量的影响。但上述关系在项目负责人中并不存在，表明不同签字审计师的作用是不同的。表4的结果进一步证实了研究假设1和假设2，同时证实了研究假设3。

表4 **审计师自恋、审计任期与审计质量**

变量名	(1)	(2)	(3)
	DA	DA	DA
Nar1	0.081** (2.30)	0.081** (2.32)	
Nar2	0.049 (1.09)		0.059 (1.32)
Nar_tenau1	-0.031* (-1.66)	-0.031* (-1.67)	
Nar_tenau2	-0.037 (-1.15)		-0.040 (-1.25)
Nar_tenau1dou	0.003* (1.66)	0.003* (1.67)	
Nar_tenau2dou	0.005 (1.01)		0.005 (1.08)
Tenau1dou	-0.000 (-0.69)	-0.000 (-0.69)	
Tenau2dou	-0.001 (-0.99)		-0.001 (-0.88)
Tenau1	0.002 (0.56)	0.002 (0.53)	
Tenau2	0.006 (1.01)		0.005 (0.88)

续表

变量名	(1) DA	(2) DA	(3) DA
Tenoffice	-0.000 (-0.52)	-0.000 (-0.58)	-0.000 (-0.92)
Gender1	-0.004 (-1.06)	-0.004 (-1.10)	
Edu1	0.000 (0.23)	0.001 (0.28)	
Major1	-0.003 (-1.00)	-0.003 (-1.03)	
Red1	-0.000 (-0.09)	-0.001 (-0.22)	
Gender2	0.002 (0.56)		0.001 (0.48)
Edu2	0.001 (0.55)		0.001 (0.54)
Major2	-0.002 (-0.62)		-0.002 (-0.66)
Red2	-0.003 (-0.84)		-0.003 (-0.86)
Big4	-0.001 (-0.13)	-0.001 (-0.10)	0.001 (0.15)
Quick	0.001 (0.87)	0.001 (0.83)	0.001 (0.81)
Lev	0.044*** (4.25)	0.044*** (4.24)	0.044*** (4.23)
Size	-0.012*** (-8.55)	-0.012*** (-8.62)	-0.012*** (-8.47)
Roa	-0.152*** (-5.04)	-0.153*** (-5.11)	-0.155*** (-5.18)
Other	0.193*** (3.23)	0.195*** (3.26)	0.198*** (3.31)
SOE	-0.009*** (-2.65)	-0.009*** (-2.62)	-0.009** (-2.56)
Loss	-0.021*** (-3.36)	-0.021*** (-3.32)	-0.022*** (-3.38)
Industry	Yes	Yes	Yes
Year	Yes	Yes	Yes
r^2_a	0.0695	0.0704	0.0687
Observations	5 587	5 587	5 587

表5列示了性别对签字审计师自恋与审计质量之间关系的调节作用。从表5可以看出，列（1）中合伙人自恋程度与性别交叉项（Nar1_Gender1）的系数为-0.087并且在5%的显著性水平下是显著的。列（2）中合伙人自恋程度与性别交叉项（Nar1_Gender1）的系数为-0.086并且在5%的显著性水平下是显著的。这表明与男性审计师相比，女性审计师较为谨慎，自恋程度对审计质量的影响较小。因此自身道德标准较高的女性审计师在年审工作中，对潜在风险保持高度警惕。自恋程度较高的审计师可能出现高估自身能力、低估审计项目风险情况时，女性工作人员由于性别方面本身具有的一些特征，能够对自恋影响审计质量发挥负向调节作用，但上述关系在项目负责人中是不显著的。表5的结果支持本文研究假设4，同时进一步证实了研究假设1和假设2。

表5　　审计师自恋、审计师性别与审计质量

变量名	（1）	（2）	（3）
	DA	DA	DA
Nar1	0.106*** （3.20）	0.105*** （3.19）	
Nar2	0.016 （0.55）		0.023 （0.80）
Nar1_Gender1	-0.087** （-2.43）	-0.086** （-2.40）	
Nar2_Gender2	-0.025 （-0.74）		-0.027 （-0.79）
Tenoffice	-0.000 （-0.90）	-0.000 （-0.94）	-0.000 （-1.10）
Gender1	0.012 （1.61）	0.011 （1.55）	
Edu1	0.000 （0.18）	0.000 （0.20）	
Major1	-0.003 （-1.14）	-0.003 （-1.17）	
Red1	-0.000 （-0.08）	-0.000 （-0.14）	
Gender2	0.006 （0.96）		0.006 （0.94）

续表

变量名	(1)	(2)	(3)
	DA	DA	DA
Edu2	0.001 (0.47)		0.001 (0.52)
Major2	-0.002 (-0.75)		-0.002 (-0.78)
Red2	-0.003 (-0.85)		-0.003 (-0.89)
Big4	-0.001 (-0.09)	-0.001 (-0.07)	0.001 (0.18)
SOE	-0.009** (-2.50)	-0.009** (-2.48)	-0.009** (-2.52)
Loss	-0.021*** (-3.35)	-0.021*** (-3.33)	-0.022*** (-3.38)
Quick	0.001 (0.86)	0.001 (0.85)	0.001 (0.79)
Lev	0.044*** (4.24)	0.044*** (4.23)	0.044*** (4.23)
Size	-0.012*** (-8.48)	-0.012*** (-8.54)	-0.012*** (-8.47)
Roa	-0.156*** (-5.21)	-0.157*** (-5.25)	-0.156*** (-5.21)
Other	0.197*** (3.30)	0.198*** (3.32)	0.199*** (3.34)
Industry	Yes	Yes	Yes
Year	Yes	Yes	Yes
r^2_a	0.0702	0.0708	0.0689
Observations	5 587	5 587	5 587

（三）稳健性检验

为了保证本文结果的稳健性，我们替换了审计师自恋程度的衡量方式。现有研究多以英语作为语言背景，英文名字与汉语名字在组成结构上相差较大，中文名字结构的特殊性决定名字字数也会在一定程度上影响面积大小。因此本部分采用审计师签字面积与姓名字数的比值（Nar_new）作为自恋的替代变量，重新进行回归，回归结果见表6。从表6可以看出，项目合伙人自恋程度越高，被审计单位的可操控性应计越多，审计质量越低，进一步验证了假设1，表明项目合伙人自恋与审计质量存在负相关关系。

表6　　稳健性检验——替换解释变量

变量名	(1)	(2)	(3)
	DA	DA	DA
Nar_new1	0.004** (2.44)	0.004** (2.44)	
Nar_new2	-0.001 (-0.46)		-0.000 (-0.06)
Tenoffice	-0.000 (-0.98)	-0.000 (-0.98)	-0.000 (-1.13)
Gender1	-0.004 (-1.04)	-0.004 (-1.09)	
Edu1	0.000 (0.17)	0.000 (0.18)	
Major1	-0.003 (-0.99)	-0.003 (-1.03)	
Red1	-0.000 (-0.06)	-0.001 (-0.16)	
Gender2	0.002 (0.58)		0.002 (0.56)
Edu2	0.001 (0.54)		0.001 (0.55)
Major2	-0.002 (-0.63)		-0.002 (-0.73)
Red2	-0.003 (-0.78)		-0.003 (-0.87)
Big4	-0.001 (-0.15)	-0.001 (-0.16)	0.002 (0.23)

续表

变量名	(1)	(2)	(3)
	DA	DA	DA
Quick	0.001 (0.82)	0.001 (0.81)	0.001 (0.80)
Lev	0.044*** (4.23)	0.044*** (4.23)	0.044*** (4.23)
Size	-0.012*** (-8.47)	-0.012*** (-8.55)	-0.012*** (-8.45)
Roa	-0.157*** (-5.23)	-0.157*** (-5.25)	-0.157*** (-5.22)
Other	0.200*** (3.35)	0.199*** (3.35)	0.200*** (3.36)
SOE	-0.009** (-2.49)	-0.009** (-2.48)	-0.009** (-2.50)
Loss	-0.021*** (-3.28)	-0.021*** (-3.27)	-0.021*** (-3.37)
Industry	Yes	Yes	Yes
Year	Yes	Yes	Yes
r^2_a	0.0694	0.0699	0.0690
Observations	5 586	5 586	5 586

五、进一步分析

（一）盈余管理方向

已有研究发现，审计师对待管理当局可操控性盈余增加或减少的态度并不一致。如果仅以可操控性应计的绝对值衡量审计师允许管理当局可操控性盈余的空间，可能会丧失审计师对盈余管理态度的信息，也无法了解管理当局具体进行盈余管理的行为方式。因此，此部分进一步探讨签字审计师自恋对正向盈余管理（DA+）及负向盈余管理（DA-）的影响，具体回归结果见表7。表7结果表明，正向盈余管理分组中，项目合伙人自恋程度与审计质量在10%的水平显著为正。而负向盈余管理组中，项目合伙人自恋程度对审计质量的影响并不显著。表7结果表明，项目合伙人自恋对审计质量的影响在上市公司存在正向盈余管理的情形中更显著。

表 7 进一步分析：区分盈余管理方向

变量名	(1) Da+	(2) Da-
Nar1	0.020* (1.70)	-0.040 (-1.56)
Tenoffice	-0.000 (-1.07)	0.000 (0.30)
Gender1	-0.004 (-1.31)	0.006 (0.78)
Edu1	0.003 (1.47)	0.002 (0.53)
Major1	0.003 (0.96)	0.015** (2.41)
Red1	0.004 (1.25)	0.010 (1.34)
Big4	-0.007 (-0.98)	-0.008 (-0.60)
SOE	-0.003 (-0.88)	0.016** (2.24)
Loss	-0.009 (-1.42)	0.027** (2.12)
Quick	0.001* (1.72)	0.001 (0.42)
Lev	0.036*** (3.70)	-0.054** (-2.52)
Size	-0.010*** (-7.52)	0.015*** (5.19)
Roa	-0.006 (-0.20)	0.321*** (5.44)
Other	0.090 (1.46)	-0.279** (-2.56)
Industry	Yes	Yes
Year	Yes	Yes
r^2_a	0.106	0.0781
Observations	3 363	2 224

（二）审计师与会计师事务所的异常聘任关系

证监会在2019年发布的证券审计分析报告中披露，2019年度更换事务所的上市公司数量为717家，占全部上市公司数量的比例达到18.6%，较2018年（294家，占比8.1%）数量增长1.4倍以上。在实务中，审计团队携带客户更换会计师事务所的情形较为普遍，由于审计团队的客户粘性较高，审计团队加入其他会计师事务所时基本均携带原有客户同时换所。这就形成了换“事务所”不换“审计师”的特有现象，我们将这一现象认定为异常聘任关系。异常聘任关系的存在表明，签字审计师与客户之间可能存在密切的私人关系，他们之间的关系可能违反职业道德的要求，可能损害审计质量。

为了进一步探析在异常聘任关系中，审计师自恋特征是否仍对审计质量产生影响。我们在研究中加入一个哑变量firm，若存在更换事务所单不更换注册会计师，firm取值为1，否则为0。我们手工搜集整理更换会计师事务所但是不更换注册会计师的样本共计268个。参考戴亦一等（2013）的处理，为换所不换注册会计师的样本配对一个相同行业，同一年份的不换所也不更换注册会计师的样本（规模的波动绝对值最小），最终得到268个配对样本。具体回归结果见表8，表8第一列结果表明，在更换事务所不更换会计师的样本组中，项目合伙人自恋程度与审计质量在10%的水平上正相关。而相应的控制样本中，二者之间的关系在统计上并不显著。表8结果说明换所不换会计师意味着签字会计师与客户具有密切的关系，注册会计师会高估自身对于公司情况的了解，此时签字合伙人的自恋程度对审计质量的影响更显著。

表8 进一步分析：换所不换审计师

变量名	Firm=1 DA	Firm=0 DA
Nar1	0.081* （1.69）	0.009 （0.32）
Tenoffice	0.000 （0.14）	0.000 （0.65）
Gender1	0.003 （0.25）	-0.010 （-1.16）
Edu1	0.020*** （2.76）	-0.004 （-0.69）
Major1	-0.008 （-0.98）	-0.014* （-1.80）
Red1	-0.010 （-0.89）	0.016* （1.91）

续表

变量名	Firm=1 DA	Firm=0 DA
SOE	-0.011 (-1.14)	0.009 (1.09)
Loss	-0.037* (-1.82)	-0.016 (-0.99)
Quick	0.003 (1.64)	-0.001 (-1.00)
Lev	0.063** (2.03)	0.014 (0.68)
Size	-0.006 (-1.34)	-0.008* (-1.97)
Roa	-0.099 (-1.53)	0.105* (1.94)
Other	0.277** (2.43)	0.190* (1.79)
Industry	Yes	Yes
Year	Yes	Yes
r^2_a	0.137	0.0537
Observations	268	268

六、结论与启示

本文以签字审计师自恋这一性格特征为出发点，理论分析并实证检验了审计师自恋程度对审计质量的影响，并且对不同审计师发挥的作用进行区分。进一步，本文探究了审计任期和审计师性别对签字审计师自恋影响审计质量的调节作用。研究表明，审计师自恋程度越高，审计质量越低并且这一关系主要体现在项目合伙人中。进一步研究发现，审计师任期对自恋性格与审计质量的关系具有调节作用，在审计初期，任期的增加有助于抑制审计师自恋对审计质量的负向影响，但在一定时间后，这一抑制作用消失；审计师自恋性格与审计质量的关系受到审计师性别的影响，在男性审计师中，这一关系更为显著。

注册会计师审计对于维护资本市场秩序和社会公众利益发挥着重要作用，因此优化执业环境，持续提升审计质量是当前审计工作的重点。本文研究表明，在强化会计师事务所管理，促进审计质量提高的过程中，会计师事务所可以从审计师性格特征等心理因素的视角出发，对审计师进行管理和指导，进而提高审计质量，有效履行“看门人”的职责。

参考文献

[1] 陈波. 会计师事务所内部治理、产权性质与审计质量——基于我国A股上市公司2008—2010年的数据 [J]. 会计与经济研究，2014（5）：68-86.

[2] 陈信元，夏立军. 审计任期与审计质量：来自中国证券市场的经验证据 [J]. 会计研究，2006（1）：44-53.

[3] 陈艺萍. 汉字笔迹特征及其与人格关系的研究 [D]. 郑州：郑州大学，2017.

[4] 戴亦一，潘越，陈芬. 媒体监督、政府质量与审计师变更 [J]. 会计研究，2013（10）：89-95.

[5] 董沛武，程璐，乔凯. 客户关系是否影响审计收费与审计质量 [J]. 管理世界，2018（8）：143-153.

[6] 龚启辉，李琦，吴联生. 政府控制对审计质量的双重影响 [J]. 会计研究，2011（8）：68-75.

[7] 黄攸立，李璐. 组织中的自恋型领导研究述评 [J]. 外国经济与管理，2014（7）：24-33.

[8] 姜付秀，张敏，陆正飞，等. 管理者过度自信、企业扩张与财务困境 [J]. 经济研究，2009（1）：131-143.

[9] 刘明辉，李黎，张羽. 我国审计市场集中度与审计质量关系的实证分析 [J]. 会计研究，2003（7）：37-41.

[10] 刘启亮，唐建新. 学习效应、私人关系、审计任期与审计质量 [J]. 审计研究，2009（4）：52-64.

[11] 刘行健，王开田. 会计师事务所转制对审计质量有影响吗？[J]. 会计研究，2014（4）：88-94.

[12] 罗春华，唐建新，王宇生. 注册会计师个人特征与会计信息稳健性研究 [J]. 审计研究，2014（1）：71-78.

[13] 倪清，吴成颂. 自恋型CEO、媒体报道与企业投资行为——来自我国沪市A股上市公司的经验证据 [J]. 安徽大学学报（哲学社会科学版），2017（4）：147-156.

[14] 乔朋华，周阳，李小青. CEO自恋、研发投资与企业价值 [J]. 科技进步与对策，2019（15）：100-106.

[15] 唐清泉，曾诗韵，蔡贵龙，等. 审计师提供并购尽职调查会影响财务报表的审计质量吗？[J]. 审计研究，2018（1）：94-102.

[16] 王兵，李晶，苏文兵，等. 行政处罚能改进审计质量吗?——基于中国证监会处罚的证据 [J]. 会计研究，2011 (12)：86-92.

[17] 王咏梅，邓舒文. 事务所合并可以提高审计质量吗?——基于中国审计市场的研究 [J]. 管理世界，2010 (12)：180-181.

[18] 文东华，童卫华，彭希. CEO自恋、所有权性质和组织后果——来自中国上市公司的证据 [J]. 经济管理，2015 (8)：65-75.

[19] 肖作平. 公司治理影响审计质量吗?——来自中国资本市场的经验证据 [J]. 管理世界，2006 (7)：22-33.

[20] 闫焕民. 签字会计师个体异质性与审计质量 [J]. 山西财经大学学报，2015 (10)：112-124.

[21] 严顺琴，张宁. 自恋与归因方式、心理健康的关系研究 [J]. 中国健康心理学杂志，2013 (8)：1253-1255.

[22] 杨国枢，林碧峰. 中文笔迹与人格：一项探索性的研究 [J]. 台湾大学理学院心理学系编（心理学学报），1964 (6)：32-41.

[23] 原红旗，韩维芳. 签字会计师的执业特征与审计质量 [J]. 中国会计评论，2012 (3)：275-302.

[24] 余明桂，夏新平，邹振松. 管理者过度自信与企业激进负债行为 [J]. 管理世界，2006 (8)：104-112.

[25] 余玉苗，李琳. 审计师任期与审计质量之间关系的理论分析 [J]. 经济评论，2003 (5)：124-128.

[26] 袁蓉丽，张馨艺. 签字注册会计师任期、行业专长与审计质量 [J]. 会计与经济研究，2014 (2)：3-15.

[27] 张龙平，潘临. 签字会计师繁忙度与审计质量——来自中国上市公司的经验证据 [J]. 财经论丛，2018 (3)：58-67.

[28] 章细贞，马嫣然. 领导人自恋与企业投资扩张行为研究 [J]. 会计之友，2020 (21)：58-64.

[29] 张泽南，温婉虹，周方召. 管理者过度自信与真实活动盈余管理——基于女性高管的研究视角 [J]. 湖南大学学报（社会科学版），2016 (6)：85-90.

[30] 钟马，徐光华. 高管过度自信、利益相关者资源需求压力与企业社会责任 [J]. 财会月刊，2019 (24)：26-35.

[31] 周兰，耀友福. 媒体负面报道、审计师变更与审计质量 [J]. 审计研究，2015 (3)：73-81.

[32] 周玮，王宁. 强制轮换规定提高了上市公司审计质量? ——基于注册会计师任期与事务所经济依存度的经验研究 [J]. 中国会计评论，2012 (1)：73-94.

[33] 周泽将. 女性董事影响了企业慈善捐赠吗?——基于中国上市公司的实证研究 [J]. 上海财经大学学报，2014 (3)：78-85.

[34] BLAIR A C，HOFFMAN B J，HELLAND K R. Narcissism in Organizations： A Multi-source Appraisal Reflects Different Perspectives [J]. Human Performance，2008，21 (3)：254-276.

[35] LAKEY C E, ROSE P, CAMPBELL W K, et al. Probing the Link Between Narcissism and Gambling: the Mediating Role of Judgment and Decision-makingbiases [J]. Journal of Behavioral Decision Making, 2008, 21 (2): 113-137.

[36] HAM C, LANG M, SEYBERT N, et al.CFO Narcissism and Financial Reporting Quality [J]. Journal of Accounting Research, 2017, 55 (5): 1089-1135.

[37] CHEN C Y, LIN C J, LIN Y C. Audit Partner Tenure, Audit Firm Tenure, and Discretionary Accruals: Does Long Auditor Tenure Impair Earnings Quality? [J]. Social Science Electronic Publishing, 2010, 25 (2): 415-445.

[38] CHIN C L, CHI H Y. Sex Matters: Gender Differences in Audit Quality [R]. S.L.: Annual Meeting of the American Accounting Association, 2008.

[39] PAULHUS D L , WILLIAMS K M. The Dark Triad of Personality: Narcissism, Machiavellianism, and Psychopathy [J]. Journal of Research in Personality, 2002, 36 (6): 556-563.

[40] HAMBRICK D C, MASON P A. Upper Echelons: The Organization as a Reflection of Its Top Managers [J]. The Academy of Management Review, 1984, 9 (2): 193-206.

[41] KRISHNAN G V, PARSONS L M. Getting to the Bottom Line: An Exploration of Genderand Earnings Quality [J]. Journal of Business Ethics, 2008, 78 (1-2): 65-76.

[42] DILLON M K. Narcissism and Embellishments of Signature [J]. Psychological Reports, 1988, 62 (1): 152-154.

[43] ITTONEN K, VÄHÄMAA E, VÄHÄMAA S. Female Auditors and Accruals Quality [J]. Accounting Horizons, 2013, 27 (2): 205-228.

[44] AL-SHAMMARI M, RASHEED A, AL-SHAMMARI H A. CEO Narcissism and Corporate Social Responsibility: Does CEO Narcissism Affect CSR Focus? [J]. Journal of Business Research, 2019, 104 (104): 106-117.

[45] REISS M C , MITRA K. The Effects of Individual Difference Factors on the Acceptability of Ethical and Unethical Workplace Behaviors [J]. Journal of Business Ethics, 1998, 17 (14): 1581-1593.

[46] BROWN R, SARMA N. CEO Overconfidence, CEO Dominance and Corporate Acquisitions [J]. Journal of Economics and Business, 2007, 59 (5): 358-379.

[47] WINK P. Two Faces of Narcissism [J]. Journal of Personality and Social Psychology, 1991, 61 (4): 590-597.

[48] WILLIAMS M, BERG-CROSS G, BERG-CROSS L. Handwriting Characteristics and Their Relationship to Eysenck's Extraversion-Introversion and Kagan's Impulsivity-Reflectivity Dimensions. [J]. Journal of Personality Assessment, 1977, 41 (3): 291-298.

[49] ZWEIGENHAFT R L, MARLOWE D. Signature Size: Studies in Expressive Movement [J]. Journal of Consulting and Clinical Psychology, 1973, 40 (3): 469-473.

Can Auditor's Narcissism Affect Audit Quality
——Evidence from Audit Report of Listed Firms in China

Tingting Zhang, Hang Wang

Abstract Based on behavioral finance theory and high-level echelon theory, this paper examines the impact of auditor narcissism and personality characteristics of different signatory auditors on audit quality by taking audit reports of A-share listed companies on Shanghai and Shenzhen Stock Exchange from 2016 to 2019 as samples. The results show that higher auditor narcissism is associated with lower audit quality and this relationship is more significant in project partners. Further research shows that auditor tenure moderates the relationship between narcissism and audit quality. At the initial stage of audit, the shorter auditor tenure is, the more significant the negative impact of auditor narcissism on audit quality is, but after a certain period of time, the inhibitory effect of audit tenure disappears. The relationship between auditor narcissism and audit quality is affected by auditor gender, and the relationship is more significant for male auditors. This paper uses a new approach to measure auditor narcissism and examines the role of different signatory auditors in auditor personality traits and audit quality. This paper extends related studies and sheds light on a new idea for improving audit quality from the aspect of human resources for accounting firms.

Key words signature auditor narcissism; audit quality; audit tenure

第13辑，2022年
No.13，2022
会计与控制评论
Review of Accounting and Control

公司战略影响了债券发行定价吗？①

黄波

（江西财经大学会计学院　南昌　330013）

摘　要　本文基于我国债券市场，利用2008—2016年我国非金融上市公司的数据，对公司战略与债券发行定价的关系进行了实证检验。研究发现，公司战略越激进，债券发行价差越大。这一结论在排除内生性问题后，依然成立。进一步在不同内外部环境下考察公司战略与债券发行价差的关系，研究发现，两者的关系在内部控制水平低和环境不确定性高的公司更显著。机制检验发现，公司战略通过经营风险和信息不对称对债券发行价差产生影响。本文的研究丰富了公司战略、债券发行定价等领域的文献，同时也为企业、债券投资者和监管者带来一定的启示。

关键词　公司战略　债券发行定价　内部控制　环境不确定性

①　基金项目：国家自然科学基金项目（71862017）。

一、引言

自2007年我国发行第一支公司债券——长江电力债以来，越来越多的公司通过发行公司债券进行筹资。为了响应党的十八届三中全会《中共中央关于全面深化改革若干重大问题的决定》提出的建立多层次资本市场，加快发展债券市场的要求，证监会于2015年颁布了《公司债发行与交易管理办法》，放宽了对公司发债的要求，债券市场不断扩容。债券已经成为企业的一种重要融资方式。债券发行定价关系到发债企业的融资成本，降低企业的债券发行价差成为企业财务管理的一项重要的内容。因此，对债券发行价差的影响因素进行研究，以帮助企业降低债券融资成本具有重要的现实意义。

公司战略是企业为了保持在竞争环境中的优势，而采取的一系列的行动和安排。作为企业经营活动和决策的指导框架，公司战略是企业实现公司目标和持续健康发展的内部驱动因素。Miles and Snow（1978）将公司战略区分为进攻型、分析型和防御型。已有研究表明，实施不同公司战略的企业在经营方式和组织结构上存在差异，进而影响公司财务行为的方方面面，其中包括公司日常融资活动。但是从现有文献来看，公司战略对债券融资的影响尚未受到关注。债券发行定价是债券融资成本的体现，那么不同战略类型的公司在债券发行定价上有何不同呢？为了解决这个问题，本文依据Miles and Snow（1978）对公司战略的分类，根据Bentley et al.（2013）和王化成等（2016）的方法构建公司战略指标，试图探讨公司战略与债券发行定价的关系。

本文以2008—2016年发行公司债券的我国上市公司为研究对象，考察了公司战略与债券发行定价的关系以及这种关系在不同内外部环境下的差异。研究发现，公司战略越激进，债券定价越高。进一步将两者的关系放置于不同的内部控制和环境不确定性情境下进行研究，结果显示，公司战略与债券发行定价的正相关关系只在内部控制水平低和环境不确定性高的情况下显著。影响路径检验发现，经营风险和信息不对称是公司战略影响债券发行价差的两条路径。

本文的主要创新之处体现在以下几个方面：

（1）相比于已有文献只关注企业某一内部特征与债券发行价差的关系，本文则从公司战略这一更具有全局性的视角出发，对债券发行定价进行研究。本文的研究是对有关债券发行定价企业层面影响因素的一种补充和拓展。

（2）丰富了公司战略经济后果的相关文献。本文立足于公司债券市场，探讨公司战略对债券发行定价的影响，从债券融资的角度进一步拓展了公司战略与财务行为的研究视野。

（3）结合内部控制和环境不确定性探讨公司战略与债券发行定价的关系，不仅从公司内外部环境角度加深了对公司战略影响债券发行定价的认识，而且也丰富了有关内部控制和环境不确定性经济后果的相关研究。

二、文献回顾与理论分析

（一）文献回顾

1.公司战略的相关文献

目前关于公司战略的划分主要存在以下几种类型：

（1）Miles and Snow（1978）将公司战略划分为进攻型、分析型和防御型；

（2）Porter（1980）将公司战略划分为成本领先型、产品差异型和集中型；

（3）Miller and Friesen（1982）将公司战略划分为保守型和创业型。

在这几种战略分类方法中，Miles and Snow（1978）区别于其他两类方法，由于能够使用现成的财务数据进行度量，因而在实证研究中得到了广泛的应用。已有研究表明，公司战略类型会对公司诸多财务行为产生影响。在公司违规和诉讼方面，相关文献显示，进攻型企业更容易发生财务报告违规（Bently et al.，2013）、经营违规和领导人违规（孟庆斌等，2018），且被诉讼的风险增加（王化成等，2018）。在公司避税方面，吕伟等（2011）、Higgins et al.（2015）发现，与采用防御型战略的公司相比，采用进攻型战略的公司避税程度更高。在会计信息方面，已有研究显示，公司战略越激进，公司的盈余管理程度越高（孙健等，2016），会计稳健性越低（刘行，2016）。从公司战略与投融资、股价崩盘风险的关系来看，公司战略越激进，企业过度投资越严重（王化成等，2016），商业信用融资越多（方红星和楚有为，2019），股价崩盘风险越高（孙健等，2016）。

2.债券发行定价相关文献

债券发行定价的影响因素大致可以分为宏观因素和微观因素两个方面。在宏观影响因素方面，现有文献发现无风险利率、宏观经济波动、政策不确定性和投资者情绪会影响债券发行定价。从无风险利率与债券发行定价的关系来看，Longstaff and Schwartz（1995）发现，无风险利率越低，债券发行价差越小。从宏观经济波动与债券发行定价的关系来看，王雄元等（2015）考察了宏观经济波动性对短期融资券利差的影响，研究发现，货币政策波动越大、信贷规模波动越小、产品市场环境越差，短期融资券利差越大；罗党论和佘国满（2015）发现，地方政府官员变更增加了债券发行成本。从投资者情绪来看，徐浩萍和杨国超（2013）发现，股票市场投资者情绪越高，债券发行成本越低。在微观影响因素方面，现有文献发现信用评级、会计信息、内部控制、债券特征、客户关系等都会影响债券发行定价。从信用评级与债券发行定价的关系来看，信用评级越高，债券发行定价越低（Ziebart and Reiter，1992）；当信用评级机构提供的企业信息风险的专有信息较正面时，短期债券发行成本更低（沈红波和廖冠民，2014）。从会计信息与债券发行定价的关系来看，会计信息对公司债一级市场定价和二级市场定价均具有影响（王博森和施丹，2014），公司盈余管理程度越高，债券发行定价越高（杨大楷和王鹏，2014），信息透明度越高，债券发行定价越低（Yu，2005；Baber et al.，2013）。从内部控制与债券发行定价的关系来看，自愿披露内部控制鉴证报告的企业具有更低的债券发行价差（方红星等，2013）。从债券特征与债券发行定价的关系来看，史永东等（2018）发现债券契约条款会影响债券发行成本，其中保护投资者权益的期权类条款和限制发行人行为的限制性条款，能够降低债券发行成本。从客户关系与债券发行定价的关系来看，第一大客户销售占比越高，债券发行定价越高（王雄元和高开娟，2017）。

通过对公司战略和债券发行定价两方面的文献进行综述，发现国内外未有将两者结合在一起的相关研究。因此，本文研究公司战略与债券发行定价的关系，是对现有文献缺口的一个有益的补充，同时有助于发债企业、债券投资者、监管部门等相关主体理解债券市场对公司战略的反应。

（二）理论分析

公司战略作为统领公司经营、发展的核心因素，对资本市场上公司财务行为具有重要的影响。根据Miles and Snow（1978）的战略分类方法，公司战略可以划分为进攻型、分析型和防御型。采取不同类型公司战略的企业在经营方式和组织结构上存在差异，同时也会表现出不同的信息环境，这可能会反映到债券市场，从而影响公司债券发行价差。具体而言，公司战略对债券发行定价的影响可以从以下两个方面进行理解。

首先，实施不同公司战略的企业具有不同的经营风险。防御型公司遵循稳定的经营理念，与之适应的组织结构较为稳定，这类企业往往在已有的产品范围内进行深耕，致力于降低成本，提高效率，以此在同类型产品中保持竞争优势，从而获得稳定的经营收入。而进攻型公司寻求的是突破性的业绩，与之适应的是随环境变化的动态组织结构，时刻对外界环境保持着敏锐的关注，以此发现新的业绩增长点。进攻型公司往往通过开发新产品和开拓新市场来获得核心竞争优势，这意味着进攻型公司要比防御型公司投入更多的资金，更容易导致其现金流不足，而产生财务困境（Ittner et al.，1997）。这表明，公司战略类型能够传递公司的经营风险信息，实施进攻型战略的公司具有更高的经营风险。其次，实施不同公司战略的企业具有不同的信息风险。一方面，相比于防御型公司，进攻型公司具有更高的研发投入，而研发项目具有保密性，开展研发创新的公司对外披露的信息更少，致使其与外界的信息不对称程度增加。另一方面，进攻型公司更可能进行财务舞弊（Bentley et al.，2013），参与更多的盈余管理（孙健等，2016），这扭曲了公司的财务信息，加剧了公司的信息不对称程度。这表明，公司战略类型传递了公司的信息风险信号，实施进攻型战略的公司信息环境更差，信息风险更高。综合以上两点，本文认为，相比于防御型公司，进攻型公司暗含的经营风险和信息风险均更高，债券投资者为了规避进攻型公司的这两类风险，会对发债公司索取一个更高的风险溢价，进而提升了债券发行价差。据此，提出本文的假设H1。

H1：公司战略越激进，企业的债券发行价差越大。

作为企业的一种重要的内部治理机制，财务目标和经营绩效目标是内部控制所需要实现的两大目标，即内部控制具有保障企业财务信息的可靠性和提高企业的经营效率的作用。因此，本文从财务目标和经营绩效目标两个角度来分析内部控制对公司战略与债券发行定价关系的调节作用：

（1）从财务目标来看，内部控制能够保证财务报告的可靠性。存在内部控制缺陷的公司，应计盈余管理程度更高（Doyle et al.，2007；Chan et al.，2008），从而损害了财务会计信息的真实性。而高质量的内部控制充当了一种全程、全员、全面的过程控制，能够抑制企业有意或无意的盈余管理，从而提升了企业的会计信息质量（方红星和金玉娜，2011；刘启亮等，2013）。

（2）从经营绩效目标来看，内部控制的实施有利于提高企业经营效果。相关研究表明，存在内部控制缺陷的公司经营业绩更差（何玉等，2017），而且更有可能陷入财务困境（李万福等，2012），不利于企业盈余持续性的提高（宫义飞和谢元芳，2018）。而作为一种制度性安排，高水平的内部控制对于提升企业的经营成果大有裨益。首先，有效的内部控制是一种制度性资源，可以通过整合和优化资金、技术、人力等非制度性资源来提升企业的盈利能力（杨清香和廖甜甜，2017）。其次，良好的内部控制能够帮助企业降低特质风险和系统风险（方红星和陈作华，2015）、财务风险（戴文涛等，2014）、诉讼风险（毛新述和孟杰，2013），从而改善企业的经营绩效。已有文献发现，内部控制的建立和完善提高了企业的并购绩效（赵息和张西栓，2013）、市场业绩（张国清等，2015）以及整体价值（林钟高等，2007）。综上所述，良好的内部控制具有提高企业会计信息质量和降低企业经营风险的作用，可以在一定程度上抵御激进的公司战略所带来的信息风险和经营风险，从而减弱了激进的公司战略对债券发行价差的不利影响。据此，提出本文的假设H2。

H2：相比于内部控制水平高的企业，公司战略与债券发行价差的关系在内部控制水平低的企业中更显著。

环境不确定性是现代经济社会的重要特征之一。由于市场环境的风云变幻加之外部相关主体（供应商、客户、竞争对手、监管部门等）的行为难以预测，使得企业的生产、经营面临着较大的环境不确定性。环境不确定性通过以下两种途径进一步加大激进的公司战略对债券发行价差的负面影响：

（1）首先，环境不确定性会影响企业的经营风险。已有研究表明，当环境不确定性较高时，企业原定的战略目标难以实现（林钟高等，2015），企业的经营风险加大，业绩波动增加（Dess et al.，1984）。

（2）其次，环境不确定性会影响企业的信息环境。当环境不确定性较高时，高管为了避免业绩波动带来的薪酬下降和公司声誉受损等问题，会选择进行盈余平滑（Ghosh et al.，2009）。而且较高的环境不确定性使得外部股东、监管部门和媒体对大股东的监督难度加大，加剧了大股东使用盈余管理方式对中小股东实施利益侵占行为（Lemmon and Lins，2003）。这表明，环境不确定性提高了企业的信息不对称程度。结合以上两点，本文认为较高的环境不确定性导致实施激进战略的公司经营风险和信息不对称程度进一步恶化，使得债券投资者寻求更高的风险溢价，从而推升了债券发行价差。据此，提出本文的假设H3。

H3：相比于环境不确定性低的企业，公司战略与债券发行价差的关系在环境不确定性高的企业中更显著。

三、研究设计

（一）样本与数据来源

本文选择2008—2016年发行公司债券的我国沪深A股上市公司为研究样本，并对研究样本进行以下的处理：

（1）剔除发行公司债券的金融行业上市公司样本；

（2）剔除被ST和*ST的上市公司样本；

（3）剔除相关数据缺失的上市公司样本。最终获得470个公司-年度样本。本文研究所需的数据除了公司债券数据来源于Wind数据库，内部控制数据来源于深圳迪博公司开发的内部控制与风险管理数据库外，其余数据均来源于Csmar数据库。为了规避极端值对本文研究可能带来的影响，在1%和99%水平上对所有连续变量进行缩尾处理。

（二）变量定义

1.被解释变量

本文的被解释变量是债券发行价差（CS）。借鉴Jiang（2008）、王雄元和高开娟（2017）的研究，采用债券到期收益率与同期可比国债收益率的差额来度量债券发行价差。

2.解释变量

本文的解释变量是公司战略（STAR）。借鉴Bentley et al.（2013）和王化成等（2016）的研究，使用企业财务指标来综合表征企业战略，具体包括企业创新行为、企业效率、企业历史增长率、企业对新产品和新市场的扩张、组织稳定性和企业资本密度等6个指标，详见表1。

表1 企业战略度量

指标	度量方法
企业创新行为	研发支出与销售收入之比，取过去5年的移动均值
企业效率	员工人数与销售收入之比，取过去5年的移动均值
企业历史增长率	销售收入增长率，取过去5年的移动均值
企业对新产品和新市场的扩张	销售费用和管理费用总和与销售收入之比，取过去5年的移动均值
组织稳定性	员工人数的标准差
企业资本密度	固定资产与总资产之比，取过去5年的移动均值

针对以上6个指标进行赋值，具体做法为：按照“年度-行业”从小到大进行排序，并平均分为5组，除了企业资本密度最小值取值为5，最大组取值为1外，其余变量最小值取值为1，最大值取值为5。将赋值后的6个变量的得分加总，形成公司战略变量（STAR），该变量的取值范围为6—30，数值越大表示公司战略越激进，相反表示公司战略越保守。

3.调节变量

本文的调节变量有两个，分别是内部控制（IC）和环境不确定性（EU）。在内部控制的度量方法上，根据通常的做法，采用迪博内部控制指数进行度量。在环境不确定性的度量方法上，借鉴申慧慧等（2010）的研究，采用经行业调整的5年非正常销售收入的标准差与5年销售收入平均值之比进行度量。

4.控制变量

根据前人的研究，本文对以下影响债券发行价差（CS）的变量进行了控制：

（1）债券特征变量：债券信用评级（BondRate）、债券发行规模（BondSize）、债券期限（BondTerm）、债券回售（Put）和债券赎回（Call）；

（2）公司特征变量：公司规模（Size）、总资产收益率（ROA）、成长性（Growth）、资产负债率（LEV）和利息保障倍数（Cover）。

此外，还控制了年度和行业固定效应。各变量的具体定义详见表2。

表2　**变量定义表**

变量名称	变量符号	变量定义
债券发行价差	CS	债券到期收益率与同期可比国债收益率之差
公司战略	STAR	六项指标的评分，取值越大表示战略越激进
债券信用评级	BondRate	对信用等级进行赋值，AA-=1，AA=2，AA+=3，AAA=4
债券发行规模	BondSize	债券发行金额的自然对数
债券期限	BondTerm	债券发行期限
债券回售	Put	虚拟变量，当债券有约定回售条款时取1，否则取0
债券赎回	Call	虚拟变量，当债券有约定赎回条款时取1，否则取0
公司规模	Size	期末总资产取自然对数
总资产收益率	ROA	期末净利润/总资产
成长性	Growth	（期末主营业务收入-上年末主营业务收入）/上年末主营业务收入
资产负债率	LEV	期末总负债/总资产
利息保障倍数	Cover	期末（净利润+所得税费用+财务费用）/财务费用
内部控制	IC	迪博内部控制指数
环境不确定性	EU	根据申慧慧（2010），计算方法为5年非正常增长销售收入的标准差除以5年销售收入平均值，并经行业调整

（三）模型设计

为了检验公司战略与债券发行价差的关系，本文构建了如下的模型（1）。

$$CS_{i,t}=\beta_0+\beta_1 STAR_{i,t}+\beta_2 BondRate_{i,t}+\beta_3 BondSize_{i,t}+\beta_4 BondTerm_{i,t}+\beta_5 Put_{i,t}+\beta_6 Call_{i,t}+\beta_7 Size_{i,t}+\beta_8 ROA_{i,t}+\beta_9 Growth_{i,t}+\beta_{10} LEV_{i,t}+\beta_{11} Cover_{i,t}+\varepsilon_{i,t} \quad (1)$$

在上述模型（1）中，被解释变量为债券发行价差（CS），解释变量为公司战略（STAR），控制变量分别为债券信用评级（BondRate）、债券发行规模（BondSize）、债券期限（BondTerm）、债券回售（Put）、债券赎回（Call）、公司规模（Size）、总资产收益率（ROA）、成长性（Growth）、资产负债率（LEV）、利息保障倍数（Cover）以及行业和年度虚拟变量。如果公司战略的回归系数β_1显著为正，则说明公司战略越激进，企业的债券发行价差越高，假设H1得证。

为了检验内部控制和环境不确定性对公司战略与债券发行价差关系的影响，分别将内部控制和环境不确定性分为高低两组，并对分组后的样本使用模型（1）进行回归。如果在内部控制水平低的组中，公司战略的回归系数显著为正，而在内部控制水平高的组中，公司战略的回归系数不显著，则假设H2得证；如果在环境不确定性高的组中，公司战略的回归系数显著为正，而在环境不确定性低的组中，公司战略的回归系数不显著，则假设H3得证。

四、实证分析

（一）描述性统计

表3报告了本文主要变量的描述性统计情况。从被解释变量来看，债券发行价差（CS）均值为2.386，最小值为0.373，最大值为5.588，标准差为1.203，说明债券发行价差的分布在合理区间。从解释变量来看，公司战略（STAR）的平均值为17.54，最小值为6，最大值为29，标准差为4.395，说明样本公司的战略大体偏向于分析型。从债券特征上来看，债券信用评级（BondRate）的均值为2.730，说明样本公司的债券信用评级总体接近AA+；债券发行规模（BondSize）的均值为2.208亿元；债券期限（BondTerm）的均值为5.285年；66.4%的公司债券具有回售条款，4.5%的公司债券可以赎回。从公司特征方面来看，公司规模（Size）的均值为23.600，总资产收益率（ROA）的均值为0.038，成长性（Growth）的均值为0.189，资产负债率（LEV）的均值为0.585，利息保障倍数（Cover）的均值为6.668。

表3 描述性统计

变量	平均值	中位数	最小值	最大值	标准差
CS	2.386	2.258	0.373	5.588	1.203
STAR	17.540	18.000	6.000	29.000	4.395
BondRate	2.730	3.000	1.000	4.000	0.852
BondSize	2.208	2.197	0.405	4.060	0.755
BondTerm	5.285	5.000	2.000	10.000	1.759
Put	0.664	1.000	0.000	1.000	0.473
Call	0.045	0.000	0.000	1.000	0.207
Size	23.600	23.420	21.380	27.850	1.310
ROA	0.038	0.032	−0.069	0.164	0.036
Growth	0.189	0.113	−0.347	2.505	0.391
LEV	0.585	0.586	0.233	0.862	0.148
Cover	6.668	3.815	−161.300	199.100	32.230

（二）相关性分析

表4报告了本文主要变量的相关系数。结果显示：

（1）公司战略（STAR）与债券发行价差（CS）的相关系数为0.183，且在1%的水平上显著，初步为公司战略与债券发行价差的关系提供了证据，但是这不能直接证明公司战略与债券发行价差之间的正相关关系，因为未控制公司债券特征变量、公司特征变量、行业以及年度变量。

（2）在债券特征方面，债券信用评级（BondRate）、债券发行规模（BondSize）和债券期限（BondTerm）与债券发行价差（CS）的相关系数显著为负，债券回售（Put）与债券发行价差（CS）的相关系数显著为正，说明债券信用评级、债券发行规模和债券期限与债券发行价差呈负相关关系，债券回售与债券发行价差呈正相关关系。

（3）在公司特征方面，公司规模（Size）和总资产收益率（ROA）与债券发行价差（CS）的相关系数显著为负，成长性（Growth）和资产负债率（LEV）与债券发行价差（CS）的相关系数显著为正，说明公司规模和总资产收益率与债券发行价差呈负相关关系，成长性和资产负债率与债券发行价差呈正相关关系。

此外，各个变量之间的相关系数不大，表明本文的模型不存在严重的多重共线性。

（三）回归结果分析

表5第（1）列和第（2）列报告了公司战略（STAR）对债券发行价差（CS）的影响，其中第（1）列仅控制了年度和行业变量，第（2）列除了年度和行业变量外，还控制了债券特征和公司特征变量。第（1）列和第（2）列的结果显示，公司战略（STAR）的回归系数为正，且在1%的水平上显著，这表明公司战略越激进，企业的经营风险和信息风险越高，企业的债券发行价差越大。本文的假设H1得到证明。

在控制变量方面，债券信用评级（BondRate）、债券发行规模（BondSize）、债券期限（BondTerm）、总资产收益率（ROA）与债券发行价差（CS）呈显著的负相关关系；公司规模（Size）和资产负债率（LEV）与债券发行价差（CS）呈显著的正相关关系；债券回售（Put）、债券赎回（Call）、成长性（Growth）和利息保障倍数（Cover）对债券发行价差不具有显著的影响。

表4 主要变量Pearson相关系数

	CS	STAR	BondRate	BondSize	BondTerm	Put	Call	Size	ROA	Growth	LEV	Cover
CS	1											
STAR	0.183***	1										
BondRate	-0.581***	-0.249***	1									
BondSize	-0.337***	-0.229***	0.501***	1								
BondTerm	-0.242***	-0.184***	0.289***	0.377***	1							
Put	0.123***	0.145***	-0.337***	-0.124***	0.046	1						
Call	-0.018	0.016	-0.040	-0.003	-0.041	0.154***	1					
Size	-0.343***	-0.297***	0.559***	0.701***	0.308***	-0.238***	-0.034	1				
ROA	-0.100**	0.152***	0.016	-0.059	-0.043	-0.060	-0.068	-0.156***	1			
Growth	0.140***	0.198***	-0.165***	-0.038	-0.121***	0.022	0.021	0.009	0.150***	1		
LEV	0.078*	-0.145***	0.104**	0.278***	0.109**	0.012	-0.048	0.493***	-0.460***	0.084*	1	
Cover	0.025	0.010	0.012	0.038	0.005	0.026	-0.015	0.064	0.124***	0.072	-0.030	1

注：***、**和*分别表示在1%、5%和10%的水平上显著。

表5 假设H1的检验

变量	被解释变量:CS	
	(1)	(2)
STAR	0.050*** (4.503)	0.024*** (2.653)
BondRate		-0.657*** (-8.420)
BondSize		-0.279*** (-3.397)
BondTerm		-0.124*** (-4.983)
Put		0.020 (0.216)
Call		-0.129 (-0.691)
Size		0.101* (1.726)
ROA		-3.426*** (-2.600)
Growth		0.146 (1.062)
LEV		0.742* (1.898)
Cover		0.002 (1.587)
_cons	1.507*** (7.706)	3.561*** (2.735)
IND	控制	控制
Year	控制	控制
N	470	470
Adj. R^2	0.032	0.496

注：()内为t值，已进行异方差处理。***、**和*分别表示在1%、5%和10%的水平上显著。

为了检验不同的内部控制和环境不确定性下，公司战略（STAR）对债券发行价差（CS）影响的差异，本文分别将内部控制和环境不确定性分为高低两组，并在分组后的样本中使用模型（1）进行回归。回归结果列示于表6中。从第（1）列和第（2）列可以看出，在内部控制水平较低的组，公司战略（STAR）的回归系数为0.043，且在1%的水平上显著，而在内部控制水平较高的组，公司战略（STAR）的回归系数不显著，这说明高水平的内部控制有助于降低企业的信息不对称和经营风险，从而减弱了激进的公司战略对债券发行价差的负面影响。从第（3）列和第

(4) 列可以看出，在环境不确定性较高的组中，公司战略 (STAR) 的回归系数为0.025，且在10%的水平上显著，而在环境不确定性较低的组中，公司战略 (STAR) 的回归系数不显著，这说明环境不确定性企业的信息风险和经营风险加大，从而加剧了公司战略对债券发行价差的负面影响。

表6 假设H2和H3的检验

变量	被解释变量:CS			
	(1)	(2)	(3)	(4)
	高内部控制	低内部控制	高环境不确定性	低环境不确定性
STAR	0.011	0.043***	0.025*	0.015
	(0.877)	(2.870)	(1.773)	(1.160)
BondRate	-0.759***	-0.544***	-0.677***	-0.641***
	(-7.377)	(-4.297)	(-5.562)	(-6.534)
BondSize	-0.127	-0.371***	-0.316**	-0.247**
	(-1.040)	(-2.959)	(-2.361)	(-2.321)
BondTerm	-0.101***	-0.146***	-0.179***	-0.049
	(-2.997)	(-2.780)	(-4.589)	(-1.505)
Put	-0.046	0.142	0.146	-0.149
	(-0.350)	(0.877)	(0.937)	(-1.244)
Call	-0.462	-0.055	-0.246	0.291
	(-1.548)	(-0.205)	(-0.846)	(1.618)
Size	0.033	0.159	0.173*	0.055
	(0.401)	(1.420)	(1.880)	(0.708)
ROA	-4.546**	-2.174	-4.966***	-0.649
	(-2.218)	(-0.993)	(-2.605)	(-0.330)
Growth	0.341**	-0.078	0.052	0.134
	(2.203)	(-0.433)	(0.273)	(0.693)
LEV	0.313	0.937	0.010	1.824***
	(0.570)	(1.357)	(0.016)	(3.074)
Cover	0.002**	0.000	0.003*	-0.000
	(2.070)	(0.074)	(1.788)	(-0.113)
_cons	5.690***	1.662	2.663	3.867**
	(3.149)	(0.704)	(1.416)	(2.057)
IND	控制	控制	控制	控制
Year	控制	控制	控制	控制
N	235	235	235	235
Adj. R^2	0.565	0.427	0.470	0.531

注：() 内为t值，已进行异方差处理。***、**和*分别表示在1%、5%和10%的水平上显著。

（四）稳健性检验

1.内生性问题

前述研究表明，激进的公司战略会提高企业的债券发行价差。但是由于公司战略的制定会受到公司行为的影响，因此债券发行价差也可能会影响公司战略，即本文的研究可能会受到内生性问题的影响，从而导致回归结果有偏。为了缓解内生性问题的干扰，本文借鉴王化成等（2016）和孟庆斌等（2018）的研究，将行业战略均值（MeanSTAR）作为工具变量，采用2SLS（两阶段最小二乘法）进行回归，回归结果列示于表7中。在第一阶段，行业战略均值（MeanSTAR）与公司战略（STAR）呈显著的正相关关系。在第二阶段，公司战略（STAR）的回归系数为正，且在1%的水平上显著。这说明，在控制可能的内生性问题后，本文的研究结果仍然稳健。

表7 内生性检验

变量	(1)	(2)
	Stage1	Stage2
	STAR	CS
STAR		0.099*** (3.692)
BondRate	-0.596* (-1.922)	-0.612*** (-6.805)
BondSize	0.412 (1.201)	-0.310*** (-2.780)
BondTerm	-0.119 (-0.848)	-0.115*** (-4.146)
Put	0.441 (0.892)	-0.013 (-0.111)
Call	-0.541 (-0.522)	-0.088 (-0.424)
Size	-1.106*** (-3.935)	0.184* (1.701)
ROA	12.943** (2.050)	-4.397 (-0.397)
Growth	1.857*** (3.717)	0.007 (0.041)
LEV	0.619 (0.315)	0.696 (0.761)
Cover	0.002 (0.271)	0.002 (1.146)
MeanSTAR	1.119*** (7.389)	
_cons	23.607*** (3.886)	3.755* (1.917)
IND	控制	控制
Year	控制	控制
N	470	470
Adj. R^2	0.157	0.433

注：() 内为t值，已进行异方差处理。***、**和*分别表示在1%、5%和10%的水平上显著。

2.公司层面的聚类调整

为了缓解异方差和序列相关问题，按照公司代码进行了聚类调整，回归结果见表8。从（1）列可以看出，公司战略（STAR）与债券发行价差（CS）在5%的水平上显著正相关；从（2）列和（3）列可以看出，在内部控制水平低的公司中，公司战略（STAR）与债券发行价差（CS）在5%的水平上显著正相关，而在内部控制水平高的公司中，公司战略（STAR）与债券发行价差（CS）的关系不显著。从（4）列和（5）列可以看出，在环境不确定性高的公司中，公司战略（STAR）与债券发行价差（CS）在10%的水平上显著正相关，而在环境不确定性低的公司中，公司战略（STAR）与债券发行价差（CS）的关系不显著。以上证据表明，经过聚类调整后，回归结果不发生改变。

表8 **公司层面聚类调整结果**

变量	被解释变量:CS				
	(1)	(2)	(3)	(4)	(5)
	全样本	高内部控制	低内部控制	高环境不确定性	低环境不确定性
STAR	0.024** (2.387)	0.011 (0.813)	0.043** (2.564)	0.025* (1.657)	0.015 (1.057)
BondRate	−0.657*** (−7.963)	−0.759*** (−7.079)	−0.544*** (−4.152)	−0.677*** (−5.533)	−0.641*** (−6.276)
BondSize	−0.279*** (−3.347)	−0.127 (−1.034)	−0.371*** (−2.982)	−0.316** (−2.430)	−0.247** (−2.054)
BondTerm	−0.124*** (−4.515)	−0.101*** (−2.718)	−0.146** (−2.487)	−0.179*** (−4.408)	−0.049 (−1.479)
Put	0.020 (0.203)	−0.046 (−0.337)	0.142 (0.805)	0.146 (0.934)	−0.149 (−1.229)
Call	−0.129 (−0.691)	−0.462 (−1.515)	−0.055 (−0.206)	−0.246 (−0.846)	0.291 (1.624)
Size	0.101* (1.662)	0.033 (0.382)	0.159 (1.337)	0.173* (1.856)	0.055 (0.663)
ROA	−3.426** (−2.525)	−4.546** (−2.086)	−2.174 (−0.992)	−4.966** (−2.485)	−0.649 (−0.325)
Growth	0.146 (1.086)	0.341** (2.155)	−0.078 (−0.436)	0.052 (0.271)	0.134 (0.774)
LEV	0.742* (1.840)	0.313 (0.539)	0.937 (1.361)	0.010 (0.016)	1.824*** (3.073)
Cover	0.002 (1.572)	0.002** (2.007)	0.000 (0.074)	0.003* (1.784)	−0.000 (−0.112)
_cons	3.561*** (2.596)	5.690*** (2.945)	1.662 (0.647)	2.663 (1.370)	3.867* (1.928)
IND	控制	控制	控制	控制	控制
Year	控制	控制	控制	控制	控制
N	470	235	235	235	235
Adj. R^2	0.496	0.565	0.427	0.470	0.531

注：() 内为t值，已进行异方差处理。***、**和*分别表示在1%、5%和10%的水平上显著。

3.排除金融危机的影响

为了排除金融危机期间宏观经济政策及其变动对债券发行价差的影响，本文将2008年的样本剔除，重新对模型（1）进行回归。回归结果见表9，在全样本中，公司战略（STAR）的回归系数为0.025，且在1%的水平上显著；在内部控制水平低的组中，公司战略（STAR）的回归系数为0.043，且在1%的水平上显著，而在内部控制水平高的组中，公司战略（STAR）与债券发行价差（CS）的关系不显著；在环境不确定性高的组中，公司战略（STAR）的回归系数为0.026，且在10%的水平上显著，而在环境不确定性低的组中，公司战略（STAR）与债券发行价差（CS）的关系不显著。以上实证结果表明，排除金融危机的影响后，本文的研究结论不发生改变。

表9 **排除金融危机的影响**

变量	被解释变量:CS				
	(1)	(2)	(3)	(4)	(5)
	全样本	高内部控制	低内部控制	高环境不确定性	低环境不确定性
STAR	0.025*** (2.692)	0.012 (0.939)	0.043*** (2.875)	0.026* (1.811)	0.016 (1.190)
BondRate	-0.647*** (-8.120)	-0.747*** (-7.219)	-0.545*** (-4.273)	-0.684*** (-5.512)	-0.625*** (-6.283)
BondSize	-0.286*** (-3.485)	-0.143 (-1.167)	-0.371*** (-2.958)	-0.318** (-2.381)	-0.256** (-2.407)
BondTerm	-0.123*** (-4.770)	-0.100*** (-2.952)	-0.147*** (-2.704)	-0.179*** (-4.463)	-0.052 (-1.583)
Put	0.023 (0.240)	-0.036 (-0.273)	0.142 (0.881)	0.155 (0.992)	-0.157 (-1.282)
Call	-0.119 (-0.646)	-0.401 (-1.395)	-0.055 (-0.206)	-0.245 (-0.843)	0.296* (1.662)
Size	0.098 (1.636)	0.034 (0.418)	0.159 (1.427)	0.177* (1.907)	0.042 (0.541)
ROA	-3.333** (-2.504)	-4.428** (-2.163)	-2.175 (-0.996)	-4.731** (-2.417)	-0.775 (-0.395)
Growth	0.151 (1.098)	0.351** (2.273)	-0.077 (-0.433)	0.050 (0.260)	0.154 (0.803)
LEV	0.791** (2.003)	0.377 (0.680)	0.939 (1.357)	0.053 (0.085)	1.884*** (3.131)
Cover	0.002 (1.560)	0.002** (2.003)	0.000 (0.074)	0.003* (1.778)	-0.000 (-0.107)
_cons	3.841*** (2.948)	5.698*** (3.363)	2.303 (0.957)	3.004 (1.574)	4.192** (2.368)
IND	控制	控制	控制	控制	控制
Year	控制	控制	控制	控制	控制
N	464	231	233	232	232
Adj. R^2	0.496	0.565	0.428	0.472	0.525

注：() 内为t值，已进行异方差处理。***、**和*分别表示在1%、5%和10%的水平上显著。

4.替换公司战略变量

借鉴孙健等（2016）和孟庆斌等（2018）的研究，采用进攻型公司战略虚拟变量（STAR 1）和防御型公司战略虚拟变量（STAR 2）替代公司战略（STAR）变量，重新进行回归。当STAR的数值大于23时，STAR 1取1，否则STAR 1取0；当STAR的数值小于13时，STAR 2取1，否则STAR 2取0。回归结果显示，进攻型公司战略虚拟变量（STAR 1）与债券发行价差呈显著的正相关关系，而防御型公司战略虚拟变量（STAR 2）与债券发行价差的关系不显著。这说明，使用另外一种公司战略的度量方式，本文的结论依然成立。替换公司战略变量的回归见表10。

表10 **替换公司战略变量的回归**

变量	被解释变量:CS	
	回归系数	t值
STAR 1	0.260*	（1.671）
STAR 2	-0.101	（-0.930）
BondRate	-0.665***	-8.46
BondSize	-0.434***	（-4.852）
BondTerm	-0.142***	（-4.940）
Put	0.239**	（2.272）
Call	-0.145	（-0.615）
Size	-0.071	（-1.142）
ROA	-4.417***	（-3.207）
Growth	0.337**	（2.156）
LEV	1.010**	（2.299）
Cover	0.002	（1.395）
_cons	6.948***	（5.227）
IND	控制	
Year	控制	
N	470	
Adj. R^2	0.377	

注：() 内为t值，已进行异方差处理。***、**和*分别表示在1%、5%和10%的水平上显著。

（五）进一步分析：影响路径分析

前文的理论分析表明公司战略通过影响经营风险和信息不对称，从而对债券发行价差产生影响。本部分针对这两种作用机制进行验证。首先，在经营风险机制方面：借鉴郑曼妮和黎文靖（2018），使用企业过去三年的ROA标准差（SDROA）衡量经营风险，按照SDROA的中位数将样本分为经营风险高、低两组，并在两组样本中分别检验公司战略与债券发行价差的关系。其次，在信息不对称机制方面：采用根据Dechow et al.（1995）提出的修正的琼斯模型计算的盈余质量（DA）来衡量企业的信息环境，按照DA的中位数将样本分为信息不对称高、低两组，并在两组样本中分别检验公司战略与债券发行价差的关系。分组检验结果列示于表11中，从（1）列和（2）列可以看出，在经营风险高的组中，STAR的回归系数显著为正，而在经营风险低的组中，STAR与CS的关系并不显著；从（3）列和（4）列可以看出，在信息不对称高的组中，STAR的回归系数显著为正，而在信息不对称低的组中，STAR与CS的关系并不显著。以上的实证结果表明，激进的公司战略通过提高企业的经营风险和信息不对称程度从而提升了债券发行价差。

表11 **影响路径检验结果**

变量	被解释变量:CS			
	(1)	(2)	(3)	(4)
	经营风险高	经营风险低	信息不对称高	信息不对称低
STAR	0.023** (2.077)	0.030 (1.602)	0.041*** (2.828)	0.013 (0.953)
BondRate	-0.556*** (-6.072)	-0.697*** (-5.154)	-0.706*** (-5.577)	-0.623*** (-6.141)
BondSize	-0.247** (-2.065)	-0.283** (-2.214)	-0.326** (-2.595)	-0.242** (-2.033)
BondTerm	-0.087*** (-2.834)	-0.162*** (-3.289)	-0.136*** (-2.982)	-0.087** (-2.579)
Put	-0.023 (-0.196)	0.075 (0.440)	0.042 (0.263)	-0.056 (-0.395)
Call	-0.244 (-1.165)	0.008 (0.024)	-0.324 (-1.570)	-0.008 (-0.023)
Size	0.021 (0.273)	0.115 (1.195)	0.154* (1.776)	0.027 (0.304)
ROA	-2.313 (-1.351)	-5.158 (-1.423)	-3.145* (-1.787)	-3.657* (-1.755)
Growth	0.054 (0.273)	0.212 (1.049)	0.152 (0.857)	-0.003 (-0.009)
LEV	0.728 (1.507)	0.657 (0.870)	0.283 (0.481)	1.143* (1.796)
Cover	-0.000 (-0.279)	0.002** (2.025)	0.003* (1.833)	-0.000 (-0.172)
_cons	4.852*** (3.160)	2.427 (1.126)	3.152* (1.725)	4.632** (2.433)
IND	控制	控制	控制	控制
Year	控制	控制	控制	控制
N	234	234	234	234
Adj. R^2	0.499	0.472	0.496	0.447

注：() 内为t值，已进行异方差处理。***、**和*分别表示在1%、5%和10%的水平上显著。

五、研究结论与启示

作为债券融资活动的重要一环，债券发行定价直接决定了债券能否成功发行以及债券的融资成本。因此，研究债券发行定价的影响因素对于债券融资来说具有重大的意义。已有文献尝试着从企业内部去寻找答案，但是这些文献关注到了企业内部的某一局部因素，缺乏从公司战略的全局性视角进行考虑。关于公司战略与债券发行定价的关系目前还缺乏直接的经验证据。因此，本文利用我国发债上市公司2008—2016年的数据，实证检验了公司战略对债券发行定价的影响以及这一影响在不同内部控制和环境不确定性情境下的差异。研究结果显示：

（1）相比于防御型公司，进攻型公司具有更高的经营风险和信息风险，从而导致债券发行价差更高；

（2）良好的内部控制具有改善企业的经验绩效和提高企业的盈余质量的作用，能够抵御激进的公司战略给企业带来的经营风险和信息风险，从而减弱激进的公司战略对债券发行价差的负面影响；

（3）较高的环境不确定性恶化了企业的经营风险和信息环境，从而加剧了激进的公司战略对债券发行价差的负面影响；

（4）路径检验发现，公司战略对债券发行定价的影响是通过经营风险和信息不对称这两条路径来实现的。

本文的研究丰富了公司战略和债券定价的相关文献，同时从本文的研究结论中可以得到以下的启示：首先，对于公司自身来说，在制定公司战略时，应当根据公司实际情况进行综合考虑，切记不要制定过于激进的公司战略，以免在发展壮大的同时加深企业的债券融资约束。其次，对于投资者来说，应该识别激进的公司战略暗含的风险信号，并以公司战略类型信息为参考依据进行投资决策，以减少债券投资风险。最后，对于监管者来说，应该制定相应的法规、政策，监督上市公司完善公司战略信息的披露，以加强对债券投资者的保护。

参考文献

[1] 戴文涛，纳鹏杰，马超．内部控制能预防和降低企业风险吗？[J]．财经问题研究，2014（2）：87-94.

[2] 方红星，施继坤，张广宝.产权性质、信息质量与公司债定价——来自中国资本市场的经验证据 [J]. 金融研究，2013 (4)：170-181.

[3] 方红星，楚有为.公司战略与商业信用融资 [J]. 南开管理评论，2019 (5)：142-154.

[4] 方红星，金玉娜.高质量内部控制能抑制盈余管理吗？——基于自愿性内部控制鉴证报告的经验研究 [J]. 会计研究，2011 (8)：53-60.

[5] 方红星，陈作华.高质量内部控制能有效应对特质风险和系统风险吗？[J]. 会计研究，2015 (4)：70-77.

[6] 宫义飞，谢元芳.内部控制缺陷及整改对盈余持续性的影响研究 [J]. 会计研究，2018 (5)：75-82.

[7] 何玉，徐春炫，王宇.内部控制缺陷与公司业绩 [J]. 财经理论与实践，2017 (7)：83-88.

[8] 刘行.企业战略类型会影响盈余特征吗？——会计稳健性视角的考察 [J]. 南开管理评论，2016 (4)：111-121.

[9] 刘启亮，罗乐，张雅曼，等.高管集权、内部控制与会计信息质量 [J]. 南开管理评论，2013 (1)：15-23.

[10] 李万福，林斌，林东杰.内部控制能有效规避财务困境吗？[J]. 财经研究，2012 (1)：124-134.

[11] 林钟高，郑军，王书珍.内部控制与企业价值研究——来自沪深两市A股的经验分析 [J]. 财经研究，2007 (4)：132-143.

[12] 林钟高，郑军，卜继栓.环境不确定性、多元化经营与资本成本 [J]. 会计研究，2015 (2)：36-43.

[13] 吕伟，陈丽花，佘名元.商业战略，声誉风险，企业避税行为 [J]. 经济管理，2011 (11)：121-129.

[14] 罗党论，佘国满.地方官员变更与地方债发行 [J]. 经济研究，2015 (6)：131-146.

[15] 孟庆斌，李昕宇，蔡欣园.公司战略影响公司违规行为吗 [J]. 南开管理评论，2018 (3)：116-129.

[16] 毛新述，孟杰.内部控制与诉讼风险 [J]. 管理世界，2013 (11)：155-165.

[17] 沈红波，廖冠民.信用评级机构可以提供增量信息吗？——基于短期融资券的实证检验 [J]. 财贸经济，2014 (8)：62-70.

[18] 史永东，王三法，齐燕山.契约条款能够降低债券发行利率吗？——基于中国上市公司债券的实证研究 [J]. 证券市场导报，2018 (2)：49-58.

[19] 孙健.王百强，曹丰，等.公司战略影响盈余管理吗？[J]. 管理世界，2016 (3)：160-169.

[20] 孙健，王百强，曹丰.公司战略影响股价崩盘风险吗？[J]. 经济管理，2016 (12)：47-61.

[21] 申慧慧，吴联生，肖泽忠.环境不确定性与审计意见：基于股权结构的考察 [J]. 会计研究，2010 (12)：57-64.

[22] 王化成，张修平，高升好.企业战略影响过度投资吗 [J]. 南开管理评论，2016 (4)：

87-97.

［23］王化成，李昕宇，孟庆斌.公司战略、诉讼风险与市场反应［J］.中国会计评论，2018（3）：311-348.

［24］王雄元，张春强，何捷.宏观经济波动性与短期融资券风险溢价［J］.金融研究，2015（1）：68-83.

［25］王雄元，高开娟.如虎添翼抑或燕巢危幕：承销商、大客户与公司债发行定价［J］.管理世界，2017（9）：42-59.

［26］王博森，施丹.市场特征下会计信息对债券定价的作用研究［J］.会计研究，2014（4）：19-26.

［27］徐浩萍，杨国超.股票市场投资者情绪的跨市场效应——对债券融资成本影响的研究［J］.财经研究，2013（2）：47-57.

［28］杨大楷，王鹏.盈余管理与公司债券定价——来自中国债券市场的经验证据［J］.国际金融研究，2014（4）：86-96.

［29］杨清香，廖甜甜.内部控制、技术创新与价值创造能力的关系研究［J］.管理学报，2017（8）：1190-1198.

［30］赵息，张西栓.内部控制、高管权力与并购绩效——来自中国证券市场的经验证据［J］.南开管理评论，2013（2）：75-81.

［31］张国清，赵景文，田五星.内部控制质量与公司绩效：基于内部代理和信号传递理论的视角［J］.世界经济，2015（1）：127-153.

［32］郑曼妮，黎文靖.中国过度负债企业去杠杆——基于资本结构动态调整视角［J］.国际金融研究，2018（10）：87-96.

［33］BABER W R，GORE A K，RICH K T，et al. Accounting Restatements，Governance and Municipal Debt Financing［J］. Journal of Accounting and Economics，2013，56（2-3）：212-227.

［34］BENTLEY K A，OMER T C，SHARP N Y. Business Strategy，Financial Reporting Irregularities，and Audit Effort［J］. Contemporary Accounting Research，2013，30（2）：780-817.

［35］CHAN K，FARRELL B，LEE P. Earnings Management of Firms Reporting Material Internal Control Weaknesses Under Section 404 for the Sarbanes-Oxley Act［J］. Auditing：A Journal of Practice and Theory，2008，27（2）：161-179.

［36］DECHOW P M，SLOAN R G，SWEENEY A P. Detecting Earning Management［J］. Accounting Review，1995，70（2）：193-225.

［37］DESS G C，BEARD D W. Dimensions of Organizational Task Environments［J］. Administrative Science Quarterly，1984，29（1）：52-73.

［38］DOYLE J，GE W，MCVAY S. Accruals Quality and Internal Control Over Financial Reporting［J］. The Accounting Review，2007，82（5）：1141-1170.

［39］GHOSH D，OLSEN L. Environment Uncertainty and Manager's Use of Discretionary Accruals［J］. Accounting，Organizations and Society，2009，34（2）：273-292.

［40］HIGGINS D，OMER T，PHILLIPS J. The Influence of a Firm's Business Strategy on Its Tax Aggressiveness［J］. Contemporary Accounting Research，2015，32（2）：674-702.

［41］ITTNER C D，RAJAN M V. The Choice of Performance Measures in Annual Bonus Contracts

[J]. Accounting Review, 1997, 72 (2): 231-255.

[42] JIANG J. Beating Earnings Benchmarks and the Cost of Debt [J]. Accounting Review, 2008, 83 (2): 377-416.

[43] LEMMON M L, LINS K. Ownership Structure, Corporate Governance and Firm Value: Evidence from the Ease Asian Financial Crisis [J]. Journal of Finance, 2003, 58 (4): 1445-1468.

[44] LONGSTAFF F A, SCHWARTZ E S. A Simple Approach to Valuing Risky Fixed and Floating Rate Debt [J]. The Journal of Finance, 1995, 50 (3): 789-819.

[45] MILES R E, SNOW C C. Organizational Strategy, Structure and Process [M]. New York: McGraw-Hill, 1978.

[46] MILLER D, FRIESEN P H. Innovation in Conservative and Entrepreneurial Firms: Two Models of Strategic Momentum [J]. Strategic Management Journal, 1982.

[47] PORTER M E. Competitive Strategy: Techniques for Analyzing Industries and Competitors [M]. New York: The Free Press, 1980.

[48] YU F. Accounting Transparency and the Term Structure of Credit Spreads [J]. Journal of Financial Economics, 2005, 75 (1): 53-84.

[49] ZIEBART D A, REITER S A. Bond Ratings, Bond Yields and Financial Information [J]. Contemporary Accounting Research, 1992, 9 (1): 252-282.

Does Corporate Strategy Affect Bond Issue Pricing?

Bo Huang

Abstract Based on China's bond market, this paper uses the data of China's non-financial listed companies from 2008 to 2016 to empirically test the relationship between corporate strategy and bond issue pricing. The study finds that the more aggressive the corporate strategy, the higher the bond issue spread. This conclusion remains valid after endogenous problem is excluded. Further, the relationship between corporate strategy and bond issue spread is investigated in different internal and external environment. The results show that the relationship between the two is more significant in companies with low internal control and high environment uncertainty. The mechanism test finds that corporate strategy has an impact on bond issue spread through operational risk and information asymmetry. The study enriches the literature on corporate strategy and bond issue pricing, and also brings some enlightenments to enterprises, bond investors and regulators.

Key words corporate strategy; bond issue pricing; internal control; environment uncertainty

第13辑，2022年
No.13，2022
会计与控制评论
Review of Accounting and Control

国家治理体系建设的微观经济后果研究
——基于巡视监督的准自然实验①

陈克兢[1] 姜林[1] 万清清[1] 周峻任[2]

（1.东北财经大学会计学院/中国内部控制研究中心 大连 116025；
2.上海交通大学安泰经管学院 上海 200030）

摘 要 国家治理体系建设为我国经济的高质量发展提供了有效的保障。本文以中国沪深A股制造业上市公司为研究对象，从巡视监督的视角考察国家治理体系建设的微观效应。研究发现：短期来看被巡视企业会出现消极的资本市场反应；但长期来看巡视监督能够显著提高企业绩效，通过提高生产效率、存货管理效率以及降低第一类代理成本等路径实现；异质性分析结果表明，巡视级别越高、市场化程度越低，巡视监督引起的短期市场反应越强，对企业绩效的提升作用也更为显著。本研究丰富了国家治理体系影响实体经济的文献体系，对于推动我国经济高质量发展有着积极的作用。

关键词 国家治理体系 巡视监督 资本市场反应 企业绩效

① 项目基金：国家自然科学基金项目（71802043）、教育部人文社会科学研究青年基金项目（18YJC630007）、2019年辽宁省教育厅青年科技人才“育苗”项目（LN2019Q05）。

一、引言

党的十九届四中全会提出了推进国家治理体系和治理能力现代化战略目标，这为加快建设现代化经济体系提供了有效的保障。作为党内监督的重要制度安排，巡视监督在党和国家监督体系中有着至关重要的作用。近年来，党中央对巡视工作高度重视，并把巡视“全覆盖”的创新实践列入党章。传统文献更加注重的是党组织治理对企业行为的影响，马连福等（2013）、陈仕华和卢昌崇（2014）就发现了党组织治理对高管薪酬契约和国有资产流失的治理作用。除了企业内部党组织之外，外部的巡视监督同样可以发挥积极作用，Cao等（2018）、孙德芝和郭阳生（2018）和陈克兢等（2020，2021b）就发现巡视监督在企业创新、盈余管理、信息披露和违规中的治理作用。还有部分文献考察了中央巡视对央企业绩的影响（王砾等，2017），但是尚未有文献能综合考察中央、地方巡视监督对企业短期资本市场反应和长期绩效的影响。

鉴于此，本文立足于推进国家治理体系和治理能力现代化战略的背景，以沪深两市上市公司为研究对象，基于巡视监督的准自然实验考察了巡视监督对企业短期资本市场反应和长期绩效的影响，揭示了国家治理体系完善对实体经济的治理作用，并从巡视级别和市场化程度两个角度进行了异质性分析。研究结果表明：

第一，巡视监督会给企业带来消极的短期资本市场反应；

第二，巡视监督可以促进企业长期业绩增长，这主要是通过提高生产效率、存货管理效率和降低第一类代理成本等路径实现的；

第三，当巡视级别越高或企业所在地的市场化程度越低时，巡视监督的上述作用更为显著。

本文的理论贡献如下：

第一，本文丰富了国家治理体系建设影响实体经济发展的理论文献体系，揭示了巡视监督对上市公司短期资本市场反应和长期绩效的影响机理。作为一个难得的准自然实验，巡视监督这种中国特有的监督机制为考察国家治理体系建设的微观效应提供了难得的契机。虽然已经有部分文献认识到巡视监督在企业创新、盈余管理、信息披露和企业违规中的重要作用（Cao等，2018；孙德芝和郭阳生，2018；陈克兢等，2020，2021b），但是尚未有文献能系统考察巡视监督对实体经济发展产生的影响。本文基于中央巡视和地方巡视的外生事件，重点考察了巡视监督对企业短期资本市场反应和长期绩效的影响，在一定程度上对王砾等（2017）的研究形成了有益的补充，具有一定的理论意义。

第二，本文丰富了企业绩效影响因素的理论研究，揭示了国家治理体系影响企业绩效的作用机理。现有文献主要考察了外部治理环境（Mertzanis等，2019；吴超鹏和唐药，2016）、宏观政策（韩超等，2017）、公司治理（Hauser，2018）和管理者特质（Benmelech and Frydman，2015；张祥建等，2015）等对企业绩效的影响机理，鲜有文献从国家治理体系的宏观视角出发考察其对企业绩效的影响机制。本文从生产效率、存货管理效率、创新水平、代理成本等角度考察了巡视监督影响企业绩效的潜在机理，拓展了企业绩效影响因素的理论框架，有助于理论界和实务界深入了解国家治理体系发挥微观经济效应的影响机理。

二、制度背景、文献综述与研究假设

（一）制度背景

2013年11月，党的十八届三中全会《中共中央关于全面深化改革若干重大问题的决定》首次正式提出“完善和发展中国特色社会主义制度，推进国家治理体系和治理能力现代化”这一深化改革的总目标。2019年10月，党的十九届四中全会指出，坚持和完善中国特色社会主义制度、推进国家治理体系和治理能力现代化，是全党的一项重大战略任务。国家治理体系将经济、政治、文化、社会、生态文明和党的建设等各领域紧密地连接起来，微观层面的企业活动也必将受到其影响。党的建设关系重大、牵涉全局，与国家治理体系建设互为依托，相辅相成。巡视监督作为党的建设中的重要制度安排之一，在国家治理体系中的重要性不言而喻。党的十八大报告中就已经明确提出，要建立健全权力运行制约和监督体系，发挥巡视制度的监督作用。作为国家治理体系的重要组成部分，巡视制度的落实效果是国家治理能力现代化的重要体现。巡视重点监督企业中的领导班子及其成员，尤其是主要负责人这类腐败高发人群。以巡视其特有的针对性，深入、彻底地发现并铲除危害党风廉政建设以及腐败的相关问题，为完善企业内控机制建设提供契机。巡视特有的一系列举措将使得被巡视企业高管的心理受到震慑，形成“不敢腐”的心理效应，进而逐渐培养“不愿腐”的道德约束自觉性（王丽娟等，2021）。

（二）文献综述

国家治理体系建设对于社会经济发展有着重要的推动作用。Méon and Weill（2010）认为规范化的政府行为对于经济效率和经济增长都有着积极的影响；Roe and Siegel（2011）则证实了国家治理质量的提升有助于促进国有银行的业绩；刘雷等（2014）研究发现国家治理体系中监督控制系统可以有效地提高地方政府财政安全程度；何国华和童晶（2018）通过跨国研究后发现，完善的国家治理体系可以促进金融稳定和实体经济的发展。作为国家治理体系中的重要构成，巡视监督对于经济发展也有着积极的意义：

一方面，巡视监督对微观企业行为的影响。唐大鹏等（2017）通过建立党巡视和内部控制之间的逻辑关系与理论框架，进而证实了党巡视对微观企业内部控制建设的积极影响。王砾等（2017）证实中央巡视促进中央国企业绩上升，但会阻碍非国有企业业绩上升。Cao 等（2018）认为被巡视的企业会故意压制负面信息的公布，而孙德芝和郭阳生（2018）则指出巡视监督能够有效地抑制企业的违规行为。王丽娟等（2021）通过实证检验发现巡视监督能够发挥威慑作用，通过抑制高管的机会主义行为提升了被巡视央企的投资效率。

另一方面，党巡视对政府行为的影响。李景治（2014）、彭前生（2016）认为巡视监督有效地制约了党政“一把手”过度行使权力。蔡卓庆（2018）强调只有准确把握巡视工作的突出地位、总体方针、战略作用和工作布局，才能充分发挥巡视“利剑”作用。

同时，还有部分学者研究了反腐败对微观企业行为和表现的影响：

一方面，有关文献表明反腐败对企业的行为和表现有积极影响。王茂斌和孔东民（2016）认为反腐败运动能够提升高腐败地区的财务报表质量、高管薪酬业绩敏感性和企业市场价值。La Porta 等（2000）、Chen（2011）、Liu（2016）指出反腐能够缓解企业股东与管理层之间的委托代理冲突，降低企业的第一类代理成本。Sequeira and Djankov（2014）、Kim 等（2018）、Lin 等（2018）证实反腐能够有效降低企业交易成本，进而提高企业价值。Pan and Tian（2017）、Gan and Xu（2019）研究发现反腐能大幅降低企业无效的投资支出，提高企业创新研发支出，从而提高企业绩效。Fu（2019）通过实证分析发现反腐败能够降低企业的信息不对称，进而降低企业的破产风险。

另一方面，也有文献表明反腐败对企业具有消极影响。Xu and Li（2018）基于反腐运动要求政府官员辞去上市公司董事职务这一角度，提出反腐会使受影响企业表现更差。Wang 等（2018）认为反腐败会切断企业与政府之间的联系，消除企业可获得的政治利益，进而降低了企业价值。

综上，目前定量研究国家治理体系影响企业行为的成果较少，且尚未有文献全面、系统地研究巡视监督对企业的经济后果。由此，本文将分别探讨巡视监督的短期后果，完善公司治理中党巡视的有关研究，为党中央进一步加强巡视力度、完善党巡视制度提供一定的指导。

（三）理论分析与研究假设

已经有文献证实，公款消费、利益输送、侵占国有资产等腐败行为会直接损害企业价值（Kim等，2018）。巡视监督作为加强政治建设、发现问题的重要手段，在反腐败工作中发挥了巨大的作用。巡视组会对被巡视单位存在的问题进行系统性检查，并将巡视过程中发现的问题向社会公开。这些被公布的负面信息会向资本市场传递利空的信号，导致公司股价短期内下跌（Cao等，2018）。此时，为规避所持股票市值下降的风险，投资者往往会选择卖出股票（倪骁然和朱玉杰，2017；陈克兢，2019；陈克兢等，2021a），因此企业的短期资本市场反应较为消极。基于此，本文提出：

H1：巡视组开始巡视将使被巡视企业产生显著为负的短期市场反应。

企业绩效提升是巡视监督的非预期效应，本文认为巡视监督可以通过提高企业生产效率、存货管理效率、创新水平，以及降低企业的第一类代理成本来提高企业绩效。

第一，巡视监督可以通过提高生产效率促进企业绩效提升。巡视监督能够有效地整顿形式主义、享乐主义、官僚主义等不正之风（唐大鹏等，2017），促使被巡视企业员工将更多的时间与精力投入到生产经营活动中。显然，这有助于激发各级员工的内在积极性，提高企业的生产效率。

第二，巡视监督可以通过提高存货管理效率促进企业绩效的提升。巡视监督对腐败行为的严惩可以为供应商提供一个公平竞争的环境，使企业能够甄选出最具竞争力的供应商（Jeppesen，2019），确保了原材料的质量，有效地保障了企业的生产、流通效率，提高了产品质量，从而避免发生存货积压的现象。同时，巡视监督对腐败的震慑作用还有助于防范企业采购人员向供应商索取采购回扣、非法酬金等行为，从而降低企业采购合同中的道德风险，保障合约及时履行，降低存货周转过程中的不确定性（Athanasouli and Goujard，2015）。

第三，巡视监督可以通过推动企业创新促进企业绩效提升。由于在腐败环境下企业会更多地采取非市场行为参与竞争（Capron and Chatain，2008），而巡视监督可以减少企业的寻租行为，促使企业选择以创新为导向的发展战略，将更多的资金和精力从寻租转向研发活动，进而推动企业创新水平不断提升。相关研究也证实，巡视监督有助于提高企业的创新效率（陈克兢等，2020）。

第四，巡视监督可以通过降低企业第一类代理成本促进企业绩效提升。腐败破坏了以市场为基础的规则和制度，使得股东和管理层之间代理问题更加严重（La Porta等，2000；Liu，2016），具体表现为管理层的机会主义行为（Xu and Li，2018）和利己主义行为（钱颖一，1995）。巡视监督能够抑制企业的腐败行为，提高企业的寻租成本，弱化第一类代理问题。

另外，巡视监督还可以在一定程度上解决“内部人控制”问题，降低由此引发的代理成本。在第一类代理问题被有效控制后，企业绩效将能够得到保障（冯根福，2004；Liu，2016）。基于以上分析，本文提出：

H2：巡视监督可以提高企业的长期绩效。

三、研究设计

（一）样本选择与数据来源

本文选取2010—2017年沪深两市A股上市公司为初始研究样本，在此基础上剔除ST和*ST的上市公司、非制造业上市公司、相关数据缺失的上市公司，最终得到10 598个有效观测值。为控制异常值对回归结果造成的潜在影响，本文对所有连续变量在1%的水平上进行了Winsorize处理。巡视监督数据通过手工收集，来自中央及各地方纪检监察网；其他数据均来自于CSMAR数据库。

（二）短期市场反应的研究设计

本文采用事件研究法（Event Study）研究资本市场对上市公司被巡视监督的反应。事件日是上市公司正式开始巡视监督的当天，考虑到部分样本开始巡视监督的日期为非交易日，本文将其自动顺延至下一交易日。借鉴已有研究，本文选择事件日及前后两个交易日作为事件期（［-2，2］），同时选择事件日前31至前90个交易日作为估计期（［-90，-31］），共60个交易日，并剔除事件期和估计期数据缺失的样本。在估计正常收益率时，本文采用市场模型法，具体模型如下：

$$E(R_{it})=\alpha_0+\alpha_1 R_{mt}+\varepsilon_{it} \tag{1}$$

其中，$E(R_{it})$为公司i在第t个交易日的正常收益率，R_{mt}为第t个交易日的市场收益率，ε_{it}为残差项。

事件期内的超额收益率计算方法为：

$$AR_{it}=R_{it}-E(R_{it}) \tag{2}$$

其中，AR_{it}为事件期第i日的超额收益率，R_{it}为事件期第i日的实际收益率。

超额累计收益率的计算方法为：

$$CAR_i=\sum AR_i \tag{3}$$

（三）长期绩效的研究设计

为检验巡视监督对企业绩效的影响，本文构建了如下回归模型：

$$\begin{aligned}ROE_{it}=&\alpha_0+\alpha_1 Tour_{it}+\alpha_2 Size_{it}+\alpha_3 Lev_{it}+\alpha_4 Fix_{it}+\alpha_5 Growth_{it}+\alpha_6 CF_{it}+\alpha_7 Board_{it}+\\&\alpha_8 Indep_{it}+\alpha_9 Mshare_{it}+\alpha_{10} Big4_{it}+\alpha_{11} CR1_{it}+\alpha_{12} SOE_{it}+\sum Year+\sum Ind+\varepsilon_{it}\end{aligned} \tag{4}$$

其中，被解释变量为企业绩效（ROE），本文借鉴Brenes等（2016）的做法采用净资产收益率作为企业绩效的代理变量。解释变量为巡视监督（Tour），样本公司在被中央和地方党组织巡视年度及以后各年度的Tour赋值为1，否则赋值为0。在控制变量选取方面，借鉴陈玉罡（2015）、Xu和Li（2018）等，具体设定如下：企业规模（Size），总资产的自然对数；偿债能力（Lev），总负债/总资产；固定资产比重（Fix），固定资产/总资产；企业成长性（Growth），营业收入增长率；自由现金流（CF），自由现金流/总资产；董事会规模（Board），董事会总人数的自然对数；独立董事比例（Indep），独立董事/董事会总人数；管理层持股比例（Mshare），管理层持股数量/总股数；审计师选择（Big4），当上市公司选择四大会计师事务所时取值为1，否则为0；第一大股东持股比例（CR1），第一大股东持股数量/总股数；产权性质（SOE），当上市公司为国企时取值为1，否则为0。此外，本文还控制了年份固定效应（Year）和行业固定效应（Ind），其中，行业按照证监会行业分类二级代码进行分类。

四、实证分析

（一）描述性统计分析

本文主要变量的描述性分析结果列于表1。从表1可见，CAR的中值为-0.027，表明一半以上的样本在巡视监督开始时出现负的累计超额收益率；企业绩效ROE的最大值为0.248，最小值为-0.525，均值为0.068，表明样本企业在绩效方面存在较大差距，且整体绩效水平偏低。另外，本文还进行了Pearson和Spearman相关性检验，结果表明变量之间不存在严重的多重共线问题。限于篇幅限制，相关性检验未能详细列示。

表1 **变量的描述性统计**

变量	均值	标准差	最小值	中值	最大值
ROE	0.062	0.105	-0.525	0.068	0.248
Tour	0.051	0.220	0.000	0.000	1.000
Size	21.808	1.153	19.503	21.681	25.274
Lev	0.393	0.207	0.046	0.377	0.927
Fix	0.233	0.138	0.018	0.207	0.631
Growth	0.169	0.347	-0.469	0.111	2.055
CF	-0.005	0.111	-0.486	0.013	0.244
Board	2.132	0.188	1.609	2.197	2.639

续表

变量	均值	标准差	极小值	中值	极大值
Indep	0.373	0.052	0.333	0.333	0.571
Mshare	0.084	0.151	0.000	0.002	0.633
Big4	0.036	0.187	0.000	0.000	1.000
CR1	0.343	0.138	0.093	0.327	0.714
SOE	0.341	0.474	0.000	0.000	1.000
CAR	-0.030	0.083	-0.271	-0.027	0.242

本文在描述性统计基础上，按照企业是否被巡视将样本分为未被巡视组和被巡视组，采用均值差异检验方法考察两组间的变量的差异。T检验的结果显示，未被党巡视企业的ROE均值为0.061，被党巡视企业的ROE均值为0.077，差异显著性水平为1%。这说明，未被巡视组的企业绩效显著小于被巡视组，初步判断党巡视能够提高企业绩效的假设成立。

单变量分析见表2。

表2 单变量分析

变量	平均值		T-test
	未被党巡视的企业	被党巡视的企业	
ROE	0.061	0.077	-0.016***
Size	21.769	22.518	-0.749***
Lev	0.389	0.468	-0.078***
Fix	0.230	0.282	-0.052***
Growth	0.168	0.187	-0.019
CF	-0.004	-0.006	0.001
Board	2.127	2.226	-0.099***
Indep	0.373	0.369	0.004**
Mshare	0.088	0.013	0.075***
Big4	0.035	0.066	-0.032***
CR1	0.342	0.368	-0.026***
SOE	0.315	0.831	-0.516***

注：* $p < 0.1$，** $p < 0.05$，*** $p < 0.01$；***、**、*分别代表在1%、5%、10%水平上显著。

（二）短期市场反应分析

图1展示了巡视监督的短期市场反应，从中可见，在巡视监督事件日附近，被

巡视企业平均累计超额收益率为负，事件日及其后的两个交易日的累计超额收益率分别为-0.87%、-2.10%和-3.02%，且分别在10%、1%、1%的水平下显著。本文认为事件日的累计超额收益率偏低并且显著性不高的原因在于，部分消息是在当日下午甚至收盘后才公布的。总体来看，在巡视监督开始日附近，被巡视企业会出现显著为负的累计超额收益率，即在高压反腐的态势下，当巡视组正式开始巡视时，投资者预期企业内部的腐败行为会被查处，企业价值将受到影响，从而选择卖出股票。整体而言，本文的假设1得到了证实。本文随后适当改变了估计期和事件期，结果未发生变化，限于篇幅在此未详细列示。

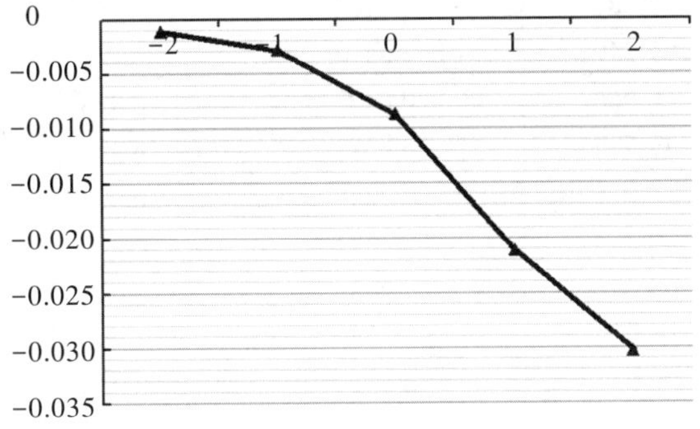

图1 巡视监督的短期市场反应

（三）长期绩效回归分析

1.基本回归结果

为检验巡视监督对企业绩效的影响，本文依据模型（4）进行回归分析。表3的回归结果显示，巡视监督（Tour）的系数为0.024，t值为4.269，且在1%水平上通过了显著性检验。由此，本文的假设2得到证实，即巡视监督能够显著提高企业绩效，说明巡视监督在公司治理中发挥着重要作用。

2.内生性问题

由于巡视监督的对象很可能是规模较大、成长性较好的企业，此类企业本身就具有良好的发展前景，从而使得检验结果无法真实体现巡视监督对企业绩效的提升作用，导致存在内生性问题。鉴于此，本文采用倾向得分匹配法（PSM）来处理这一问题。具体而言，首先，建立巡视监督的Logit模型，并对模型进行回归，估计出倾向得分。然后，采用最小近邻匹配法对被巡视企业（处理组）与未被巡视的企业进行1∶1匹配，寻找与实验组特征相似的控制组样本。从表3中PSM后的结果可以发现，Tour的系数为0.019，t值为2.043，且在5%水平上通过了显著性检验。这表明，在处理内生性问题后，巡视监督仍能显著提高企业绩效，假设2依然成立。

表3 巡视监督影响企业绩效的回归结果

变量	OLS	PSM	替换被解释变量	剔除非国有企业
	ROE	ROE	ROA	ROE
Tour	0.024***	0.019**	0.006**	0.028***
	(4.269)	(2.043)	(2.162)	(3.447)
Size	0.007***	0.006**	0.002***	0.007***
	(7.403)	(2.477)	(5.992)	(2.982)
Lev	-0.141***	-0.138***	-0.102***	-0.250***
	(-13.669)	(-5.042)	(-26.407)	(-10.429)
Fix	-0.087***	-0.110***	-0.043***	-0.127***
	(-7.240)	(-3.344)	(-8.222)	(-4.762)
Growth	0.066***	0.042***	0.028***	0.077***
	(17.789)	(3.837)	(18.487)	(9.868)
CF	0.076***	0.024	0.055***	0.070**
	(6.313)	(0.552)	(11.565)	(2.001)
Board	0.040***	0.003	0.020***	0.042**
	(4.270)	(0.151)	(5.006)	(2.225)
Indep	0.021	0.081	0.008	0.031
	(0.686)	(1.256)	(0.545)	(0.442)
Mshare	0.017**	-0.034	0.011***	0.197
	(2.118)	(-1.326)	(2.651)	(1.256)
Big4	0.033***	0.013	0.014***	0.037***
	(4.629)	(1.100)	(5.084)	(3.477)
CR1	0.074***	0.061**	0.037***	0.080***
	(7.421)	(2.297)	(7.561)	(3.426)
SOE	-0.007*	-0.010	-0.003	
	(1.804)	(-0.975)	(-1.503)	
Constant	-0.118***	-0.020	-0.017	-0.073
	(-3.317)	(-0.230)	(-1.114)	(-0.913)
Year/Ind	Control	Control	Control	Control
N	10 598	1 048	10 598	3 617
Adj.R^2	0.210	0.180	0.328	0.216

注：***、**、*分别代表在1%、5%、10%水平上显著，括号内为t值；标准误差经过了公司和年度层面的双重cluster处理。

3.稳健性检验

本文进行了如下稳健性检验：

一方面，参考Mertzanis等（2019），用ROA替代ROE衡量企业绩效，重新进行回归分析。

另一方面，仅对国有企业的样本进行检验。非国有企业与国有企业之间存在较为显著的特征差异，但是巡视监督均以国有企业为对象。此时，如果将非国有企业和未被巡视监督的国有企业均视为对照组，回归的结果可能会受到非国有企业样本的影响。从表3的回归结果可知，这两种稳健性检验的结论与前文完全一致。

4.作用机理

为揭示巡视监督提高企业绩效的作用机理，本文采用中介效应模型对潜在的作用路径进行了实证检验。借鉴温忠麟等（2004）的方法，本文在模型（4）的基础上，构建模型（5）与模型（6），检验生产效率、存货管理效率、第一类代理成本、创新水平在党巡视提升企业绩效过程中所起到的中介作用。

$$M = \beta_0 + \beta_1 Tour + \beta_2 Size + \beta_3 Lev + \beta_4 Fix + \beta_5 Growth + \beta_6 CF + \beta_7 Board + \beta_8 Indep + \beta_9 Mshare + \beta_{10} Big4 + \beta_{11} CR1 + \beta_{12} SOE + \beta_{13} Year + \beta_{14} Ind + \varepsilon \tag{5}$$

$$ROE = \chi_0 + \chi_1 Tour + \chi_2 M + \chi_3 Size + \beta_{12} SOE + \beta_{13} Year + \beta_5 Growth + \chi_7 CF + \chi_8 Board + \chi_9 Indep + \chi_{10} Big4 + \chi_{11} Mshare + \chi_{12} Big4 + \chi_{13} CR1 + \chi_{14} SOE + \chi_{15} Year + \chi_{16} Ind + \varepsilon \tag{6}$$

其中，生产效率（Pro）用营业收入与雇员人数比值的自然对数来衡量（钟覃琳等，2016）。存货管理效率（ITD）用存货周转天数的自然对数来衡量（Chen等，2005），该值越小表明企业存货管理效率越高。创新水平（R&D）用公司研发费用存量与年末总资产的比值来衡量（吴超鹏和唐菂，2016），由于部分企业的研发费用存量水平并未披露，在检验创新水平的中介效应时将这部分样本剔除，研究对象缩减为9 208个年度观测样本。第一类代理成本（AC1）通过管理费用率，即管理费用与营业收入的比值进行衡量（Ali等，2007）。

表4列示了作用机理的检验结果：

（1）以生产效率为中介变量时，巡视监督（Tour）与生产效率（Pro）的回归系数在1%水平上显著正相关；生产效率（Pro）与企业绩效（ROE）的回归系数在1%水平上显著正相关。综合而言，生产效率的中介效应显著。

（2）以存货管理效率为中介变量时，巡视监督（Tour）与存货管理效率（ITD）的回归系数在1%水平上显著负相关；存货管理效率（ITD）与企业绩效（ROE）的回归系数在1%水平上显著负相关。这表明，企业存货管理效率的中介效应显著。

（3）以企业创新研发水平为中介变量时，巡视监督（Tour）与创新水平（R&D）的回归系数并不显著，未能通过中介效应检验。

（4）以第一类代理成本为中介变量时，巡视监督（Tour）与企业的第一类代理成本（AC1）的回归系数在5%水平上显著负相关；第一类代理成本（AC1）与企业绩效（ROE）的回归系数在1%水平上显著负相关。由此可知，第一类代理成本的中介效应显著。

上述结果表明，巡视监督可以通过提高企业生产效率与存货管理效率、缓解代理问题来提升企业绩效。

表 4 作用机理的检验结果

变量	生产效率		存货管理效率		创新水平		第一类代理成本	
	Pro	ROE	ITD	ROE	R&D	ROE	AC1	ROE
Tour	0.170*** (2.920)	0.018*** (3.410)	-0.187*** (-2.704)	0.020*** (3.472)	0.003 (1.517)	0.020*** (3.646)	-0.011** (-2.195)	0.019*** (3.372)
Pro		0.034*** (13.291)						
ITD				-0.021*** (-9.174)				
R&D						0.003 (0.075)		
AC1								-0.455*** (-14.085)
Constant	12.442*** (46.057)	-0.536*** (-11.380)	5.335*** (18.278)	-0.005 (-0.135)	0.005 (0.778)	-0.107*** (-3.211)	0.234*** (9.282)	-0.012 (-0.349)
控制变量	Control	Control	Control	Control	Control	Control	Control	Control
N	10 598	10 598	10 598	10 598	9 208	9 208	10 598	10 598
Adj.R^2	0.253	0.246	0.227	0.226	0.005	0.198	0.223	0.276

注：***、**、*分别代表在 1%、5%、10% 水平下显著，括号内为 t 值；标准误差经过了公司和年度层面的双重 cluster 处理。

五、异质性分析

（一）短期市场反应的异质性分析

不同级别的巡视监督发挥的效应存在差异，中央巡视的威慑作用要强于地方巡视，进而导致投资者产生不同的预期。相对于被地方巡视而言，企业被中央巡视时资本市场反应更为激烈。基于上述分析，本文根据巡视级别、市场化程度进行分组，并分别计算超额累计收益率。其中，巡视级别分为中央巡视和地方巡视两个样本组；按照王小鲁等（2019）市场化指数的中位数将样本分为市场化程度高和市场化程度低两个样本组。

从图2可知，巡视级别越高、企业所处地区市场化程度越低，巡视监督引起的负面市场反应越强。中央巡视和市场化程度较低子样本的累计超额收益率分别为-4.23%、-3.75%，且均在1%水平下显著。而地方巡视和市场化程度高子样本的累计超额收益率均不显著。为进一步验证上述结论，本文设置如下检验模型：

$$CAR_{it} = \gamma_0 + \gamma_1 X_{it} + \gamma_2 ROE_{it} + \gamma_3 Size_{it} + \gamma_4 Lev_{it} + \gamma_5 Fix_{it} + \gamma_6 Growth_{it} + \gamma_7 CF_{it} + \gamma_8 Board_{it} + \gamma_9 Indep_{it} + \gamma_{10} Mshare_{it} + \gamma_{11} Big4_{it} + \gamma_{12} CR1_{it} + \gamma_{13} SOE_{it} + \sum Year + \sum Ind + \varepsilon_{it} \quad (7)$$

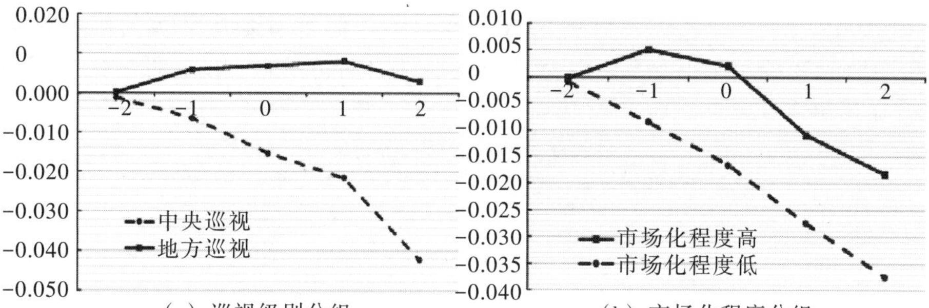

（a）巡视级别分组　　（b）市场化程度分组

图2　巡视监督短期市场反应的异质性检验

其中，CAR为累积超额收益率；X分别代表巡视级别（Grade）、市场化程度（Mar）以及党组织治理参与程度（Cross）。具体而言，当企业被中央巡视时Grade取值为1，被地方巡视时取值为0；当企业所在的市场化指数高于整体中位数时Mar取值为1，否则取值为0；当企业党委书记、党委副书记存在“交叉任职”时Cross取值为1，否则取值为0。其他变量的定义与前文一致。

从表5的回归结果可知，巡视级别（Grade）的回归系数在5%的水平上显著为负，这说明中央巡视使得企业产生更低的累计超额收益率，市场反应更消极。市场化程度（Mar）的回归系数在10%的水平上显著为正，这意味着在市场化程度较低地区巡视监督带来的负面市场反应更严重。

表5　**累计超额收益率的回归结果**

变量	CAR[-2,2]	
	(1)	(2)
Grade	-0.046** (-2.431)	
Mar		0.026* (1.843)
ROE	0.188** (2.512)	0.159** (2.108)
Constant	-0.021 (-0.147)	-0.063 (-0.415)
控制变量	Control	Control
N	152	152
Adj.R^2	0.162	0.143

注：***、**、*分别代表在1%、5%、10%水平上显著，括号内为t值；标准误差经过了公司和

年度层面的双重cluster处理。

（二）长期绩效的异质性分析

表6列示了异质性分析的回归结果。从列（1）的回归结果可知，中央巡视对企业绩效的影响系数为0.027，且在1%的水平上显著；地方巡视对企业绩效的影响系数为0.009，且在5%的水平上显著。这表明，相比于地方巡视，中央巡视的力度更大、执行效果更好，所产生的威慑作用更强，进而对于企业绩效的促进作用更强。从列（2）的回归结果可知，当市场化程度高时巡视监督对企业绩效的影响系数仅为0.005，且不显著；当市场化程度低时巡视监督对企业绩效的影响系数为0.041，且在1%的水平上显著。这表明，巡视监督对市场化程度较低地区企业绩效的提升作用更大。

表6　**长期绩效的异质性分析结果**

变量	(1)		(2)	
	中央巡视	地方巡视	高市场化程度	低市场化程度
Tour	0.027*** (3.860)	0.009** (2.125)	0.005 (0.764)	0.041*** (4.311)
Constant	0.134 (0.764)	−0.051*** (−2.783)	0.005 (0.764)	−0.150** (−2.130)
控制变量	Control	Control	Control	Control
N	10 237	9 893	5 745	4 853
$Adj.R^2$	0.191	0.225	0.177	0.222

注：***、**、*分别代表在1%、5%、10%水平上显著，括号内为t值；标准误差经过了公司和年度层面的双重cluster处理。

六、结论

推进国家治理体系建设对于国民经济发展有着至关重要的作用，本文以中国A股制造业上市公司为样本，从巡视监督的视角出发考察了国家治理体系建设的微观效应。研究发现：从短期来看，被巡视监督企业有着消极的短期资本市场反应；但从长期来看，巡视监督能够通过提高生产效率、存货管理效率以及降低第一类代理成本改善企业绩效；异质性分析结果表明，当巡视级别越高、企业所处地区市场化程度越低时，巡视监督引起的短期市场反应越强，对企业绩效的提升作用也更为显著。本文的政策启示在于：第一，要全面推进国家治理体系和治理能力现代化，为实现经济高质量发展提供良好的制度保障；第二，要健全巡视监督机制，发挥巡视巡察对企业的监督作用，有效抑制企业的违规、违法行为；第三，要完善企业内部监督机制，推动内外部监督的相互衔接、有效贯通，加快形成协同配合、制约有力的监督体系，为企业的健康发展保驾护行。

参考文献

［1］蔡卓庆.充分发挥巡视利剑作用［J］.党建研究，2018（6）：21-23.

［2］陈克兢.非控股大股东退出威胁能降低企业代理成本吗［J］.南开管理评论，2019，22（4）：161-175.

［3］陈克兢，康艳玲，万清清，等.外部大股东能促进企业创新吗——基于退出威胁视角的实证分析［J］.南开管理评论，2021a，24（3）：202-214.

［4］陈克兢，万清清，康艳玲.国家治理体系与国有企业创新效率——基于巡视监督的准自然实验［J］.科研管理，2020，41（8）：211-219.

［5］陈克兢，邢宝心，万清清，等.国家治理体系完善能抑制企业盈余管理吗?——基于准自然实验的经验证据［J］.运筹与管理，2021b，30（12）：226-231.

［6］陈仕华，卢昌崇.国有企业党组织的治理参与能够有效抑制并购中的“国有资产流失”吗?［J］.管理世界，2014，（5）：106-120.

［7］陈玉罡.累积投票制、利益侵占与公司绩效［J］.财贸研究，2015，（1）：134-142.

［8］冯根福.双重委托代理理论：上市公司治理的另一种分析框架——兼论进一步完善中国上市公司治理的新思路［J］.经济研究，2004，（12）：16-25.

［9］韩超，肖兴志，李姝.产业政策如何影响企业绩效：不同政策与作用路径是否存在影响差异?［J］.财经研究，2017，43（1）：122-133+144.

［10］何国华，童晶.国家治理体系完善有助于促进金融稳定吗?——基于全球214个国家的数据检验［J］.经济管理，2018，40（12）：5-20.

［11］李景治.加强和改进对党政“一把手”行使权力的制约监督［J］.党政研究，2014，（6）：5-11.

［12］刘雷，崔云，张筱.政府审计维护财政安全的实证研究——基于省级面板数据的经验证据［J］.审计研究，2014（1）：35-42+52.

［13］马连福，王元芳，沈小秀.国有企业党组织治理、冗余雇员与高管薪酬契约［J］.管理世界，2013（5）：100-115+130.

［14］倪骁然，朱玉杰.卖空压力影响企业的风险行为吗?——来自A股市场的经验证据［J］.

经济学（季刊），2017，16（3）：1173-1198.

［15］彭前生.中国共产党巡视制度设计的政治逻辑［J］.社会科学研究，2016（6）：56-62.

［16］钱颖一.企业的治理结构改革和融资结构改革［J］.经济研究，1995（1）：20-29.

［17］孙德芝，郭阳生.巡视监督能够抑制公司的违规行为吗［J］.山西财经大学学报，2018，40（12）：92-105.

［18］唐大鹏，武威，王璐璐.党的巡视与内部控制关注度：理论框架与实证分析［J］.会计研究，2017（3）：3-11+94.

［19］王丽娟，宋常，于雅萍.国家治理体系与中央企业投资效率——基于巡视监督的准自然实验研究［J］.山西财经大学学报，2021，43（5）：1-16.

［20］王砾，孔东民，王茂斌.中央巡视工作是否提高了企业业绩——基于准自然实验的证据［J］.金融学季刊，2017，11（2）：30-55.

［21］王茂斌，孔东民.反腐败与中国公司治理优化：一个准自然实验［J］.金融研究，2016（8）：159-174.

［22］王小鲁，樊纲，胡李鹏.中国分省份市场化指数报告（2018）［M］.北京：社会科学文献出版社，2019.

［23］温忠麟，张雷，侯杰泰，等.中介效应检验程序及其应用［J］.心理学报，2004（5）：614-620.

［24］吴超鹏，唐菂.知识产权保护执法力度、技术创新与企业绩效——来自中国上市公司的证据［J］.经济研究，2016，51（11）：125-139.

［25］张祥建，徐晋，徐龙炳.高管精英治理模式能够提升企业绩效吗?——基于社会连带关系调节效应的研究［J］.经济研究，2015，50（3）：100-114.

［26］钟覃琳，陆正飞，袁淳.反腐败、企业绩效及其渠道效应：基于中共十八大的反腐建设的研究［J］.金融研究，2016（9）：161-176.

［27］ALI A，CHEN T，RADHAKRISHNAN S. Corporate Disclosures by Family Firms［J］. Journal of Accounting and Economics，2007，44（1）：238-286.

［28］ATHANASOULI D，GOUJARD A. Corruption and Management Practices：Firm Level Evidence［J］. Journal of Comparative Economics，2015，43（4）：1014-1034.

［29］BENMELECH E，FRYDMAN C. Military CEOs［J］. Journal of Financial Economics，2015，117（1）：43-59.

［30］BRENES E R，CIRAVEGNA L，MARCOTTE P. Assessing Agri-business Firms' Performances：Organizational and Marketing Business Models of High/Low Sales and ROE Outcomes［J］. Journal of Business Research，2016，69（9）：3415-3426.

［31］CAO X，WANG Y，ZHOU S. Anti-corruption Campaigns and Corporate Information Release in China［J］. Journal of Corporate Finance，2018，49：186-203.

［32］CAPRON I L，CHATAIN O. Competitors' Resource-oriented Strategies：Acting On Competitors' Resources through Interventions in Factor Markets and Political Markets［J］. Academy of Management Review，2008，33（1）：97-121.

［33］CHEN H，FRANK M Z，WU O O. What Actually Happened to the Inventories of American

Companies between 1981 and 2000 [J]. Management Science, 2005, 51 (7): 1015-1031.

[34] CHEN L, RANDALL M, YIN Y B, et al. Anti-corruption Reforms and Shareholder Valuations: Event Study Evidence from China [J]. Journal of Financial Economics, 2018, forthcoming.

[35] CHEN N. Securities Laws, Control of Corruption, and Corporate Liquidity: International Evidence [J]. Corporate Governance: An International Review, 2011, 19 (1): 3-24.

[36] FU Y. The Value of Corporate Governance: Evidence from the Chinese Anti-corruption Campaign [J]. The North American Journal of Economics and Finance, 2019, 47 (1): 461-476.

[37] GAN W, XU X. Does Anti-Corruption Campaign Promote Corporate R&D Investment? Evidence from China [J]. Finance Research Letters. 2019, 30: 292-296.

[38] HAUSER R. Busy Directors and Firm Performance: Evidence from mergers [J]. Journal of Financial Economics, 2018, 128 (1): 16-37.

[39] JEPPESEN K K. The Role of Auditing in the Fight Against Corruption [J]. The British Accounting Review, 2019, 51 (5): 1-11.

[40] KIM D S, LI Y, TARZIA D. Value of Corruption in China: Evidence from Anti-corruption Investigation [J]. Economics Letters, 2018, 164: 112-116.

[41] LA PORTA R, LOPEZ-DE-SILANES F, SHLEIFER A, et al. Investor Protection and Corporate Governance [J]. Journal of Financial Economics, 2000, 58 (1-2): 3-2.

[42] LIU X. Corruption Culture and Corporate Misconduct [J]. Journal of Financial Economics, 2016, 122 (2): 307-327.

[43] MERTZANIS C, BASUONY A K, MOHAMED K A. Social Institutions, Corporate Governance and Firm-performance in the MENA Region [J]. Research in International Business and Finance, 2019, 48: 75-96.

[44] MÉON P G, WEILL L. Is Corruption an Efficient Grease? [J]. World Development, 2010, 38 (3): 244-259.

[45] PAN X, TIAN G G. Political Connections and Corporate Investments: Evidence from the Recent Anti-corruption Campaign in China [J]. Journal of Banking and Finance, 2017, 119 (10): 1-15.

[46] ROE M, SIEGEL J I. Political Instability: Effects on Financial Development, Roots in the Severity of Economic Inequality [J]. Journal of Comparative Economics, 2011, 39 (3): 279-309.

[47] SEQUEIRA S, DJANKOV S. Corruption and Firm Behaviour: Evidence from African Ports [J]. Journal of International Economics, 2014, 94 (2): 277-295.

[48] WANG F, XU L, ZHANG J, et al. Political Connections, Internal Control and Firm Value: Evidence from China's Anti-Corruption Campaign [J]. Journal of Business Research, 2018, 86 (2/3): 53-67.

[49] XU X, LI Y. Local Corruption and Corporate Cash Holdings: Sheltering Assets or Agency Conflict, China [J]. Journal of Accounting Research, 2018, 11 (4): 307-324.

The Construction of National Governance System and Corporate Micro-effects: Evidence from a Quasi-natural Experiment —— Based on Patrol Supervision

Kejing Chen, Lin Jiang, Qingqing Wan, Junren Zhou

Abstract The construction of national governance system provides an effective guarantee for the high-quality development of China's economy. Using a sample of manufacturing firms listed in Shanghai and Shenzhen stock market, we explore the microeconomic consequences of the construction of national governance system, from the perspective of onsite inspections. Our results show that when the party inspection team began to inspect, the company's stocks showed a significant negative market reaction; in the long term, the party inspections can significantly improve firm performance, specifically by stimulating productivity, improving inventory management efficiency and decreasing the first agency cost. If the inspection group level is higher, the degree of marketization or party organization governance participation is weaker, party inspections will cause greater market shocks and have a more significant effect on firm performance. This paper enriches the theoretical literature on how national governance system affect microeconomic, and plays a positive role in promoting high-quality development of Chinese economy.

Key Words National Governance System; Onsite Inspections; Capital Market Reaction; Corporate Performance

第13辑，2022年
No.13，2022
会计与控制评论
Review of Accounting and Control

枝叶总关情：高管团队贫困经历与企业参与脱贫攻坚[1]

甄红线　郭文心　武贝贝　肖宝玉

（东北财经大学会计学院/中国内部控制研究中心　大连　116025）

摘　要　企业参与脱贫攻坚有利于增强贫困地区自我发展能力，是打赢脱贫攻坚战的重要途径，研究企业扶贫的动机对于巩固拓展脱贫攻坚成果、接续推进乡村振兴以及促进全体人民共同富裕具有重要的现实意义。本文基于2016—2019年A股上市公司参与脱贫攻坚信息，研究了企业高管团队贫困经历对企业参与脱贫攻坚行为的影响。研究发现：有贫困经历的高管所在企业更有可能参与脱贫攻坚事业，并且在扶贫过程中投入更多。进一步研究发现有贫困经历的高管在职消费水平更低，验证了其所在企业参与脱贫攻坚更多地出于利他动机。分组检验发现，与非国有企业相比，国有企业的高管团队有贫困经历更倾向于参与脱贫攻坚，并且投入更大，此结论在受教育程度高、年龄更大、女性比例更高以及非过度自信的高管分组检验中同样成立。最后，通过对扶贫方式分组，发现企业参与产业扶贫时，高管团队有贫困经历的企业脱贫攻坚投入的力度更大。在“后扶贫时代”本文为如何引导社会力量参与相对贫困治理提供了新的思路。

关键词　企业扶贫　贫困经历　高管团队　产权性质　教育背景

---

① 基金项目：国家社会科学基金重大项目（项目批准号：19ZDA094）；国家自然科学基金项目（项目批准号：72172029；71971046）；国家社会科学基金后期资助项目（项目批准号：21FJYB032）；辽宁省教育厅项目（项目批准号：LJKR0462）。

一、引　言

消除贫困、实现共同富裕是社会主义的本质要求。党的十九届六中全会指出，我们正在党的带领下向着实现第二个百年奋斗目标迈进，进一步明确了中国特色社会主义新时期我国社会主要矛盾是人民日益增长的美好生活需要和不平衡不充分的发展之间的矛盾，并强调了必须坚定不移地走全体人民共同富裕的道路。要实现共同富裕，必须解决好发展不平衡不充分的问题，而脱贫攻坚和乡村振兴正是补齐贫困群众民生短板和发展短板的重要举措。放眼世界，许多国家都存在着贫富差距拉大造成社会动荡的问题，因此消除贫困也是人类的共同理想和使命。脱贫攻坚与乡村振兴虽然是实现共同富裕过程中的不同发展阶段，但是二者具有内在统一性。脱贫攻坚是乡村振兴的基础和前提，乡村振兴是对脱贫攻坚成果的延续和深化，两项任务统一于我国社会主义现代化建设的进程，统一于实现共同富裕的根本目标。自2013年精准扶贫思想提出以来，我国贫困人口以每年超过1 000万人的数量减少，2020年年底我国实现了832个贫困县全部“摘帽”，脱贫攻坚任务如期完成，不仅创造了人类减贫历史上的伟大奇迹，而且为促进共同富裕创造了良好的条件。脱贫攻坚战的胜利赢得了国际社会的广泛认同，也为全球减贫事业贡献了中国智慧和中国方案。绝对贫困问题虽然得到历史性解决，但脱贫摘帽不是终点，而是奋斗的新起点，自此我国进入以治理相对贫困和精神贫困为主的“后扶贫时代”。2021年我国全面建成小康社会以来，发展不平衡不充分的问题更加凸显，相对贫困问题阻碍着实现共同富裕的进程。在“后扶贫时代”，要把握好贫困问题变化的特点和规律，借鉴精准扶贫过程中形成的经验，由注重脱贫速度向注重脱贫质量转变，守住防返贫致贫底线，进一步巩固拓展脱贫攻坚成果，全面推进实施乡村振兴战略，做好二者的平稳过渡和有效衔接，继续夯实脱贫基础，为推动实现全体人民共同富裕提供必要保障。

脱贫攻坚作为实现共同富裕的底线任务，需要强化政府责任，引领市场、社会协同发力，鼓励先富帮后富，构建专项扶贫、行业扶贫、社会扶贫互为补充的大扶贫格局。企业是大扶贫格局中的重要力量，上市公司作为国民经济发展的重要支柱，又是扶贫事业中的主力军。2018年共有1 238家上市公司披露履行脱贫攻坚社会责任的情况，较2017年增加280家，较2016年增加583家，投入金额795.68亿元，较2017年全年投入增长了53.61%，超出2016年全年投入657.14亿元①。企业扶贫采取市场化运作方式，能够有效激发贫困地区脱贫的内生动力和自我发展能

① 数据来自于金融界上市公司研究院提供的《2018年中国上市公司精准扶贫报告》。

力，因此吸引企业到贫困地区从事资源开发、产业园区建设、新型城镇化发展等有利于巩固拓展脱贫攻坚成果，缓解相对贫困问题，实现乡村振兴的目标，切实推动稳步迈向共同富裕的进程。综上，研究企业扶贫动机具有重要的现实意义。

脱贫无小事，枝叶总关情。习近平在浙江省委书记任上写过一篇短文《心无百姓莫为“官”》：“古往今来，许多有作为的‘官’都以关心百姓疾苦为己任。从范仲淹的‘先天下之忧而忧，后天下之乐而乐’，到郑板桥的‘些小吾曹州县吏，一枝一叶总关情’；从杜甫的‘安得广厦千万间，大庇天下寒士俱欢颜’，到于谦的‘但愿苍生俱饱暖，不辞辛苦出深林’，都充分说明心无百姓莫为‘官’。”关心百姓的疾苦，是为官者最具体的担当。高管作为企业的“为官者”，其扶贫情怀和社会担当会对企业的行为决策产生何种影响？Graham等（2013）研究表明公司高管对企业决策有重大影响。还有研究发现一个人的成长环境塑造个体性格，并影响其决策风格（Dittmar and Duchin，2016；Schoar and Zuo，2017）。从企业参与脱贫攻坚的视角看，高管作为企业主要决策者，其早期的贫困经历是否会增加其社会责任感，进而对企业扶贫决策产生影响？

2018年恒大集团董事长许家印返乡捐款的故事引发了新闻媒体的热议，其以367亿美元（约合2 520亿元人民币）的个人财富登顶中国首富。许家印出生于河南的一个小村庄里，从小家境贫寒，或许“贫穷”就是他记忆中最刻骨铭心的一页。这些年他富而不忘乡梓，达则兼济天下，在全国各地资助困难群众，2018年为家乡捐赠6.5亿元。许家印的故事似乎说明，人只有经历过贫穷，才能体会生活的真谛，才会更明白努力奋斗的意义。早年贫困的经历很可能对个体以后的决策产生影响，这为本文的实证研究提供了方向。

随着行为金融学的不断发展，李思飞等（2015）研究发现传统金融学中的理性经济人假说存在很大局限性。在实际的决策中，每个人都不能保证做到绝对理性。Holman and Silver（1998）研究表明创伤经历往往对事后很长一段时间的行为方式都有重要影响，比如儿童的成长发展（Elder，1974）、投资者的投资组合决策（Bucciol and Zarri，2013）、CEO的风险承受能力（Bernile and Bhagwat，2016）等。那么一个自然的问题是，早期有过贫困经历的高管，其对企业参与脱贫攻坚的决策是否产生影响？也就是说，早期经历过物资匮乏、食不果腹的生活，后期通过个人的努力成为了企业决策者的高管，是否更愿意帮助还处于水深火热中的其他弱势群体？进一步地，有贫困经历的高管是否能做到对穷人慷慨大方而对自己用度节俭？有过贫困经历的高管参与脱贫攻坚的行为是否更多地出于利他动机？

基于上述分析，本文基于2016—2019年A股上市公司参与脱贫攻坚相关信息，研究了有贫困经历的高管所在企业参与脱贫攻坚的动机。与已有文献相比，本文的主要贡献为：首先，本文首次从管理层“利他”的视角揭示了企业参与扶贫的内在动因和影响机制，从管理层特质这一新的视角延伸了企业扶贫的研究范畴；其次，本文从企业扶贫这一新的社会责任形式出发，研究了高管早期贫困经历对企业决策的影响，丰富了行为金融学的相关研究。

二、文献综述

（一）管理者特质的经济后果

学术界研究了管理者年龄、性别等生理特征，过度自信等心理特征以及管理者财务经历、从军经历、公职经历、学术经历、创伤经历等早期经历对企业决策产生的影响（Prendergas and Lars，1996；Holman and Silver，1998；Malmendier and Tate，2005；Huang and Darren，2016；Roll，2016）。

Prendergas and Lars（1996）研究发现与年长的CEO相比，年轻的CEO更偏好于激进的投资决策；Huang and Darren（2016）研究了高管性别对企业融资并购活动的影响，发现男性CEO比女性CEO表现出更强烈的过度自信，更加偏好风险。随着研究的不断深入，学者逐渐从研究管理者的外在特征转向研究管理者的心理特征及行为特征。Roll（2016）创建了Hubris假说，研究了管理者过度自信与企业并购行为之间的关系；Malmendier and Tate（2005）研究表明拥有财务专业背景或拥有财务经历的高管对投资现金流的敏感性更低，做出投资决策时更加谨慎；吴文锋等（2008）研究了高管政府背景与企业价值之间的关系；胡珺等（2017）研究了高管家乡认同对企业环境治理方面的影响。Holman and Silver（1998）研究发现个体的早期经历对个体心理会产生很深很久的影响，在一段时间内无法轻易消除；Bernile（2016）发现高管早期经历过自然灾害的程度会影响其进行投资决策的激进程度；Covello（2001）发现个体如果早期经历过心理创伤，在心里会形成一种警惕，并将影响其以后的相关决策；Malmend and Nagel（2011）发现成长于大萧条时期的CEO在决策时更加保守，更愿意规避风险；权小锋等（2019）研究发现具有从军经历的高管所在公司的创新程度更高；张琦等（2016）研究了在新环保标准实施前后高管公职经历对企业环保投资提升程度的影响。赖黎等（2016）研究发现有过从军经历的高管更加偏好风险，在进行决策时表现得更加激进。周楷唐等（2017）研究了高管学术经历与企业债务融资成本之间的关系。

（二）企业履行社会责任的影响因素

“企业社会责任”这一概念由英国学者Sheldon提出，他指出企业除了追求利润最大化目标，还要履行相应的社会责任。靳小翠（2017）研究发现企业文化会促进企业履行社会责任，并且在非国有企业中这种效果更加明显；李彬等（2011）研究了不同的制度压力对企业履行社会责任的影响；曹海敏和孟元（2019）研究发现企业进行慈善捐赠与股价崩盘风险显著正相关；祝继高等（2017）研究发现在汶川地震和雅安地震的捐赠中，企业捐赠存在显著的锚定效应；李四海等（2016）研究了企业进行慈善捐赠的战略性动机；宋鹏和李垣（2019）研究发现公众关注度越高，企业越有可能进行慈善捐赠，并且社会网络在两者之间起到了正向调节作用。胡珺等（2020）研究了控股股东股权质押对企业慈善捐赠的影响。高勇强等（2012）研究发现在产品责任方面表现更好的企业、有工会组织的企业、环保投入越多的企业，以及员工薪酬福利水平越低的企业慈善捐赠越多；江新峰和李四海（2019）研究了大股东持股比例对企业捐赠行为的影响；范黎波和尚铎（2020）研究了管理者语调对企业慈善捐赠的影响；徐细雄等（2020）研究了企业受儒家文化影响强弱对企业捐赠的影响。

现有文献主要从企业性质、制度背景、股价变动等市场层面，股东持股、企业文化等企业层面以及管理者特质等方面对企业履行社会责任尤其是对企业慈善捐赠进行研究。

（三）高管特质与企业履行社会责任

王士红（2016）研究发现高管团队的年龄、性别、受教育程度、平均任职年限都会对企业社会责任的披露产生影响；贾明和张喆（2010）研究发现高管政治关联有效促进了企业的慈善捐赠水平的提高。许年行和李哲（2016）研究发现高管出生于贫困地区时，企业慈善捐赠水平更高；张兆国等（2018）研究发现高管团队在年龄和任期方面的异质性均与企业社会责任呈负相关，在学历和性别方面的异质性均与企业社会责任呈正相关。

目前相关文献主要从管理者生理、心理以及早期经历等方面对企业履行社会责任进行了研究，参与脱贫攻坚也是企业履行社会责任的表现，但关于企业参与脱贫攻坚的研究比较缺乏，尚未有学者研究高管贫困经历与企业参与脱贫攻坚之间的关系，所以本文对两者之间的关系进行探究。

三、理论分析与研究假设

“高层梯队理论”提出高管团队的不同特征，比如高管年龄、性别、任职期限、受教育背景等都会影响高管的决策（Hambrick and Mason，1984）。该理论主要由三方面构成：首先外部环境会影响高管团队特征；其次高管团队特征表现为生理特征和心理特征，高管生理特征包括高管年龄、职业背景、教育背景、财务地位等，高管心理特征则表现为高管形成的价值观；最后高管团队特征会影响战略选择，最终影响企业的绩效。目前学者更加关注管理者早期行为对企业决策产生的影响。马永强等（2019）研究发现先天贫困且后天接受了良好的教育的CEO会显著促进企业创新；邱煜（2019）研究发现高管早期贫困经历确实使高管在面临风险决策时更加谨慎。那么高管早期贫困经历会对企业参与脱贫攻坚产生影响吗？

贫困作为一个世界性的问题，如何脱贫困、反贫困是人类面临的一个重大问题。古人云“不患寡而患不均”，这描述了我们最真实的诉求。2017年，党的十九大报告明确将脱贫攻坚作为我国的三大攻坚战之一，企业越来越成为脱贫攻坚战中的主力军。高管作为企业决策者，在企业做出参与脱贫攻坚决策时有重要的发言权。那么企业进行脱贫攻坚会受到决策者个人行为的影响吗？Bertrand and Schoar（2003）指出管理者在做出各种财务决策时，高管个人特征发挥了不可忽视的作用。Malmend and Nagel（2011）发现高管早期经历对其进行决策会产生影响，在青少年时期经历过美国大萧条的高管对负债会产生厌恶。根据心理学大师弗洛伊德的相关理论（Sigmund，1920），个体童年所经历过的苦难会一直存在于个体的潜意识之中，并会持续地影响个体后续发展的行为及决策；Covello（2001）也指出个体如果早期经历过心理创伤，在心里会形成一种警惕，并将影响其以后的相关决策。以上文献都表明早期个体行为会对个体成年后的认知、行为产生影响，并最终影响决策。目前贫困现象引发了社会学家的关注，同时个体贫困经历对组织行为的影响也引发了经济学界的关注（刘振杰等，2019）。那么企业在参与脱贫攻坚时，有过贫困经历的高管是否会由于早年经历而产生内心的认同，更愿意参与其中？许年行和李哲（2016）研究发现有过贫困经历的高管会提高企业的慈善捐赠水平，更好地回馈社会；马永强等（2019）研究发现先天出身贫困的高管会加大企业创新投入。据此推测早期有过贫困经历的高管在做出参与脱贫攻坚决策时，更可能受到早期贫困经历的影响，引发内心的共鸣。由此，本文提出如下假设：

H1：在其他条件不变的情况下，有贫困经历的高管所在的企业具有更高的参与脱贫攻坚的倾向。

我国“脱贫攻坚战”取得全面胜利的历史性成就离不开上市公司的积极参与。自我国脱贫攻坚进入攻坚拔寨期以来，越来越多的上市公司参与其中，参与脱贫攻坚的总投入金额也呈上升趋势，其中2018年上半年上市公司参与脱贫攻坚金额总投入为117.58亿元，占2017年全年投入的94.25%。Graham等（2013）指出企业高管对企业决策有重大影响，有相关研究也表明一个人的成长环境塑造个体性格，并影响其决策风格（Dittmar and Duchin，2016；Schoar and Zuo，2017）。高管作为企业参与脱贫攻坚决策中有力的发言者，其早期贫困经历是否会对企业参与脱贫攻坚的程度产生影响呢？程令国和张晔（2011）研究发现早年经历较严重饥荒的户主家庭表现出更高的储蓄倾向，说明贫困经历会使个体更加节俭；许年行和李哲（2016）研究发现有过贫困经历的高管会提高企业的慈善捐赠水平；袁有赋和李珍

(2019)研究发现有早期大饥荒经历的高管所在企业捐赠水平更高。以上研究表明早期有过贫困经历的高管更加愿意履行企业社会责任，企业参与脱贫攻坚也是企业履行社会责任的一种表现。由此，本文提出如下假设：

H2：在其他条件不变的情况下，有贫困经历的高管所在的企业在参与脱贫攻坚时，投入的力度更大。

四、研究设计

（一）样本选择与数据来源

2016年12月，上交所和深交所先后发布《关于进一步完善上市公司扶贫工作信息披露的通知》和《关于做好上市公司扶贫工作信息披露的通知》，要求上市公司在年度报告"重要事项"章节和企业社会责任报告中充分披露企业参与脱贫攻坚的情况。基于此，本文以2016年为研究的时间起点，选取2016—2019年我国A股市场参与脱贫攻坚的公司为研究对象，研究了高管团队贫困经历与企业参与脱贫攻坚之间的关系。并对样本进行了以下筛选：

（1）剔除金融业、保险业上市公司样本；

（2）剔除ST或*ST的上市公司样本；

（3）剔除关键财务数据存在缺失的样本；

（4）为避免异常值的影响，对相关连续变量在1%和99%水平上进行winsorize处理。

本文企业参与脱贫攻坚信息和高管出生地信息来源于CSMAR数据库，对高管是否出生在国家级贫困县进行了手工校对，高管在职消费数据来源于CNRDS数据库，其他相关财务数据信息来源于CSMAR数据库。本文数据处理采用Stata15软件完成。

（二）变量定义

1.被解释变量

本文通过参与脱贫攻坚倾向（Tpa）和参与脱贫攻坚力度（Power）来对企业参与脱贫攻坚行为进行衡量，参与脱贫攻坚倾向（Tpa）即企业参与脱贫攻坚的意愿，若企业参与了脱贫攻坚，则将虚拟变量Tpa赋值为1，否则将虚拟变量Tpa赋值为0。参与脱贫攻坚力度（Power）将企业参与脱贫攻坚总支出（资金和物资折款之和）取自然对数。

2.解释变量

1984年高层梯队理论提出后，对于高管的研究一直是学术界关注的热点话题。

高管作为企业战略决策的发起者与实施者，决定着企业未来的发展方向并影响着企业绩效。我国《公司法》中第21条规定，高级管理人员，是指公司的经理、副经理、财务负责人、上市公司董事会秘书和公司章程规定的其他人员。我国证券管理委员会颁布的《证券公司高级管理人员管理办法》中规定，高管是对公司的决策经营和管理有领导职责的成员，其中包括正副董事长、正副总经理、财务总监、法律合规总监，及实际掌控上述管理职能的成员；中国人民银行《金融机构高级管理人员任职资格管理办法》中规定：高管为对经营管理有决策权或者对风险控制起着重要决定性作用的人员群体。我国《保险公司董事、监事和高级管理人员任职资格管理规定》第四条指出，高管是指对保险公司经营活动和风险控制有决策和影响的人员，具体包括董事会秘书、合规负责人、总精算师、财务负责人、审计负责人及与上述高层管理人员具有相同职责的管理人员。

高层梯队理论指出将高管定义为团队，往往更能解释组织的行为。目前学术界对高管尚没有统一的界定，往往根据研究需要来加以界定。本文认为尽管高管团队人数众多，各个人员分工也有所差异，但是公司的决策并非一个人的主观判断所能决定，基于稳健性的考虑，本文将高管定义为高管团队，包括董事会成员、监事会成员、总经理、副总经理、财务负责人及董事会秘书，并在稳健性部分使用董事长或总经理作为高管替代变量进行检验。

高管贫困经历借鉴许年行和李哲（2016）的做法，将国泰安（CSMAR）数据库中高管出生地信息与2012年国家级592个贫困县名单进行比对，若有高管团队成员出生在国家级贫困县，则将高管团队贫困经历（Pov）赋值为1，否则将高管团队贫困经历（Pov）赋值为0。需要注意的是高管出生地信息有精确到省、市、县、村四种类型数据，本文按照以下原则进行了处理：若该省没有贫困县，则将出生地在该省的高管团队贫困经历数据（Pov）全部取0，若该省有贫困县，则将只精确到省的数据删除，若该市有贫困县，则将只精确到市的数据删除。

变量的定义见表1。

（三）实证模型

本文采用如下实证模型来检验高管团队贫困经历对企业参与脱贫攻坚倾向的影响，如果β1显著为正，则假设一成立：

$$Tpa_{i,t} = \beta_0 + \beta_1 Pov_{i,t} + \beta_2 Controls_{i,t} + \varepsilon_{i,t} \quad (1)$$

本文采用如下实证模型来检验高管团队贫困经历对企业参与脱贫攻坚力度的影响，企业参与脱贫攻坚力度采用企业参与脱贫攻坚金额取对数的方法，如果β_1显著为正，则假设二成立：

$$Power_{i,t} = \beta_0 + \beta_1 Pov_{i,t} + \beta_2 Controls_{i,t} + \varepsilon_{i,t} \quad (2)$$

表1 变量的定义

变量名称	变量符号	变量描述
参与脱贫攻坚倾向	Tpa	虚拟变量，参与脱贫攻坚取1，否则取0
参与脱贫攻坚力度	Power	企业参与脱贫攻坚金额取对数
高管团队贫困经历	Pov	高管出生地信息与2012版国家级贫困县名单进行比对，若高管团队成员之一出生于国家贫困县，则解释变量Pov取1，否则取0
公司规模	Size	年末总资产的自然对数
财务杠杆	Lev	期末负债总额/期末资产总额
产权性质	State	若为国有企业则取1，否则取0
现金比	Cash	年末现金等价物/总资产
成长性	Growth	营业收入增长率=（营业收入本年本期单季度金额-营业收入上一个单季度金额）/营业收入上一个单季度金额
总资产收益率	Roa	净利润/总资产平均余额
托宾Q值	Tobinq	市值/资产总计
董事长兼任总经理	Dual	董事长是否兼任总经理，兼任取1，否则取0
董事会结构	Indep	独立董事/所有董事数量
前十大股东持股比例	Top10	前十大股东所持股份数/企业总股份数
高管团队年龄	Age	对截止到年末高管团队成员年龄求平均数，以此代表高管团队的年龄
高管团队学历	Degree	对高管学历进行赋值，中专及中专以下取1，大专取2，本科取3，硕士研究生取4，博士研究生取5，以此作为该高管团队成员的教育等级，再计算出高管团队的教育等级的平均数
男性高管的比重	Gender	样本所在年度年末高管团队中男性数量/高管团队人数
行业	Industry	根据2012版证监会的行业分类代码，制造业按照二级代码分类，其他行业按照一级代码分类
年度	Year	以2016年为基准年，设置了3个年份虚拟变量

五、实证结果与分析

（一）描述性统计分析

表2对所有变量进行了描述性统计分析，一共得到了4 379个有效观测值，其中参与脱贫攻坚倾向（Tpa）、高管团队贫困经历（Pov）、产权性质（State）、两职兼任（Dual）均为虚拟变量。从变量描述性统计表中可以看出有33%的企业参与脱贫攻坚。企业参与脱贫攻坚的力度最大值为19.3，最小值为0，扶贫力度均值为4.531，标准差为6.776，通过对比可以看出企业间参与脱贫攻坚投入金额具有较大差异；在所有样本中，有贫困经历的高管占总体的6.8%。表3和表4对样本进行了均值检验和中位数检验，结果表明有贫困经历的高管所在企业参与脱贫攻坚的倾向和力度都明显高于无贫困经历的高管所在企业样本。描述性统计结果初步验证了假设一和假设二。

表2 变量描述性统计——全样本

变量	观测值	均值	最小值	中位数	最大值	标准差
Tpa	4 379	0.330	0	0	1	0.470
Power	4 379	4.531	0	0	19.3	6.776
Pov	4 379	0.068	0	0	1	0.251
Size	4 379	22.788	20.2	22.6	27.5	1.457
Lev	4 379	0.447	0.0672	0.443	0.916	0.201
Roa	4 379	0.039	-0.268	0.0364	0.214	0.066
State	4 379	0.335	0	0	1	0.472
Growth	4 379	0.348	-0.7	0.146	5.69	0.818
Cash	4 379	0.144	0.0113	0.115	0.55	0.107
Tobinq	4 379	1.882	0.851	1.54	6.99	1.101
Top10	4 379	0.589	0.243	0.593	0.92	15.117
Indep	4 379	0.376	0.333	0.357	0.571	0.054
Dual	4 379	0.183	0	0	1	0.386
Age	4 379	54.455	39	54	71	6.130
Degree	4 379	3.665	1	4	5	0.904
Gender	4 379	0.944	0	1	1	0.175

表3 分样本平均值检验

变量名称	无贫困经历（1）	有贫困经历（2）	（1）-（2）	t值
Tpa	0.323	0.466	-0.143***	-5.539
Power	4.418	6.502	-2.084***	-5.592
Size	22.773	23.091	-0.318***	-3.842
Lev	0.449	0.494	-0.045***	-3.873
Roa	0.037	0.031	0.006	1.349
State	0.346	0.590	-0.244***	-9.301
Growth	1.230	0.354	0.876	0.727
Cash	0.144	0.144	0.000	0.088
Tobinq	1.952	1.870	0.082	0.865
Top10	58.654	60.182	-1.528*	-1.833
Indep	0.376	0.378	-0.002	-0.709
Dual	0.178	0.110	0.068***	3.271
Age	54.402	53.558	0.844**	2.378
Degree	3.651	3.922	-0.271***	-5.019
Gender	0.944	0.930	0.014	1.397

表4 分样本中位数检验

变量名称	无贫困经历（1）	有贫困经历（2）	（1）-（2）	z值
Tpa	0.000	0.000	0.000***	-5.523
Power	0.000	0.000	0.000***	-5.408
Size	22.577	22.856	-0.279***	-4.072
Lev	0.442	0.497	-0.055***	-3.730
Roa	0.037	0.027	-0.010***	3.185
State	0.000	1.000	-1.000***	-9.224
Growth	0.150	0.112	0.038**	1.855
Cash	0.114	0.104	0.010	0.685
Tobinq	1.535	1.379	0.156***	3.741
Top10	59.060	60.915	-1.855	-1.687
Indep	0.357	0.364	-0.007	-0.267
Dual	0.000	0.000	0.000***	3.267
Age	54.000	53.500	0.500	2.577
Degree	4.000	4.000	0.000***	-4.605
Gender	1.000	1.000	0.000	4.053

（二）回归分析

1.高管团队贫困经历与企业参与脱贫攻坚倾向

为了验证假设一，本文采用Probit模型进行回归。Probit模型是广义的线性模型，F服从标准正态分布，公式为：

$$P(Y_i = 1|X_i) = \varnothing(x_i\beta) = \int_{-\infty}^{x_i\beta} \frac{1}{\sqrt{2\pi}} \exp\left(-\frac{z^2}{2}\right)dz \tag{3}$$

简单的Probit模型是指被解释变量Y是0–1变量，事件发生概率依赖于解释变量，即P（Y=1）=f（x）。在假设一中被解释变量为企业参与脱贫攻坚的倾向，是0–1变量，基于此本文对假设一进行Probit模型回归。

假设一的回归结果见表5，第（1）列只对高管团队贫困经历（Pov）和企业参与脱贫攻坚倾向（Tpa）进行单变量回归，回归系数为0.414，在1%的水平上显著，初步验证了有贫困经历的高管所在企业参与脱贫攻坚的倾向更大；第（2）列在第（1）列的基础上控制了行业和年度，回归系数为0.389，结果仍然在1%的水平上显著，结果依然稳健；第（3）列在加入控制变量，未控制行业和年度的情况下，高管团队贫困经历（Pov）和企业参与脱贫攻坚倾向（Tpa）的回归系数为0.252，在1%的水平上显著；第（4）列在第（3）列的基础上控制了行业和年度，高管团队贫困经历（Pov）和企业参与脱贫攻坚倾向（Tpa）的回归系数为0.258，仍然在1%的水平上显著，很好地验证了假设一的结论。综上，表5的结果验证了假设一，说明有贫困经历的高管所在企业参与脱贫攻坚时表现出更大的倾向。

2.高管团队贫困经历与企业参与脱贫攻坚力度

假设二的回归结果见表6，第（1）列对高管团队贫困经历（Pov）与企业参与脱贫攻坚力度（Power）进行了单变量回归，回归系数为2.321，在1%的水平上显著，初步验证了高管团队贫困经历与企业参与脱贫攻坚力度之间存在正相关关系；第（2）列在第（1）列的基础上控制了行业和年度，回归系数为1.953，仍然在1%的水平上显著，结论仍然稳健；第（3）列在加入控制变量的情况下，高管团队贫困经历（Pov）和企业参与脱贫攻坚力度（Power）的回归系数为1.240，在1%的水平上显著，说明有贫困经历的高管所在企业参与脱贫攻坚的力度更大；第（4）列在第（3）列的基础上控制了行业和年度，结果发现高管团队贫困经历（Pov）和企业参与脱贫攻坚力度（Power）的回归系数为1.140，仍然在1%的水平上显著，很好地验证了假设二的结论。综上，表6的结果验证了假设二，说明有贫困经历的高管所在企业参与脱贫攻坚时，投入的力度更大。

表5 高管团队贫困经历与企业参与脱贫攻坚倾向

	(1) Tpa	(2) Tpa	(3) Tpa	(4) Tpa
Pov	0.414*** (5.48)	0.389*** (4.90)	0.252*** (3.15)	0.258*** (3.02)
Size			0.265*** (12.99)	0.286*** (13.10)
Lev			-0.170 (-1.18)	-0.124 (-0.80)
Roa			2.012*** (4.98)	1.773*** (4.25)
State			0.978 (23.04)	0.952 (21.51)
Growth			-0.118*** (-4.40)	-0.086*** (-2.97)
Cash			-0.102 (-0.47)	0.091 (0.44)
Tobinq			-0.073*** (-3.02)	-0.029 (-1.16)
Top10			-0.004*** (-2.97)	-0.005*** (-3.54)
Indep			-1.076 (-0.74)	-1.243 (-1.12)
Dual			0.058 (1.03)	0.083 (1.39)
Age			0.006* (1.71)	0.004 (1.05)
Degree			0.063*** (2.61)	0.068*** (2.78)
Gender			-0.056 (-0.46)	-0.011 (-0.09)
Constant	-0.469*** (-22.98)	-0.692*** (-3.78)	-6.597*** (-13.43)	-7.005*** (-12.71)
N	4 379	4 372	4 379	4 372
Industry	No	Yes	No	Yes
Year	No	Yes	No	Yes
Pseudo R^2	0.0054	0.0524	0.1265	0.1508

注：***、**和*分别表示在1%、5%和10%水平上显著（下同）。

表 6　　高管团队贫困经历与企业参与脱贫攻坚力度

	(1) Power	(2) Power	(3) Power	(4) Power
Pov	2.321*** (5.72)	1.953*** (4.59)	1.240*** (3.33)	1.140*** (2.81)
Size			1.654*** (18.38)	1.716*** (17.56)
Lev			-1.191* (-1.90)	-0.985 (-1.56)
Roa			6.190*** (3.89)	5.385*** (3.91)
State			6.487 (36.15)	4.089 (19.35)
Growth			-0.608*** (-5.34)	-0.423*** (-3.68)
Cash			0.799 (0.85)	1.727** (1.99)
Tobinq			-0.091 (-0.93)	0.117 (1.32)
Top10			-0.016** (-2.39)	-0.021*** (-3.21)
Indep			-2.609 (0.50)	-3.490 (-0.05)
Dual			0.226 (0.91)	0.491** (1.99)
Age			0.033** (2.15)	0.021 (1.43)
Degree			0.294*** (2.79)	0.283*** (2.83)
Gender			-0.300 (-0.56)	-0.114 (-0.22)
Constant	4.374*** (41.39)	3.013*** (3.20)	-34.643*** (-15.97)	-35.742*** (-14.34)
N	4 379	4 379	4 379	4 379
Industry	No	Yes	No	Yes
Year	No	Yes	No	Yes
R^2	0.0074	0.0787	0.1864	0.2198
Adj.R^2	0.0072	0.0785	0.1838	0.2160

（三）扩展性检验与分析——有贫困经历的高管对自己会更节俭吗？

上述实证结果表明有贫困经历的高管所在企业参与脱贫攻坚的倾向更大，投入的力度也更大，那么有贫困经历的高管做出参与脱贫攻坚的决策是基于一种利他动机吗？有贫困经历的高管更加勤俭节约吗？

在生活中，高管过度消费现象比如公车私用、奢侈消费、违规报销屡见不鲜，高管在职消费问题也越来越被公众所关注。张晓亮等（2020）指出在职消费具有天然的隐蔽性，背后的“黑箱”操作难以被人察觉。在企业中，高管在职消费水平完全靠自己的自律意识，那么有过贫困经历的高管在生活中是更加挥霍还是更加节俭呢？为了回答上述疑问，本文对高管在职消费水平（Perk）进行了检验，将与在职消费有关的费用分为8类：办公费、差旅费、业务招待费、通信费、出国培训费、董事会费、小车费和会议费，加总获得高管在职消费水平。这些项目容易成为高管获得好处的捷径，高管人员可以通过这些项目报销有关私人支出，而转嫁到企业相关费用。表7的回归结果表明有贫困经历的高管在职消费水平更低，验证了有贫困经历的高管对自己更加节俭，进一步说明了其所在企业参与脱贫攻坚是出于一种利他动机。

（四）分组检验

基于产权性质和管理者特征（包括教育特征和性格特征）的角度进行分析。相关研究表明产权性质和管理者特征影响企业社会责任的履行情况，王士红（2016）发现高管团队特征对企业社会责任披露有影响，且在国有企业中这两者关系更加显著；张建君（2013）发现国有企业在慈善捐赠时投入力度更大；曾建光等（2016）发现高管个人特征会影响其慈善捐赠水平。鉴于此，本文基于产权性质和管理者特征对企业参与脱贫攻坚倾向和力度进行了分组检验。

1.产权性质

参与脱贫攻坚作为企业履行社会责任的一种表现，不同性质的企业其角色定位以及参与方式不同，陈丽蓉等（2015）指出国有企业更愿意将履行社会责任作为一项长期战略。刘柏和卢家锐（2018）指出国有企业比非国有企业面临更多的政治压力及公众关注。参与脱贫攻坚是一种信息传播和信号传递，企业实力强才会参与脱贫攻坚，能够向外界传递公司经营良好的信号，提高企业声誉。

基于此，本文将企业分为国有企业和非国有企业，对假设一和假设二进行了分组检验。假设一的分组回归结果见表8第（1）列和第（2）列，结果显示国有企业一组相关系数在1%的水平上显著，表明在国有企业中，有贫困经历的高管团队所在企业参与脱贫攻坚的倾向更大。

假设二的分组回归结果见表8第（3）列和第（4）列，结果显示，不同于非国有企业一组，国有企业一组的相关系数在5%的水平上显著，表明在国有企业中，有贫困经历的高管所在企业参与脱贫攻坚时投入的力度更大。

表7　　高管贫困经历与在职消费

	Perk
Pov	-0.311*** (-4.70)
Size	0.753*** (43.76)
Lev	0.289*** (2.70)
Roa	0.931*** (3.72)
State	-0.804 (-19.39)
Growth	0.004 (0.21)
Cash	0.386** (2.36)
Tobinq	0.083*** (4.65)
Top10	0.002* (1.75)
Indep	-1.286 (-2.45)
Dual	0.072* (1.70)
Age	-0.003 (-1.37)
Degree	0.133*** (7.70)
Gender	0.098 (1.13)
Constant	-0.852* (-1.89)
N	3 976
Industry	Yes
Year	Yes
R^2	0.4863
Adj.R^2	0.4863

表8 基于产权性质的分组检验

	(1) 非国有企业 Tpa	(2) 国有企业 Tpa	(3) 非国有企业 Power	(4) 国有企业 Power
Pov	0.131 (0.94)	0.286*** (2.59)	0.567 (0.94)	1.277** (2.35)
Size	0.317*** (8.85)	0.259*** (8.96)	1.635*** (10.65)	1.711*** (12.78)
Lev	0.089 (0.37)	-0.377* (-1.80)	0.110 (0.13)	-2.295** (-2.48)
Roa	1.442** (2.47)	2.153*** (3.52)	4.401** (2.43)	6.603*** (3.05)
Growth	-0.065 (-1.61)	-0.108*** (-2.66)	-0.218 (-1.51)	-0.691*** (-3.80)
Cash	-0.219 (-0.73)	0.316 (1.04)	1.332 (1.21)	2.335* (1.74)
Tobinq	-0.007 (-0.21)	-0.038 (-1.08)	0.172 (1.54)	0.028 (0.20)
State	0.326*** (4.15)	0.530*** (8.09)	1.267*** (3.70)	2.295*** (6.92)
Top10	-0.004* (-1.81)	-0.006*** (-2.97)	-0.020** (-2.06)	-0.024** (-2.54)
Indep	-1.047 (0.25)	-0.832 (0.49)	-2.748 (0.75)	-2.815 (0.92)
Dual	0.170** (2.03)	0.022 (0.25)	0.862*** (2.69)	0.140 (0.37)
Age	0.007 (1.33)	0.003 (0.55)	0.023 (1.21)	0.024 (1.03)
Degree	0.082** (2.25)	0.071** (2.09)	0.231* (1.79)	0.372** (2.42)
Gender	-0.161 (-0.91)	0.126 (0.72)	-0.661 (-0.98)	0.518 (0.66)
Constant	-6.072*** (-6.83)	-6.898*** (-8.80)	-34.122*** (-8.22)	-31.594*** (-9.48)
N	2 903	1 465	2 910	1 469
Industry	Yes	Yes	Yes	Yes
Year	Yes	Yes	Yes	Yes
Pseudo R^2	0.103	0.140		
R^2			0.139	0.235
Adj.R^2			0.128	0.215
P值	0.366		0.381	

2.高管的教育背景

有贫困经历的高管在参与脱贫攻坚时是否会受到其教育背景的影响？出生于贫困县的高管早期在贫苦的环境中成长，是否更加明白知识改变命运的重要意义？许年行和李哲（2016）指出出生于贫困地区的高管在接受高等教育时，离不开对贫困地区考生的政策优惠和物质帮扶，研究发现接受过良好教育的高管具有更强的社会责任感，更愿意承担相应的社会责任。鉴于此本文根据高管受教育程度进行了分组检验，若高管的学历为大学及以上，则视为受教育程度高，否则视为受教育程度低，并分别对假设一和假设二进行了分组回归。

对假设一的分组结果见表9第（1）列和第（2）列，受教育程度高的一组回归系数显著，说明有过贫困经历且受教育程度高的高管所在企业参与脱贫攻坚时有更大的倾向。P值为0.070，在10%的水平上显著，组间差异明显。

对假设二的回归见表9第（3）列和第（4）列，受教育程度高的一组回归系数显著，说明有过贫困经历且受教育程度高的高管所在企业参与脱贫攻坚时投入的力度更大，更愿意回馈社会。P值为0.093，在10%的水平上显著，组间差异明显。

表9 **基于高管教育背景的分组检验**

	(1) 教育程度高 Tpa	(2) 教育程度低 Tpa	(3) 教育程度高 Power	(4) 教育程度低 Power
Pov	0.346*** (3.67)	-0.036 (-0.16)	1.504*** (3.40)	-0.180 (-0.18)
Size	0.318*** (12.17)	0.260*** (5.86)	1.906*** (16.31)	1.365*** (7.40)
Lev	-0.099 (-0.52)	-0.247 (-0.87)	-0.856 (-1.07)	-1.144 (-1.13)
State	0.471*** (7.90)	0.481*** (5.07)	1.875*** (6.47)	2.212*** (5.20)
Roa	1.286** (2.52)	2.872*** (3.92)	4.266** (2.40)	7.426*** (3.48)
Growth	-0.095*** (-2.76)	-0.051 (-0.99)	-0.542*** (-3.84)	-0.119 (-0.63)
Cash	0.103 (0.40)	0.121 (0.32)	1.968* (1.79)	1.605 (1.10)
Tobinq	-0.004 (-0.13)	-0.061 (-1.30)	0.191* (1.67)	0.028 (0.20)

续表

	(1) 教育程度高 Tpa	(2) 教育程度低 Tpa	(3) 教育程度高 Power	(4) 教育程度低 Power
Top10	-0.006*** (-3.43)	-0.004 (-1.46)	-0.028*** (-3.33)	-0.016 (-1.42)
Indep	-2.809 (-3.91)	1.957 (4.54)	-10.316 (-3.02)	8.993 (5.06)
Dual	0.153** (2.06)	-0.033 (-0.31)	0.910*** (2.91)	-0.176 (-0.44)
Age	0.015*** (3.02)	-0.009 (-1.53)	0.072*** (3.49)	-0.030 (-1.38)
Gender	0.156 (0.98)	-0.207 (-1.04)	0.481 (0.73)	-0.790 (-0.96)
Constant	-7.866*** (-11.53)	-5.913*** (-5.56)	-40.259*** (-13.05)	-25.983*** (-5.77)
N	2 932	1 402	2 939	1 440
Industry	Yes	Yes	Yes	Yes
Year	Yes	Yes	Yes	Yes
R^2			0.248	0.168
Adj.R^2			0.238	0.147
Pseudo R^2	0.162	0.131		
P值	0.070*		0.093*	

3.高管年龄分组

相关学者认为随着高管年龄的增大，阅历水平越来越丰富，价值观也越来越成熟，对事件的道德评判标准也在提高，对企业社会责任的履行表现得也更加积极（Oh等，2016）；一些学者认为随着年龄的增加，高管会更愿意遵守伦理道德，更加注重社会声望和自我价值的实现，即高管年龄对企业社会责任履行具有促进作用。本文基于高管年龄进行了分组检验，回归结果见表10。

对假设一的分组结果见表10第（1）列和第（2）列，回归结果表明有贫困经历的高管随着年龄的增加，其所在企业参与脱贫攻坚的倾向也越大，且系数在1%的水平下显著。P值为0.035，在5%的水平上显著，说明组间差异明显。

对假设二的回归见表10第（3）列和第（4）列，回归结果表明有贫困经历的高管随着年龄的增加，其所在企业参与脱贫攻坚时投入的力度也越来越大，系数在1%的水平上显著。本文的研究结果与相关学者的观点一致，即随着高管年龄的增加，其对企业社会责任的履行也表现得越来越积极。

表10 基于高管年龄分组检验

	(1) 年龄低 Tpa	(2) 年龄高 Tpa	(3) 年龄低 Power	(4) 年龄高 Power
Pov	0.097 (0.76)	0.411*** (3.56)	0.704 (1.14)	1.728*** (3.13)
Size	0.225*** (7.69)	0.322*** (9.81)	1.536*** (11.02)	1.796*** (12.45)
Lev	0.136 (0.61)	-0.355* (-1.69)	-0.075 (-0.08)	-1.877** (-2.33)
State	0.424*** (5.96)	0.501*** (7.21)	1.804*** (5.13)	2.095*** (6.32)
Roa	2.315*** (3.97)	0.761 (1.47)	7.126*** (4.06)	1.443 (0.96)
Growth	0.001 (1.21)	-0.004 (-0.37)	0.008 (1.44)	-0.004 (-0.17)
Cash	0.352 (1.12)	-0.032 (-0.12)	2.649* (1.93)	1.198 (1.15)
Tobinq	-0.056* (-1.74)	-0.011 (-0.37)	0.074 (0.88)	0.134 (1.33)
Top10	-0.002 (-1.16)	-0.007*** (-3.20)	-0.011 (-1.13)	-0.027*** (-2.85)
Indep	-0.011 (-0.02)	-0.744 (-1.44)	0.165 (0.06)	-1.842 (-0.85)
Dual	-0.035 (-0.38)	0.154* (1.91)	-0.053 (-0.14)	0.773** (2.39)
Degree	0.157*** (4.55)	-0.037 (-1.06)	0.637*** (4.40)	-0.120 (-0.86)
Gender	-0.001 (-0.00)	0.065 (0.37)	-0.040 (-0.06)	0.141 (0.19)
Constant	-6.503*** (-9.53)	-6.832*** (-8.61)	-33.569*** (-10.42)	-34.325*** (-9.55)
N	2 168	2 198	2 172	2 207
Industry	Yes	Yes	Yes	Yes
Year	Yes	Yes	Yes	Yes
Pseudo R^2	0.155	0.158		
R^2			0.230	0.218
Adj.R^2			0.216	0.204
P值	0.035**		0.122	

4.高管性别分组

女性主义关怀伦理理论学（Feminine Ethics of Care）指出和男性相比，女性往往更具有同情心和怜悯心，更加注重对他人的关怀，这种关怀通过心理机制产生影响（Chen等，2016），这将导致她们在行为上、决策上的差别。伦理学家卡罗尔·吉利根也指出性别差异导致个体道德观念和伦理价值观不同，女性普遍比男性更加注重人文关怀，Marx（2000）研究表明女性通常把慈善行为作为和公众建立良好关系的桥梁。关怀伦理指出，女性倾向于把道德定义为基于人与人相互依赖而产生的对他人的责任意识，更加注重“关系与责任”的伦理关怀；而男性则倾向于将道德定义为对个人权利和独立性的追求，更加注重“权力与规则”。目前大量研究也指出，女性高管对企业社会责任履行情况具有促进作用（王士红，2016）。基于此，本文基于高管团队中有无女性，对假设一和假设二进行了分组回归检验，回归结果见表11。

表11 基于高管性别分组检验

	(1) 无女性 Tpa	(2) 有女性 Tpa	(3) 无女性 Power	(4) 有女性 Power
Pov	0.109 (1.13)	0.692*** (3.41)	0.601 (1.34)	2.832*** (2.95)
Size	0.296*** (12.56)	0.245*** (3.72)	1.719*** (16.65)	1.550*** (5.11)
Lev	-0.071 (-0.42)	-0.166 (-0.38)	-0.872 (-1.31)	-0.270 (-0.14)
State	0.470*** (8.84)	0.551*** (3.91)	2.077*** (8.15)	1.697*** (2.63)
Roa	2.034*** (4.31)	0.863 (0.81)	5.911*** (3.96)	4.122 (1.09)
Growth	-0.088*** (-2.75)	-0.103 (-1.61)	-0.419*** (-3.30)	-0.533** (-2.05)
Cash	0.203 (0.89)	-0.658 (-1.17)	2.047** (2.19)	-1.245 (-0.51)
Tobinq	-0.051** (-2.00)	0.088 (1.34)	0.046 (0.52)	0.482* (1.75)

续表

	(1) 无女性 Tpa	(2) 有女性 Tpa	(3) 无女性 Power	(4) 有女性 Power
Top10	-0.007*** (-4.24)	0.003 (0.62)	-0.027*** (-3.76)	0.004 (0.22)
Indep	-0.570 (-1.33)	-1.590 (-1.24)	-1.371 (-0.76)	-6.048 (-1.06)
Dual	0.085 (1.35)	0.294 (1.51)	0.540** (2.09)	0.934 (1.16)
Age	0.005 (1.26)	0.011 (0.92)	0.025 (1.59)	0.055 (1.10)
Degree	0.090*** (3.46)	-0.104 (-1.13)	0.357*** (3.39)	-0.286 (-0.70)
Constant	-7.424*** (-12.63)	-5.298*** (-3.27)	-36.698*** (-14.10)	-27.902*** (-3.71)
N	3 805	559	3 811	568
Industry	Yes	Yes	Yes	Yes
Year	Yes	Yes	Yes	Yes
Pseudo R^2	0.161	0.186		
R^2			0.229	0.263
Adj.R^2			0.227	0.260
P值	0.053*		0.092*	

对假设一的分组结果见表11第（1）列和第（2）列，回归结果表明有贫困经历的高管团队中女性高管占比越大，其所在企业参与脱贫攻坚的倾向也越大，且系数在1%的水平下显著。P值为0.053，在10%的水平上显著，说明组间差异明显。

对假设二的回归见表11第（3）列和第（4）列，回归结果表明有贫困经历的高管团队中女性高管占比越大，其所在企业参与脱贫攻坚时投入的力度也大，系数在1%的水平下显著。P值为0.092，在10%的水平上显著，说明组间差异明显。本文的研究结果与相关学者的观点一致，即高管团队中女性比例越高，其所在企业社会责任的履行情况也越好。

5.管理者过度自信

随着行为金融的发展，高管特质成为越来越多学者研究的主题，过度自信描述的是个体的一种心理状态。在进行经济研究时，“理性人”是重要的前提与基础，但在现实生活中，“人无完人”“人非圣贤，孰能无过”。心理学文献表明过度自信是管理者普遍存在的认知偏差（Goel and Thakor，2008）。在面对经济决策时，高管处于企业比较上游的位置，更容易产生过度自信心理。那么企业在参与脱贫攻坚时，是否会受到高管过度自信心理的影响呢？鉴于此，本文对高管过度自信心理进行了检验，采用相对薪酬（薪酬最高的前三名高管薪酬之和/所有高管的薪酬之和）来描述管理者自信程度（Hambrick，1984），自信程度大于中位数则定义为过度自信；若自信程度小于中位数，则定义为非过度自信。分组检验结果见表12。

表12 **基于管理者过度自信的分组检验**

	(1) 过度自信 Tpa	(2) 非过度自信 Tpa	(3) 过度自信 Power	(4) 非过度自信 Power
Pov	0.131 (0.94)	0.286*** (2.59)	0.567 (0.94)	1.277*** (2.35)
Size	0.317*** (8.85)	0.259*** (8.96)	1.635*** (10.65)	1.711*** (12.78)
Lev	0.089 (0.37)	-0.377* (-1.80)	0.110 (0.13)	-2.295** (-2.48)
Roa	1.442** (2.47)	2.153*** (3.52)	4.401** (2.43)	6.603*** (3.05)
Growth	-0.065 (-1.61)	-0.108*** (-2.66)	-0.218 (-1.51)	-0.691*** (-3.80)
Cash	-0.219 (-0.73)	0.316 (1.04)	1.332 (1.21)	2.335* (1.74)
Tobinq	-0.007 (-0.21)	-0.038 (-1.08)	0.172 (1.54)	0.028 (0.20)
State	0.326*** (4.15)	0.530*** (8.09)	1.267*** (3.70)	2.295*** (6.92)
Top10	-0.004* (-1.81)	-0.006*** (-2.97)	-0.020** (-2.06)	-0.024** (-2.54)
Indep	-1.047 (0.25)	-0.832 (0.49)	-2.748 (0.75)	-2.815 (0.92)
Dual	0.170** (2.03)	0.022 (0.25)	0.862*** (2.69)	0.140 (0.37)
Age	0.007 (1.33)	0.003 (0.55)	0.023 (1.21)	0.024 (1.03)
Degree	0.082** (2.25)	0.071** (2.09)	0.231* (1.79)	0.372** (2.42)
Gender	-0.161 (-0.91)	0.126 (0.72)	-0.661 (-0.98)	0.518 (0.66)

续表

	(1) 过度自信 Tpa	(2) 非过度自信 Tpa	(3) 过度自信 Power	(4) 非过度自信 Power
Constant	-8.331*** (-9.10)	-6.047*** (-8.39)	-36.183*** (-9.58)	-33.217*** (-9.64)
N	2 071	2 293	2 080	2 293
Industry	Yes	Yes	Yes	Yes
Year	Yes	Yes	Yes	Yes
Pseudo R^2	0.123	0.156		
R^2			0.170	0.237
Adj.R^2			0.155	0.225
P值	0.165		0.134	

假设一的分组回归结果见表12第（1）列和第（2）列，结果显示在非过度自信组中，回归系数为0.286，在1%的水平上显著，说明有贫困经历且非过度自信的高管对企业是否参与脱贫攻坚具有显著的正向影响；而在过度自信组中，回归系数为0.131，系数不显著。这两列回归结果表明早期经历过贫困生活且非过度自信的高管团队所在企业在参与脱贫攻坚时表现出更大的倾向。

假设二的分组回归结果见表12第（3）列和第（4）列，结果显示在非过度自信组中，回归系数为1.277，在1%的水平上显著，说明有贫困经历且非过度自信的高管对企业参与脱贫攻坚的力度具有显著的正向影响；而在过度自信组中，回归系数为0.567，系数不显著。这两列回归结果表明早期经历过贫困生活且非过度自信的高管团队所在企业在参与脱贫攻坚时会投入更大的力度。

6.企业参与脱贫攻坚方式分组

脱贫攻坚是具有中国特色的扶贫方式，在脱贫攻坚思想的指导下，产业发展扶贫、转移就业扶贫、易地搬迁扶贫、教育扶贫、健康扶贫、生态扶贫、兜底保障、社会扶贫等举措并行。

基于产业扶贫分组的回归结果见表13第（1）列和第（2）列，回归结果虽然不显著，但是可以看出参与产业扶贫的企业回归系数为正，组间差异检验P值为0.023，在5%的水平上显著，组间差异明显，从一定程度上证明了有贫困经历的高管所在企业在开展了产业扶贫的情况下，对参与脱贫攻坚投入的力度更大。

基于教育扶贫分组的回归结果见表13第（3）列和第（4）列，回归结果统计不显著，参与教育扶贫的企业回归系数为正，组间差异检验统计不显著，无法证明有贫困经历的高管团队所在企业在开展教育扶贫的情况下对于参与脱贫攻坚具有统计显著的影响。

表13 **产业扶贫和教育扶贫分组检验**

	(1) 参与产业扶贫 Power	(2) 未参与产业扶贫 Power	(3) 参与教育扶贫 Power	(4) 未参与教育扶贫 Power
Pov	0.185 (0.64)	-2.248 (-1.40)	0.165 (0.62)	-0.395 (-0.46)
Size	0.939*** (8.99)	0.804* (1.88)	0.809*** (9.39)	0.890*** (5.25)
Lev	1.180 (1.38)	-3.327 (-0.88)	0.857 (1.03)	-0.227 (-0.18)
State	-1.253 (-2.20)	-0.985 (1.09)	-0.390 (0.19)	-1.995 (-1.94)
Roa	0.700 (0.30)	0.694 (0.05)	4.328** (2.19)	-6.669 (-1.18)
Growth	-0.167 (-0.93)	-0.636** (-2.28)	0.021 (0.19)	-0.229 (-0.78)
Cash	0.642 (0.58)	-4.861 (-0.83)	1.098 (0.92)	-0.778 (-0.40)
Tobinq	0.468*** (2.79)	-0.109 (-0.22)	-0.004 (-0.02)	0.114 (0.32)
Top10	-0.005 (-0.65)	0.044 (0.84)	0.009 (1.12)	-0.000 (-0.00)
Indep	1.151 (2.65)	3.129 (2.56)	-2.434 (0.56)	-3.200 (1.23)
Dual	0.482 (1.32)	0.731 (0.61)	0.895*** (3.34)	-0.052 (-0.09)
Age	0.016 (0.65)	-0.071 (-0.53)	0.013 (0.86)	-0.054 (-1.11)
Degree	-0.084 (-0.60)	1.793** (2.06)	0.147 (1.02)	-0.012 (-0.05)
Gender	1.067 (1.04)	0.252 (0.09)	1.227 (0.88)	1.283 (0.52)
Constant	-8.902*** (-3.48)	-9.677 (-0.81)	-6.982*** (-3.55)	-2.696 (-0.41)
N	683	97	653	153
Industry	Yes	Yes	Yes	Yes
Year	Yes	Yes	Yes	Yes
R^2	0.283	0.319	0.320	0.510
Adj.R^2	0.244	0.038	0.280	0.380
P值	0.023**		0.238	

六、稳健性检验

（一）PSM检验

本文采用倾向分值匹配法（PSM）对具有贫困经历的高管样本匹配特征相似的对照组，模型参考相关论文的做法，选择影响高管选聘的变量，在第一阶段的概率估计中，加入了主回归模型中所有控制变量，分别为企业规模（Size），资产负债率（Lev），产权性质（State），总资产净利率（Roa），企业成长性（Growth），企业现金比（Cash），两职兼任（Dual），董事会结构（Indep），前十大股东持股比例（Top10），公司价值（Tobinq），高管团队年龄（Age），高管团队性别（Gender）、高管团队学历（Degree），这些变量影响企业承担社会责任，同时控制了行业（Industry）和年度（Year）进行了1：2的匹配。接着将全部样本进行Logit回归，通过模型来计算倾向得分值，根据计算出来的倾向得分值进行配对，然后进行平衡性检验，经过匹配得到实验组平均处理效应（ATT）、对照组平均处理效应（ATU）及平均处理效应（ATE）。匹配结果见表14，可以看出匹配后的各变量标准偏差基本不超过5%，说明匹配效果较好。

表14　**匹配变量与平衡性检验**

匹配变量		均值		标准偏差	标准偏差减小	t检验	
		处理组	控制组	（%）	幅度（%）	t	p>t
Size	匹配前	23.117	22.762	23.7	81.9	4.07	0.000
	匹配后	23.117	23.182	-4.3		-0.50	0.619
Lev	匹配前	0. 478	0. 445	15.8	89.2	2.72	0.006
	匹配后	0. 478	0. 475	1.7		0.21	0.832
Roa	匹配前	0.034	0.039	-7.6	55.3	-1.22	0.224
	匹配后	0.034	0.036	-3.4		-0.42	0.678
Growth	匹配前	0.301	0.353	-6.6	72.7	-1.05	0.293
	匹配后	0.301	0.315	-1.8		-0.23	0.818
Cash	匹配前	0.142	0.144	-2.0	75.0	-0.34	0.737
	匹配后	0.142	0.141	0.5		0.07	0.947
Tobinq	匹配前	1.776	1.898	-10.4	91.3	-1.78	0.075
	匹配后	1.776	1.787	-0.9		-0.11	0.909
Top10	匹配前	60.923	58.763	13.9	99.3	2.38	0.017
	匹配后	60.923	60.941	-0.1		-0.01	0.988

续表

匹配变量		均值		标准偏差（%）	标准偏差减小幅度（%）	t检验	
		处理组	控制组			t	p>t
Indep	匹配前	0.377	0.376	2.8	-57.1	0.49	0.623
	匹配后	0.377	0.380	-4.4		-0.53	0.593
Age	匹配前	53.862	54.487	-10.7	72.0	-1.69	0.091
	匹配后	53.862	53.687	3.0		0.37	0.712
Degree	匹配前	3.918	3.647	33.9	84.1	5.00	0.000
	匹配后	3.918	3.961	-5.4		-0.74	0.462
Gender	匹配前	0.927	0.945	-10.3	78.6	-1.70	0.089
	匹配后	0.927	0.931	-2.2		-0.26	0.798

匹配后的核密度图如图1所示，从图1可以看出在匹配后两组间的差异变小，两组间的趋势相近，说明样本匹配成功。

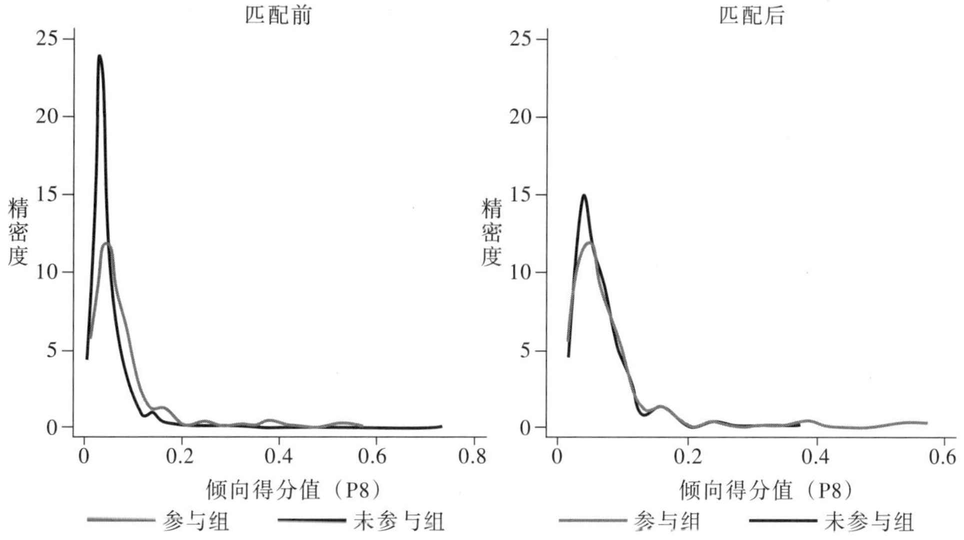

图1 核密度图

匹配后的处理效应见表15，实验组平均处理效应（ATT）是根据Logit模型计算倾向得分并将其认定为在所选样本中，真正由贫困经历导致的样本与非由贫困经历导致的样本之间企业参与脱贫攻坚行为的差异。可以看出，与匹配前相比，匹配后有贫困经历样本与非贫困经历样本之间的差异缩小，即ATT的差别降低，说明匹配前高管团队贫困经历与企业参与脱贫攻坚之间的影响被放大，

PSM得分匹配纠正了这种差异。从表15可以看出，匹配后ATT均为正值，t值为2.51，在统计学上显著，说明高管团队贫困经历对企业参与脱贫攻坚行为有促进作用。

表15　　处理效用表

变量	样本	有贫困经历组	无贫困经历组	差别	标准误差	t值
Power	未匹配	6.692	4.375	2.317	0.406	5.71
	ATT	6.693	5.357	1.336	0. 532	2.51

采用PSM匹配后的样本对假设一和假设二进行了回归，结果见表16，回归结果显著，说明假设一和假设二的结果稳健。

表16　　PSM匹配后主要假设检验结果

	(1) Tpa	(2) Tpa	(3) Tpa	(4) Power	(5) Power	(6) Power
Pov	0.281*** (3.05)	0.190* (1.95)	0.142 (1.41)	1.548*** (2.99)	1.021** (2.08)	0.738 (1.48)
Size		0.141*** (3.34)	0.138*** (2.97)		1.226*** (5.81)	1.180*** (5.05)
Lev		-0.311 (-0.98)	0.024 (0.07)		-1.621 (-1.04)	-0.082 (-0.05)
Roa		1.467* (1.66)	1.576* (1.84)		4.528 (1.14)	5.205 (1.49)
State		1.159 (13.47)	1.221 (13.15)		7.711 (21.03)	4.854 (10.71)
Growth		-0.144** (-2.32)	-0.118* (-1.71)		-0.823*** (-2.76)	-0.653** (-2.19)
Cash		-0.170 (-0.33)	-0.183 (-0.38)		0.825 (0.33)	0.954 (0.42)
Tobinq		-0.116** (-2.12)	-0.070 (-1.42)		-0.307 (-1.31)	-0.066 (-0.34)
Top10		-0.002 (-0.53)	-0.002 (-0.65)		-0.009 (-0.55)	-0.016 (-0.95)

续表

	(1) Tpa	(2) Tpa	(3) Tpa	(4) Power	(5) Power	(6) Power
Indep		1.325 (3.54)	1.017 (3.16)		5.702 (3.33)	4.351 (3.05)
Dual		-0.228 (-1.44)	-0.067 (-0.40)		-0.991 (-1.31)	-0.047 (-0.07)
Age		0.012 (1.46)	0.014* (1.67)		0.064 (1.60)	0.069* (1.81)
Degree		-0.077 (-1.20)	-0.072 (-1.08)		-0.399 (-1.25)	-0.394 (-1.25)
Gender		-0.368 (-1.46)	-0.321 (-1.26)		-1.787 (-1.40)	-1.604 (-1.26)
Constant	-0.332*** (-5.96)	-3.583*** (-3.44)	-4.010*** (-3.30)	5.168*** (16.66)	-23.410*** (-4.50)	-24.466*** (-4.05)
N	821	821	813	821	821	821
Industry	Yes	Yes	Yes	Yes	Yes	Yes
Year	Yes	Yes	Yes	Yes	Yes	Yes
Pseudo R^2	0.008	0.104	0.138			
R^2				0.011	0.161	0.210

注：***、**和*分别表示在1%、5%和10%水平上显著（下同）。

（二）Heckman检验

为了处理样本选择偏差问题，本文采用Heckman两阶段模型法对假设二进行了检验，在第一阶段借鉴许年行和李哲（2016）的做法，控制本期同行业其他企业高管团队具有贫困经历的平均比例（Avg_pov）以及主回归的全部控制变量进行了Probit回归，并计算了逆米尔斯比（IMR），在第二阶段把逆米尔斯比（IMR）作为控制变量代入回归模型中，发现有贫困经历的高管团队与企业参与脱贫攻坚力度仍然正相关，说明样本不存在自选择问题。

Heckman第一阶段检验结果见表17，Heckman第二阶段检验结果见表18。

表 17　Heckman 第一阶段检验结果

	Pov
Size	-0.040 (-0.89)
Lev	0.426 (1.22)
Roa	0.340 (0.41)
State	1.145 (12.40)
Growth	-0.068 (-1.09)
Cash	0.158 (0.30)
Tobinq	0.008 (0.16)
Top10	0.000 (0.09)
Indep	-1.286 (0.58)
Dual	0.436*** (2.70)
Age	0.008 (0.92)
Degree	-0.069 (-1.06)
Gender	-0.235 (-0.90)
Avg_pov	3.726*** (7.31)
Constant	-2.744*** (-2.92)
N	3 111
Industry	Yes
Year	Yes
Pseudo R^2	0.070

表18 Heckman第二阶段检验结果

	Power
Pov	1.595*** (3.03)
Size	1.228*** (5.19)
Lev	-0.299 (-0.19)
Roa	5.127 (1.47)
State	3.876 (7.86)
Growth	-0.641** (-2.13)
Cash	0.860 (0.37)
Tobinq	-0.064 (-0.33)
Top10	-0.018 (-1.05)
Indep	5.297 (3.27)
Dual	-0.402 (-0.53)
Age	0.063 (1.62)
Degree	-0.326 (-1.03)
Gender	-1.494 (-1.17)
IMR	-1.159 (-1.53)
Constant	-32.377*** (-6.94)
N	3 111
Industry	Yes
Year	Yes
R^2	0.203
Adj.R^2	0.196

（三）改变回归方法

1. Logit回归

假设一中解释变量高管团队贫困经历（Pov）和被解释变量企业参与脱贫攻坚倾向（Tpa），均为虚拟变量，在主回归中采用了Probit回归模型，在稳健性检验中采用Logit回归模型。Logit模型也是广义线性模型，F被定义为逻辑分布，公式如下：

$$P(Y_i = 1|X_i) = \varphi(x_i'\beta) = \frac{\exp(x_i'\beta)}{1 + \exp(x_i'\beta)} \tag{4}$$

Logit模型是最早的离散选择模型，适用于被解释变量Y是0-1变量，参数β常用极大似然估计。假设一的回归结果见表19，回归结果均在1%的水平上显著，说明假设一的结论稳健。

表19 Logit回归方法检验结果

	(1) Tpa	(2) Tpa	(3) Tpa	(4) Tpa
Pov	0.606*** (5.46)	0.543*** (4.57)	0.418*** (3.14)	0.438*** (3.03)
Size			0.453*** (12.91)	0.488*** (12.94)
Lev			-0.325 (-1.32)	-0.235 (-0.88)
Roa			3.594*** (4.96)	3.077*** (4.12)
State			1.617 (23.03)	1.589 (21.50)
Growth			-0.198*** (-4.23)	-0.141*** (-2.77)
Cash			-0.103 (-0.29)	0.236 (0.68)
Tobinq			-0.131*** (-3.17)	-0.057 (-1.36)

续表

	(1) Tpa	(2) Tpa	(3) Tpa	(4) Tpa
Top10			-0.008*** (-3.22)	-0.010*** (-3.73)
Indep			-1.961 (-0.95)	-2.284 (-1.39)
Dual			0.107 (1.10)	0.159 (1.55)
Age			0.010* (1.72)	0.006 (1.05)
Degree			0.107*** (2.61)	0.116*** (2.78)
Gender			-0.074 (-0.36)	-0.011 (-0.05)
Constant	-0.741*** (-23.83)	-0.871*** (-3.39)	-11.181*** (-13.27)	-11.842*** (-12.54)
N	5 080	5 071	4 379	4 372
Industry	No	Yes	No	Yes
Year	No	Yes	No	Yes
Pseudo R^2	0.0045	0.0456	0.1274	0.1511

2.Tobit回归

对假设二进行Tobit回归，Tobit模型又称为截尾回归模型，该模型适用于被解释变量虽然在正值上大致连续分布，但包含一部分以正概率取值为0的观察值的样本。在对参与脱贫攻坚力度（Power）进行度量时，把参与脱贫攻坚金额缺失的样本赋值为0纳入回归模型中，结果见表20，回归结果均在1%的水平上显著，说明假设二的结论稳健。

表 20　　Tobit 回归方法检验结果

	(1) Power	(2) Power	(3) Power	(4) Power
Pov	2.059*** (5.55)	1.601*** (4.41)	1.239*** (3.34)	1.136*** (3.09)
Size			1.657*** (18.45)	1.717*** (18.78)
Lev			-1.199* (-1.91)	-1.000 (-1.53)
Roa			6.115*** (3.86)	5.345*** (3.38)
State			2.162*** (10.07)	2.045*** (9.29)
Growth			-0.598*** (-5.31)	-0.416*** (-3.64)
Cash			0.794 (0.85)	1.732* (1.84)
Tobinq			-0.084 (-0.90)	0.112 (1.17)
Top10			-0.015** (-2.39)	-0.021*** (-3.29)
Indep			-1.289 (-0.74)	-1.724 (-1.01)
Dual			0.224 (0.90)	0.492* (1.94)
Age			0.033** (2.13)	0.021 (1.37)
Degree			0.293*** (2.79)	0.283*** (2.73)
Gender			-0.295 (-0.56)	-0.109 (-0.21)
Constant	4.407*** (44.99)	3.634*** (4.57)	-34.722*** (-16.06)	-35.744*** (-15.36)
N	5 080	5 080	4 379	4 379
Industry	No	Yes	No	Yes
Year	No	Yes	No	Yes
Pseudo R^2	0.0009	0.0112	0.0309	0.0372

（四）改变解释变量度量方法

首先，将贫困经历定义为如果总经理或董事长，有一个出生在2012年确定的国家级贫困县，则说明该高管团队具有贫困经历，分别对假设一进行了Probit回归，结果见表21，对假设二进行了OLS回归，结果见表22，回归系数均显著，假设一和假设二结论稳健。

表21 总经理或董事长有贫困经历的假设一回归结果

	(1) Tpa	(2) Tpa	(3) Tpa	(4) Tpa
Pov	0.415*** (5.49)	0.390*** (4.92)	0.252*** (3.15)	0.258*** (3.02)
Size			0.265*** (12.93)	0.285*** (13.05)
Lev			-0.174 (-1.21)	-0.129 (-0.83)
Roa			2.008*** (4.98)	1.769*** (4.23)
State			0.984 (23.15)	0.959 (21.63)
Growth			-0.118*** (-4.42)	-0.087*** (-3.00)
Cash			-0.107 (-0.49)	0.088 (0.42)
Tobinq			-0.072*** (-3.02)	-0.029 (-1.18)
Top10			-0.004*** (-2.96)	-0.005*** (-3.52)
Indep			-1.055 (-0.68)	-1.216 (-1.05)
Dual			0.056 (0.99)	0.081 (1.35)

续表

	(1) Tpa	(2) Tpa	(3) Tpa	(4) Tpa
Age			0.006* (1.68)	0.004 (1.04)
Degree			0.063*** (2.58)	0.068*** (2.77)
Gender			-0.060 (-0.49)	-0.018 (-0.15)
Constant	-0.470*** (-23.01)	-0.691*** (-3.78)	-6.574*** (-13.36)	-6.984*** (-12.66)
N	4 374	4 367	4 374	4 367
Industry	No	Yes	No	Yes
Year	No	Yes	No	Yes
Pseudo R^2	0.0054	0.0525	0.1264	0.1509

表 22　总经理或董事长有贫困经历的假设二回归结果

	(1) Power	(2) Power	(3) Power	(4) Power
Pov	2.324*** (5.73)	1.958*** (4.60)	1.237*** (3.32)	1.139*** (2.81)
Size			1.660*** (18.43)	1.720*** (17.59)
Lev			-1.205* (-1.92)	-1.013 (-1.61)
Roa			6.153*** (3.88)	5.346*** (3.89)
State			6.490 (36.15)	4.099 (19.39)
Growth			-0.610*** (-5.36)	-0.429*** (-3.73)

续表

	(1) Power	(2) Power	(3) Power	(4) Power
Cash			0.793 (0.84)	1.724** (1.97)
Tobinq			-0.087 (-0.90)	0.117 (1.33)
Top10			-0.015** (-2.36)	-0.021*** (-3.18)
Indep			-2.581 (0.51)	-3.438 (-0.02)
Dual			0.210 (0.85)	0.475* (1.93)
Age			0.033** (2.10)	0.021 (1.41)
Degree			0.291*** (2.76)	0.282*** (2.82)
Gender			-0.310 (-0.58)	-0.130 (-0.26)
Constant	4.372*** (41.35)	3.014*** (3.20)	-34.741*** (-16.00)	-35.802*** (-14.36)
N	4 374	4 374	4 374	4 374
Industry	No	Yes	No	Yes
Year	No	Yes	No	Yes
R^2	0.0074	0.0792	0.1870	0.2206
Adj.R^2	0.0072	0.0790	0.1844	0.2202

其次，将高管出生地与1994年国家级贫困县名单进行手工比对，将出生在1994年确定的贫困县的董事长定义为有过贫困经历的高管，假设一的回归结果见表23，假设二的回归结果见表24，假设一和假设二结论仍然稳健。

表23 采用1994年国家级贫困县名单假设一检验结果

	(1) Tpa	(2) Tpa	(3) Tpa	(4) Tpa
Pov	0.405*** (5.64)	0.358*** (4.79)	0.295*** (3.56)	0.296*** (3.36)
Size			0.254*** (11.60)	0.269*** (11.52)
Lev			0.014 (0.09)	0.067 (0.40)
Roa			2.196*** (5.02)	1.956*** (4.16)
State			0.932 (20.47)	0.920 (19.43)
Growth			-0.107*** (-3.74)	-0.078** (-2.56)
Cash			-0.050 (-0.21)	0.127 (0.56)
Tobinq			-0.075*** (-2.93)	-0.039 (-1.46)
Top10			-0.005*** (-3.13)	-0.006*** (-3.69)
Indep			-1.800 (-2.20)	-1.937 (-2.41)
Dual			0.072 (1.15)	0.119* (1.80)
Age			0.008** (2.06)	0.005 (1.38)
Degree			0.076*** (2.89)	0.081*** (3.06)
Gender			-0.090 (-0.71)	-0.028 (-0.22)
Constant	-0.503*** (-24.36)	-0.480*** (-2.84)	-6.395*** (-12.24)	-6.585*** (-11.18)
N	4 381	4 372	3 746	3 739
Industry	No	Yes	No	Yes
Year	No	Yes	No	Yes
Pseudo R^2	0.0058	0.0450	0.1262	0.1508

表24 采用1994年国家级贫困县名单假设二检验结果

	(1) Power	(2) Power	(3) Power	(4) Power
Pov	2.133*** (5.61)	1.690*** (4.24)	1.358*** (3.53)	1.256*** (3.01)
Size			1.575*** (16.43)	1.607*** (15.29)
Lev			-0.468 (-0.70)	-0.162 (-0.24)
Roa			6.727*** (3.98)	6.022*** (4.07)
State			6.074 (32.20)	3.944 (17.52)
Growth			-0.539*** (-4.43)	-0.383*** (-3.16)
Cash			0.982 (0.97)	1.639* (1.76)
Tobinq			-0.096 (-0.95)	0.062 (0.67)
Top10			-0.018** (-2.54)	-0.024*** (-3.25)
Indep			-5.019 (-0.68)	-5.648 (-1.06)
Dual			0.287 (1.05)	0.612** (2.23)
Age			0.041** (2.51)	0.031* (1.93)
Degree			0.364*** (3.23)	0.347*** (3.22)
Gender			-0.335 (-0.60)	-0.128 (-0.24)
N	4 381	4 381	3 746	3 746
Industry	No	Yes	No	Yes
Year	No	Yes	No	Yes
R^2	0.0071	0.0681	0.1767	0.2133
Adj.R^2	0.0069	0.0677	0.1765	0.2131

七、研究结论及启示

本文以2016—2019年A股上市公司为研究样本，对高管出生地是否在国家级贫困县进行了校对，对上市公司参与脱贫攻坚行为展开研究。从企业参与脱贫攻坚的动机出发，研究了高管团队贫困经历与企业参与脱贫攻坚行为之间的关系。本文发现，有过贫困经历的高管，其所在企业更有可能参与脱贫攻坚事业；有过贫困经历的高管其所在企业参与脱贫攻坚时投入的力度更大。进一步研究表明有过贫困经历的高管在职消费水平更低，即有过贫困经历的高管对自己更加节俭，对别人更加慷慨，证明了其参与脱贫攻坚的利他动机；通过分组检验发现，在国有企业中，有贫困经历的高管所在企业更倾向于参与脱贫攻坚，投入力度更大；有过贫困经历且受教育程度更高、年龄更大、女性比例更高的高管团队所在企业更倾向于参与脱贫攻坚，投入力度更大，更愿意回馈社会；有过贫困经历且非过度自信的高管所在企业更倾向于参与脱贫攻坚，投入力度更大，证明了心理因素对高管决策会产生影响。最后，通过对扶贫方式分组，发现企业参与产业扶贫时，高管团队有贫困经历的企业参与脱贫攻坚投入的力度更大。以上结论经过一系列稳健性检验后仍然成立。

党的十九届六中全会正式宣布我国全面建成小康社会，同时强调了我国仍处于并将长期处于社会主义初级阶段的基本国情，这决定了实现共同富裕必须久久为功。目前，我国低收入群体的主体是农民，实现共同富裕最艰巨、最繁重的任务依然在农村。面临百年未有之大变局和新冠疫情交织叠加的局面，巩固拓展脱贫攻坚成果和全面实施乡村振兴战略的深度、广度和难度都亟须关注。在迈向更高目标之际，为促进脱贫攻坚和乡村振兴的有效衔接，确保脱贫群众不返贫、能致富，不仅需要充分把握贫困发展的特点形成新的政策制度，还需要总结脱贫攻坚阶段的有效经验进一步寻求解决我国相对贫困问题的突破点；不仅需要政府主导推动建立长效机制，还需要社会、市场主体充分参与其中。基于此，本文的政策启示有如下几点：首先，本文证明了高管早期贫困经历会对其企业参与脱贫攻坚的决策产生影响，所以国家在后续开展巩固脱贫攻坚工作和实施乡村振兴战略时，需要关注在源头上解决“意识贫困”问题，注重对贫困地区儿童进行思想上的“脱贫”指导；其次，本文的结论证明高管贫困经历更能激发内心的同情和怜悯，从而加大参与脱贫攻坚的投入力度，所以需要关注心理特征因素对企业高管决策的影响；最后，本文从企业参与脱贫攻坚的动机出发，证明了管理者扶贫的利他动机，有助于相关政府部门了解企业参与脱贫攻坚的内在机制，在“后扶贫时代”充分运用脱贫攻坚过程中形成的相关经验，有针对性地激励企业持续参与相对贫困治理和乡村振兴，激发推动实现共同富裕的市场主体活力。

参考文献

[1] 曹海敏，孟元. 企业慈善捐赠是伪善吗——基于股价崩盘风险视角的研究 [J]. 会计研究，2019 (4)：89-96.

[2] 陈丽蓉，韩彬，杨兴龙. 企业社会责任与高管变更交互影响研究——基于A股上市公司的经验证据 [J]. 会计研究，2015 (8)：57-64+97.

[3] 程令国，张晔. 早年的饥荒经历影响了人们的储蓄行为吗？——对我国居民高储蓄率的一个新解释 [J]. 经济研究，2011 (8)：119-132.

[4] 范黎波，尚铎. 管理层语调会影响慈善捐赠吗？——基于上市公司 "MD&A" 文本分析的研究 [J]. 经济与管理研究，2020 (2)：112-126.

[5] 高勇强，陈亚静，张云均. "红领巾" 还是 "绿领巾"：民营企业慈善捐赠动机研究 [J]. 管理世界，2012 (8)：106-114+146.

[6] 胡珺，彭远怀，宋献中，等. 控股股东股权质押与策略性慈善捐赠——控制权转移风险的视角 [J]. 中国工业经济，2020 (2)：174-198.

[7] 胡珺，宋献中，王红建. 非正式制度、家乡认同与企业环境治理 [J]. 管理世界，2017 (3)：76-94+187-188.

[8] 贾明，张喆. 高管的政治关联影响公司慈善行为吗？[J]. 管理世界，2010 (4)：99-113+187.

[9] 江新峰，李四海. 大股东持股与企业捐赠行为——基于代理理论的研究 [J]. 经济管理，2019 (7)：154-170.

[10] 靳小翠. 企业文化会影响企业社会责任吗？——来自中国沪市上市公司的经验证据 [J]. 会计研究，2017 (2)：56-62+97.

[11] 赖黎，巩亚林，马永强. 管理者从军经历、融资偏好与经营业绩 [J]. 管理世界，2016 (8)：126-136.

[12] 李彬，谷慧敏，高伟. 制度压力如何影响企业社会责任：基于旅游企业的实证研究 [J]. 南开管理评论，2011 (6)：67-75.

[13] 李思飞，侯梦虹，王迪. 管理层过度自信与企业社会责任履行 [J]. 金融评论，2015 (5)：58-69+124.

[14] 李四海，陈旋，宋献中. 穷人的慷慨：一个战略性动机的研究 [J]. 管理世界，2016 (5)：116-127+140.

[15] 刘柏，卢家锐. "顺应潮流" 还是 "投机取巧"：企业社会责任的传染机制研究 [J]. 南开管理评论，2018 (4)：182-194.

［16］刘振杰，李颖达，李维安．董事长贫困经历与企业战略风险承担［J］．华东经济管理，2019（11）：142-152.

［17］马永强，邱煜，金智．CEO贫困出身与企业创新：人穷志短抑或穷则思变？［J］．经济管理，2019（12）：88-104.

［18］邱煜．贫困经历会使高管更加谨慎吗？［J］．现代财经（天津财经大学学报），2019（10）：46-62.

［19］权小锋，醋卫华，尹洪英．高管从军经历、管理风格与公司创新［J］．南开管理评论，2019（6）：140-151.

［20］宋鹏，李垣．公众关注度、社会网络与企业慈善捐赠［J］．现代管理科学，2019（11）：90-93.

［21］王士红．所有权性质、高管背景特征与企业社会责任披露——基于中国上市公司的数据［J］．会计研究，2016（11）：53-60+96.

［22］吴文锋，吴冲锋，刘晓薇．中国民营上市公司高管的政府背景与公司价值［J］．经济研究，2008（7）：130-141.

［23］徐细雄，龙志能，李万利．儒家文化与企业慈善捐赠［J］．外国经济与管理，2020（2）：124-136.

［24］许年行，李哲．高管贫困经历与企业慈善捐赠［J］．经济研究，2016（12）：133-146.

［25］袁有赋，李珍．CEO早期大饥荒经历、管理决断权与企业捐赠——基于烙印理论的实证研究［J］．商学研究，2019（3）：111-119.

［26］曾建光，张英，杨勋．宗教信仰与高管层的个人社会责任基调——基于中国民营企业高管层个人捐赠行为的视角［J］．管理世界，2016（4）：97-110.

［27］张建君．竞争—承诺—服从：中国企业慈善捐款的动机［J］．管理世界，2013（9）：118-129+143.

［28］张琦，步丹璐，郁智．媒体关注、报道情绪与政府“三公”预算抑制［J］．经济研究，2016（5）：72-85.

［29］张晓亮，文雯，宋建波．学者型CEO更加自律吗？——学术经历对高管在职消费的影响［J］．经济管理，2020（2）：106-126.

［30］张兆国，向首任，曹丹婷．高管团队异质性与企业社会责任——基于预算管理的行为整合作用研究［J］．管理评论，2018（4）：120-131.

［31］周楷唐，麻志明，吴联生．高管学术经历与公司债务融资成本［J］．经济研究，2017（7）：169-183.

［32］祝继高，辛宇，仇文妍．企业捐赠中的锚定效应研究——基于“汶川地震”和“雅安地震”中企业捐赠的实证研究［J］．管理世界，2017（7）：129-141+188.

［33］BERNILE G，BHAGWAT V，RAGHAVENDRA P．What doesn't Kill You Will Only Make You More Risk-loving：Early-life Disasters and CEO Behavior［J］．Journal of Finance，2016，72（1）：167-206.

［34］BERTRAND M，SCHOAR A．Managing with Style：the Effect of Managers on Firm Policies［J］．Quarterly Journal of Economics，2003，118（4）：1169-1208.

[35] BUCCIOL A, ZARRI L. Financial Risk Aversion and Personal Life History [R]. S.L.: Netspar Discussion paper, 2013.

[36] CHEN C W, TULIAO K, CULLEN J B. Does Gender Influence Managers Ethics? A Cross-cultural Analysis [J]. Business Ethics a European Review, 2016, 25 (4): 345-362.

[37] COVELLO V T. Risk Communication, the West Nile Virus Epidemic, and Bioterrorism: Responding to the Communication Challenges Posed by the Intentional or Unintentional Release of a Pathogen in an Urban Setting [J]. Journal of Urban Health, 2001, 78 (2): 382-391.

[38] DITTMAR A K, DUCHIN R. Looking in the Rear View Mirror: the Effect Of Managers' Professional Experience on Corporate Financial Policy [J]. Review of Financial Studies, 2016, 29 (3): 565-602.

[39] ELDER G H. Children of the Great Depression [J]. Geophysics, 1974, 13 (3): 417-432.

[40] GOEL A M, THAKOR A V. Overconfidence, CEO Selection, and Corporate Governance [J]. Journal of Finance, 2008, 63 (6): 2737-2784.

[41] GRAHAM J R, HARVEY C R, PURI M. Managerial Attitudes and Corporate Actions [J]. Journal of Financial Economics, 2013, 109 (1): 103-121.

[42] HAMBRICK D C, MASON P A. Upper Echelons: the Organization as a Reflection of Its Top Managers [J]. Academy of Management Review, 1984, 9 (2): 193-206.

[43] HAYWARD M L A, HAMBRICK D C. Explaining the Premiums Paid for Large Acquisitions: Evidence of CEO Hubris [J]. Administrative Science Quarterly, 1997 (1): 103-127.

[44] HOLMAN E A, SILVER R C. Getting "stuck" in the Past: Temporal Orientation and Coping with Trauma [J]. Journal of Personality and Social Psychology, 1998, 74 (5): 1146-1163.

[45] HUANG J, DARREN J K. Gender and Corporate Finance: are Male Executives Overconfidence Relative to Female Executives? [J]. Journal of Financial, 2016, 108 (3): 822-839.

[46] MALMENDIER U, NAGEL S. Depression on Babies: Do Macroeconomic Experiences Affect Risk Taking? [J]. Narnia, 2011, 126 (1): 373-416.

[47] MALMENDIER U, TATE G. Does Overconfidence Affect Corporate Investment? CEO Overconfidence Measures Revisited [J]. European Financial Management, 2005, 11 (5): 649-659.

[48] MARX J D. Women and Human Services Giving [J]. Social Work, 2000, 45 (1): 27-38.

[49] OH W, CHANG Y K, CHENG Z. When CEO Career Horizon Problems Matter for Corporate Social Responsibility: The Moderating Roles of Industry-Level Discretion and Blockholder Ownership [J]. Journal of Business Ethics, 2016, 133 (2): 279-291.

[50] PRENDERGAST C, LARS S. Impetuous Youngsters and Jaded Old-timers: Acquiring a Reputation for Learning [J]. Journal of Political Economy, 1996, 104 (6): 1105-1134.

[51] ROLL R. The Hubris Hypothesis of Corporate Takeovers [J]. Journal of Business, 2016, 59 (2): 437-467.

[52] SCHOAR A. Shaped by Booms and Busts: How the Economy Impacts CEO Careers and Management Styles [J]. The Review of Financial Studies, 2017, 30 (5): 1425-1456.

[53] SCHOAR A, ZUO L. Shaped by Booms and Busts: How the Economy Impacts CEO

Careers and Management Styles [J]. The Review of Financial Studies, 2017, 30 (5): 1425-1456.

[54] SIGMUND F. A General Introduction to Psychoanalysis [J]. Journal of Nervous & Mental Disease, 1920, 52 (6): 548-549.

Every People's Livelihood Matters: Poverty Experience of Senior Management Team and Corporate's Participation in Poverty Alleviation

Hongxian Zhen, Wenxin Guo, Beibei Wu, Baoyu xiao

Abstract Corporate's participation in poverty alleviation is conducive to enhancing the self-development capacity of poor areas and is an important way to win the battle against poverty. It is also of practical significance to study the motives of corporate's participation in poverty alleviation for it can help us to consolidate and expand the results of poverty alleviation, to successively promote rural revitalization and to promote the common prosperity of all people. Based on the information collected of A-share listed companies about poverty alleviation from 2016 to 2019, this paper studies the impact of poverty experience of senior executive team on corporate's participation in poverty alleviation. The results show that, the firm with senior executives who have poverty experience is more likely to participate in poverty alleviation, and results in spending more on poverty alleviation. Further tests show that senior executive with poverty experience has lower perk consumption and that participation in poverty alleviation of companies will curb their investment levels. The group test found that compared to non-state-owned enterprises, the senior managers of state-owned enterprises with poverty experience are more likely to participate in poverty alleviation and invest more. This conclusion holds the same in the group tests of non-state enterprises with senior management group of higher educational level, older age, higher women proportion and non-overconfident executives. Finally, by grouping poverty alleviation, it is found that when enterprises participate in industrial poverty alleviation, the poverty experience of senior executive team leads to stronger participation power in poverty alleviation. In the "post-poverty era", this paper provides new ideas on how to guide social forces to participate in relative poverty governance.

Key Words corporate poverty alleviation; poverty experience; senior executive team; property nature; educational background

第13辑，2022年
No.13，2022
会计与控制评论
Review of Accounting and Control

董责险治理会诱发企业的激进投融资行为吗？①

曹玉珊[1]　张十根[1，2]

（1.江西财经大学会计学院　南昌　330013，2.盐城工学院经济管理学院　盐城　224051）

摘　要　以2013—2020年我国沪深A股非金融类上市公司为研究样本，考察董责险治理对企业激进投融资行为的影响，发现：引入董责险治理会诱发企业进行超额融资和过度并购等激进投融资行为。进一步地，董责险治理诱发的超额融资、过度并购等激进投融资行为会阻碍企业“脱虚向实”。吸引保险机构投资者、合理设置赔偿限额以及交易所监管问询可以防范董责险治理诱发的激进投融资行为。本文的研究不仅可以丰富董责险治理经济后果以及企业激进投融资行为影响因素的文献，而且可以为董责险治理机制的实践应用提供一些经验证据。

关键词　激进投融资行为　董责险治理　超额融资　过度并购

---

①　基金项目：江西省高校人文社会科学研究项目（GL18130）；江西省2019年度研究生创新专项基金项目（YC2019-B078）。作者简介：曹玉珊（1973-），男，江西余干人，江西财经大学会计学院教授，管理学（会计学）博士，博士生导师，研究方向为公司治理与财务管理；张十根（通讯作者）（1986-），男，江西吉安人，江西财经大学会计学院博士生，盐城工学院讲师，研究方向为公司治理与财务管理。联系方式：张十根，15862082554，shouwangzhe2006@126.com。通讯地址：江苏省盐城市希望大道中路1号，邮编224051。

一、引 言

为了更好地保护投资者的利益，促进资本市场健康发展，我国加大了投资者保护法律体系的建设力度。在此背景下，我国上市公司及其管理层面临的履职风险和个人民事赔偿责任急剧上升。比如，2021年，因公司巨额财务造假，康美药业的五位独立董事均被判处承担上亿元的民事赔偿连带责任。管理层履职风险和个人民事赔偿责任的不断加大不仅会提高管理层的风险厌恶程度以及管理层离职的概率，而且容易诱发管理层在履职期间畏首畏尾、不思进取等新的代理问题。为了促使管理层大胆履职并更好地完成受托义务，越来越多的企业引入了董事高管责任保险（以下简称“董责险治理”）。理论上而言，董责险治理属于一种兼具激励和监督功能的治理机制，可以对公司已有激励和监督机制进行有效补充（Core，1997）。然而，关于董责险治理在企业中的应用效果，已有研究却得出了“激励监督假说”和“机会主义假说”两种截然不同的观点。支持“激励监督假说”的研究发现，引入董责险治理可以对管理层进行有效的激励和监督，提升企业风险承担水平（胡国柳和胡珺，2017），缓解代理冲突（凌士显和白锐锋，2017）。而支持“机会主义假说”的观点认为，引入董责险治理会弱化法律机制的威慑和惩戒作用（冯来强等，2017），诱发管理层的道德风险和逆向选择（Zou et al.，2008）。

融资和投资属于企业的两大财务活动，是管理层意志和利益相关者利益的重要体现（Bertrand and Schoar，2003）。一般而言，在经营权和所有权分离的情况下，作为委托的股东属于风险中立型，其总是期望管理层在企业融资和投资等活动中适度承担风险并努力实现股东财富最大化。而作为受托方的管理层通常属于风险厌恶型，其总是期望在收益不变的情况下尽可能规避风险，或者在风险不变的情况下尽量实现个人利益最大化（Hall and Murphy，2002）。股东和管理层在风险偏好和利益目标上的不一致容易诱发代理冲突（Jensen and Meckling，1976）。其中，超额融资、过度并购等激进投融资行为[①]就属于代理冲突的一种重要体现。那么，引入董责险治理会对企业激进投融资行为产生何种影响？董责险治理影响下企业激进投融资行为会导致何种经济后果？倘若董责险治理诱发了激进投融资行为，那么可以采取哪些措施防范激进投融资行为的发生？对于这些问题，目前鲜有文献提供经验证据的支持。

有鉴于此，本文以2013—2020年我国沪深A股非金融类上市公司为样本，拟

① 本文中的激进投融资行为主要包含激进投资行为和激进融资行为。其中，激进投资行为和激进融资行为分别指过度并购和超额融资。本文将在后续部分对超额融资以及过度并购的定义和度量方式等内容进行详细阐述。

对上述问题进行解答。经验证据表明：引入董责险治理会诱发企业进行超额融资和过度并购等激进投融资行为，这一结论在采用变量替换、PSM、Heckman两步法、工具变量法等方法进行稳健性和内生性检验之后依然成立；董责险治理影响下企业超额融资、过度并购等激进投融资行为会阻碍企业“脱虚向实”；而通过采取吸引保险机构投资者、合理设置赔偿限额以及交易所监管问询等措施可以有效防范董责险治理所诱发的超额融资和过度并购等激进投融资行为。

本文的预期贡献主要有以下三点：

第一，丰富了董责险治理经济后果的研究。本文先后从企业超额融资、过度并购等激进投融资行为以及企业“脱虚向实”双重视角考察了董责险治理的经济后果，研究视角更有层次性且研究结论更具说服力。

第二，延伸了超额融资、过度并购等激进投融资行为影响因素的研究。本文从董责险治理这一新的视角找到了影响企业超额融资和过度并购等激进投融资行为的因素。

第三，本文的研究不仅可以在理论方面补充如何优化董责险治理对企业超额融资和过度并购等激进投融资行为治理效应领域的文献，而且可以在实践方面为防范董责险治理所诱发的超额融资和过度并购等激进投融资行为提供一定的经验借鉴和启示。

余文安排如下：第二部分为董责险治理与企业激进投融资行为；第三部分为董责险治理所诱发激进投融资行为的防范研究；第四部分为研究结论与政策建议。

二、董责险治理与企业激进投融资行为

（一）理论分析与假设提出

1.董责险治理与激进融资行为

融资活动是企业资金活动的起点。当企业面临较大的资金需求时可以通过债务融资或增发新股等方式筹集资金。企业适度进行债务融资可以满足企业资金需求，缓解融资约束。类似地，企业适度增发新股也可以缓解融资约束，优化资本结构。事实上，企业融资决策往往是企业内外部利益相关者意志的体现（Bertrand and Schoar，2003）。代理理论认为，由于代理问题的存在，管理层作为机会主义者可能为了巩固自身职位或者追求自身“功绩”而盲目地进行举债投资（Jensen and Meckling，1976），从而导致企业资本结构背离目标资本结构，形成过度负债。与之类似，出于谋取私有收益等目的，管理层也有动机推动企业进行过度增发。由此可见，管理层有动机推动企业进行过度负债或者过度增发，即有动机进行超额融

资。然而，过度负债会加大企业财务风险以及管理层收益波动的风险（綦好东等，2018），而过度增发容易稀释原有股东的股权甚至减损股东财富和企业价值（Asquith and Mullins，1986）。超额融资所导致的消极后果可能引发股东等投资者对管理层的诉讼和索赔，从而加大管理层进行超额融资的后顾之忧。

企业引入董责险治理的初衷是将管理层在履职过程中因工作失误或行为不当而导致的诉讼风险和个人民事赔偿责任转嫁给保险公司，从而更好地激励和监督管理层，缓解代理冲突，使其更好地履行受托责任。然而，引入董责险治理可能会因降低了管理层可能面临的诉讼风险和个人民事赔偿责任而导致管理层防御行为（Baker and Griffith，2007）。依据管理层防御理论，一旦管理层受到了较好的保护，他们会倾向于进行帝国构建（Bebchuk and Fried，2006），并且当受到的保护程度越高时，管理层更可能推动企业超规模增长以提升自身的地位、权力和薪酬。本文推测，企业引入董责险治理会诱发企业进行超额融资。首先，负债融资和增发新股融资都属于企业较为常用且正常的融资方式，管理层借助企业进行负债融资或增发新股融资的契机推动企业进行过度负债或过度增发具有很强的隐蔽性。虽然超额融资所导致的消极后果势必会加大管理层进行超额融资的后顾之忧，然而由于企业的目标负债水平以及最优的新股发行规模通常较难确定，管理层稍有判断失误或操作不当就可能导致企业超额融资。此外，超额融资会导致何种经济后果不仅取决于管理层的行为动机，而且还会受到管理层的经营管理水平、外部政治经济环境等多重因素的影响，并非管理层所能完全预测和把控的。因此，当因超额融资而遭受诉讼和索赔时，管理层可以将超额融资所导致的损失归因于决策失误或外部环境的变化，从而将民事赔偿责任转嫁给保险公司。有了董责险治理的保护，管理层进行超额融资等机会主义行为所面临的惩罚成本将大大降低，这容易诱发管理层将进行超额融资的动机转化为实际行动。其次，我国企业对管理层业绩“重奖轻罚”的现象较为普遍，管理层薪酬契约呈现“重激励而轻约束”的不对称特征（宛玲羽，2014）。管理层因推动企业超额融资并导致了消极的后果也可能对管理层的薪酬等方面带来有限的负面影响。再次，机会主义行为发生的重要前提之一是管理层和股东之间存在信息不对称。Weng et al.（2017）研究发现，企业引入董责险治理会加剧企业的信息不对称程度。这势必会为管理层进行超额融资提供良好的条件，从而导致管理层在融资活动中更加激进和自利。

综上，管理层有动机借助企业进行融资的契机隐蔽地推动企业进行超额融资；引入董责险治理不仅可以转嫁管理层因超额融资而可能面临的诉讼风险和赔偿支出，而且会加剧企业信息不对称程度，这将为管理层将超额融资的动机转化为实际行为提供很好的保护和条件。在上述因素的共同作用下，引入董责险治理会诱发企业进行超额融资等激进融资行为。基于上述分析，本文提出如下研究假设：

H1：引入董责险治理会诱发企业的激进融资行为。

2.董责险治理与激进投资行为

与西方发达国家相比，我国公司对管理层的薪酬激励相对不足（辛清泉等，2007）。管理层的薪酬（包括显性薪酬和隐性薪酬）通常与企业规模正相关（李善民等，2009），这导致我国企业管理层有较强的动机通过扩大企业规模以提高自身薪酬等收益。基于代理问题的并购动因理论认为，由于代理问题的存在，管理层有动机通过推动企业进行并购以更好地牟取私利。一般而言，企业实现规模扩张主要采用内部投资以及外部并购等方式。与一般的投资活动有所不同，并购是企业最为重要的一项战略资源配置，也是管理层实现企业战略以及谋取自身利益的一种重要方式。按照并购程度的不同可以将企业并购分为适度并购和过度并购。代理问题的存在容易诱发管理层盲目进行并购，并导致过度并购的发生（Grinstein and Hribar，2004）。与适度并购相比，过度并购具有更高的风险性，容易损害股东利益、减损企业价值。Jensen and Ruback（1983）研究发现并购公司在企业并购中没有获得积极的回报。类似地，Cording et al.（2002）提出了著名的公司并购“成功悖论”，即公司付出巨大代价实施并购，而结果不但没有增加反而减少了股东财富。

管理因推动企业进行过度并购所导致的消极后果容易加大管理层面临的诉讼风险和民事赔偿责任。这在一定程度上会对管理层的过度并购行为形成一定的威慑和惩戒。引入董责险治理有助于降低管理层进行过度并购的后顾之忧，诱发管理层更加肆无忌惮地推动企业进行过度并购。这是因为并购活动具有投入金额大、复杂性高等特点，这导致较难区分企业并购是否过度。因此，过度并购具有较强的隐蔽性。再加上并购活动具有高风险性，并购成功与否不仅取决于管理层的动机和经营管理水平，而且容易受到外部政治、经济等诸多因素的影响。管理层稍有决策失误或操作不当就可能导致企业过度并购失败。过度并购活动具有的上述特点使得管理层有借口将过度并购导致的损失归因于决策失误或外部环境的变化从而将赔偿责任转嫁给保险公司。有了董责险治理的“兜底保护”，管理层通过过度并购牟取私利的后顾之忧将大大减轻，从而诱发管理层在并购活动中更加激进和自利，进而导致企业过度并购的发生。郝照辉和胡国柳（2014）采用2008—2012年我国沪深A股上市公司数据的研究中也发现，引入董责险治理会加剧管理者为了满足私有收益而推动的并购行为。另外，董责险治理的兜底保护可能会提高管理层的过度自信程度。基于管理层自大假说的并购动因理论，Roll（1986）研究发现管理层越过度自信越可能高估自己的经营能力，从而更加倾向于对公司进行并购重组。

综上，在我国上市公司对管理层的激励相对不足的背景下，管理层有动机为了获取更高的私有收益而积极推动企业进行过度并购。董责险治理可以降低管理层因过度并购可能面临的赔偿责任，这在一定程度上为管理层推动企业进行过度并购提供了条件，诱发管理层将过度并购的动机转化为实际行动。由此可以推测，董责险治理会诱发管理层推动企业进行过度并购等激进投资行为。综合上述分析，本文提出如下研究假设：

H2：引入董责险治理会诱发企业的激进投资行为。

（二）研究设计

1.样本选择与数据来源

本文选取2013—2020年我国沪深A股非金融类上市公司为研究样本。本文对样本数据进行了如下筛选：

（1）剔除ST、*ST、PT类上市公司；

（2）剔除金融保险类上市公司；

（3）剔除房地产类上市公司；

（4）剔除并购失败样本；

（5）剔除相关财务数据缺失的公司。

由于在度量企业"脱虚向实"时，衍生金融资产、发放贷款及垫款、持有至到期投资等数据缺失较为严重，因此本文对度量"脱虚向实"所涉及的金融资产变量的缺失值进行补零处理。此外，为了控制极端值可能带来的影响，本文对所有连续变量进行了上下1%水平的Winsorize处理。

本文通过手工查阅沪深A股非金融类上市公司年报以及中国资讯行发布的沪深A股非金融类上市公司公告来获取有关董责险治理的信息，机构投资者持股数据取自RESSET数据库，其他数据来自于CSMAR数据库。本文采用Stata14.0对数据进行分析。

2.变量定义与模型构建

（1）变量定义。

①激进融资行为（Exrz）。

本文中的激进融资行为是指超额融资。本文采用虚拟变量（Exrz）来度量超额融资。当企业存在过度负债或者过度增发时，则认为企业进行了超额融资，将Exrz赋值为1；如果企业既不存在过度负债也不存在过度增发，则认为企业没有进行超额融资，将Exrz赋值为0。

关于过度负债（Exlev）和过度增发（Exshare），本文进行如下定义并采用如下方式进行度量：

a.过度负债。

本文借鉴文春晖等（2018）的研究，将过度负债定义为上市公司实际借款（短期借款和长期借款）超过上市公司正常借款需求的一种过度融资行为。具体来说，企业过度负债的计算步骤如下。

首先，计算企业正常的负债融资需求。按照文春晖等（2018）的做法，将企业成长性负债融资需求与可实现内生增长负债融资需求之差作为正常负债融资需求，其值越大，表示企业正常的负债融资需求越高。计算企业正常的负债融资需求（NEFR）的方法如公式（1）所示。

$$NEFR_{i,t} = (Asset_{i,t} - Asset_{i,t-1}) / Asset_{i,t} - Roe_{i,t} / (1 - Roe_{i,t}) \quad (1)$$

在公式（1）中，Asset为企业总资产；Roe为企业净资产收益率。

其次，计算企业过度负债水平。采用公式（2）计算企业实际负债水平超过正常负债融资需求水平的差额，该差额越大，表示企业过度负债（Exlev）水平越高。

$$Exlev_{i,t} = (Ld_{i,t} + Sd_{i,t}) / Asset_{i,t} - [(Asset_{i,t} - Asset_{i,t-1}) / Asset_{i,t} - Roe_{i,t} / (1 - Roe_{i,t})] \quad (2)$$

在公式（2）中，$Ld_{i,t}$和$Sd_{i,t}$分别表示上市公司长期借款和短期借款。

b.过度增发（Exshare）。

本文设置虚拟变量Exshare来度量过度增发。按照增发新股募集资金占总资产比值的年度行业33.33%和66.67%分位数将样本分为三部分。具体来说，当企业增发新股募集资金占总资产的比值大于该比值的年度行业上三分位数（66.67%）时，将过度增发（Exshare）赋值为1，即认为该企业过度增发；当企业增发新股募集资金占总资产的比值小于该比值的年度行业下三分位数（33.33%）时，将过度增发（Exshare）赋值为0，即认为该企业未过度增发。

②激进投资行为（Exmerge）。

本文中的激进投资行为是指过度并购。关于过度并购，目前学术界尚无明确统一的定义和度量指标。本文将过度并购定义为企业并购金额与企业总资产的比值处于年度行业前列的一种并购行为。具体来说，本文按照并购金额与企业总资产比值的年度行业三分位数将样本分为三部分。当企业并购金额与企业总资产的比值大于该比值的年度行业上三分位数（66.67%）时，认为该企业进行了过度并购，并将过度并购（Exmerge）赋值为1；当企业并购金额与企业总资产的比值小于该比值的年度行业下三分位数（33.33%）时，认为该企业未进行过度并购，并将过度并购（Exmerge）赋值为0。

③董责险治理（Doins）。

借鉴胡国柳和胡珺（2017）等的研究，本文采用虚拟变量Doins来度量上市公司引入董责险治理的情况。如果上市公司公告中披露了引入董责险治理的相关信息，并经过股东大会投票通过，则认为该上市公司引入了董责险治理，并将Doins赋值为1；反之，将Doins赋值为0。

④控制变量。

本文选取公司规模、偿债能力、盈利能力、公司成长性、固定资产占比、现金流状况、机构投资者持股、股权集中度、高管薪酬、独董比例、货币政策作为控制变量。此外，本文还控制了年度和行业虚拟变量。本文主要变量定义详见表1。

表1　　主要变量名称及定义

变量类别	变量名称	变量简称	变量定义
被解释变量	激进融资行为	Exrz	虚拟变量。当企业进行了超额融资，将Exrz赋值为1；反之，则将Exrz赋值为0
	激进投资行为	Exmerge	虚拟变量。当企业进行了过度并购时，将Exmerge赋值为1；反之，则将Exmerge赋值为0
解释变量	董责险治理	Doins	虚拟变量。若公司当年引入了董责险治理，将Doins赋值为1；反之，将Doins赋值为0
控制变量	公司规模	Size	总资产的自然对数
	偿债能力	Lev	总负债/总资产
	盈利能力	Roa	净利润/总资产
	公司成长性	Growth	（本年营业收入-上年营业收入）/上年营业收入
	固定资产占比	Ppel	固定资产净额/总资产
	现金流状况	Cash	经营现金流量净额/总资产
	机构投资者持股	Inshare	机构投资者持有A股数量/A股总股数
	股权集中度	Concen	第一大股东持股数/总股数
	高管薪酬	Wage	前三大高管薪酬的自然对数
	独董比例	Ddbl	独立董事人数/董事人数
	货币政策	M2	广义货币的自然对数
	行业	Industry	按照证监会行业分类2012年版设置虚拟变量
	年度	Year	年度虚拟变量

（2）模型构建。

借鉴陈仕华等（2013）、胡国柳和胡珺（2017）、文春晖等（2018）等的研究，建立如下研究模型（1）来检验假设H1和假设H2。

$$Exrz_{i,t}/Exmerge_{i,t} = \alpha_0 + \alpha_1 Doins_{i,t} + \alpha_2 Size_{i,t} + \alpha_3 Lev_{i,t} + \alpha_4 Roa_{i,t} + \alpha_5 Growth_{i,t} + \alpha_6 Ppel_{i,t} + \alpha_7 Cash_{i,t} + \alpha_8 Inshare_{i,t} + \alpha_9 Concen_{i,t} + \alpha_{10} Wage_{i,t} + \alpha_{11} Ddbl_{i,t} + \alpha_{12} M2_t + \sum Year + \sum Industry + \varepsilon_{i,t} \quad (1)$$

在模型（1）中，本文主要关注董责险治理（Doins）的系数符号及其显著性。若α_1显著为正，表明董责险治理会诱发企业激进投融资行为，假设H1和假设H2得到验证；若α_1显著为负，表明董责险治理会抑制企业激进投融资行为，假设H1

和假设H2未得到验证。

（三）实证结果分析

1.描述性统计

表2 Panel A列示了关于董责险治理与激进融资行为的描述性统计结果。从中可知，超额融资（Exrz）的均值为0.822，标准差为0.383，表明样本公司中通过过度负债或者过度增发新股进行超额融资的公司样本占总样本的比例为82.2%，我国上市公司超额融资的现象较为普遍。董责险治理（Doins）的均值为0.082，表明样本公司中仅有8.20%的上市公司引入了董责险治理，这与我国上市公司投保董责险的比例偏低的现状较为相符。

表2 Panel B列示了关于董责险治理与激进投资行为的描述性统计结果。从中可知，过度并购（Exmerge）的均值为0.500，这与本文按照并购金额占总资产比值的年度行业三分位数来定义过度并购的结果相符。董责险治理（Doins）的均值为0.074，表明样本公司中仅有7.40%的上市公司引入了董责险治理。

表2　**描述性统计表**

Panel A　关于董责险治理与激进融资行为的描述性统计

变量名	样本量	均值	标准差	最小值	Q1	中位数	Q3	最大值
Exrz	12 666	0.822	0.383	0.000	1.000	1.000	1.000	1.000
Doins	12 666	0.082	0.275	0.000	0.000	0.000	0.000	1.000
Size	12 666	22.507	1.322	20.027	21.556	22.329	23.288	26.379
Lev	12 666	0.473	0.195	0.067	0.330	0.479	0.617	0.903
Roa	12 666	0.028	0.060	−0.266	0.010	0.029	0.055	0.181
Growth	12 666	0.322	0.822	−0.682	−0.024	0.133	0.397	6.028
Ppel	12 666	0.243	0.169	0.006	0.109	0.211	0.342	0.722
Cash	12 666	0.046	0.063	−0.138	0.009	0.045	0.082	0.229
Inshare	12 666	0.424	0.239	0.003	0.226	0.444	0.612	0.899
Concen	12 666	0.338	0.145	0.091	0.225	0.317	0.431	0.724
Wage	12 666	14.415	0.702	12.751	13.947	14.381	14.835	16.409
Ddbl	12 666	0.375	0.054	0.333	0.333	0.357	0.429	0.571
M2	12 666	32.655	0.226	32.337	32.442	32.675	32.839	33.019

续表

Panel B 关于董责险治理与激进投资行为的描述性统计								
变量名	样本量	均值	标准差	最小值	Q1	中位数	Q3	最大值
Exmerge	10 170	0.500	0.500	0.000	0.000	0.500	1.000	1.000
Doins	10 170	0.074	0.262	0.000	0.000	0.000	0.000	1.000
Size	10 170	22.188	1.258	19.828	21.295	22.031	22.908	26.080
Lev	10 170	0.429	0.206	0.059	0.267	0.419	0.577	0.948
Roa	10 170	0.030	0.079	−0.374	0.012	0.034	0.064	0.195
Growth	10 170	0.373	0.917	−0.720	−0.018	0.152	0.439	6.220
Ppel	10 170	0.212	0.156	0.003	0.091	0.179	0.302	0.704
Cash	10 170	0.048	0.068	−0.152	0.009	0.046	0.087	0.240
Inshare	10 170	0.391	0.241	0.001	0.178	0.400	0.582	0.892
Concen	10 170	0.322	0.141	0.086	0.214	0.299	0.414	0.721
Wage	10 170	14.456	0.683	12.794	14.005	14.431	14.876	16.312
Ddbl	10 170	0.378	0.054	0.333	0.333	0.364	0.429	0.571
M2	10 170	32.741	0.212	32.347	32.567	32.753	32.923	33.019

2.多元回归分析

（1）董责险治理与激进融资行为的多元回归分析

表3列示了假设H1的多元回归结果。从表3可以看出，企业超额融资（Exrz）与董责险治理（Doins）的回归系数为0.1947，Z值为1.80，在10%的水平上显著正相关。这表明，引入董责险治理会诱发企业进行超额融资（即激进融资），假设H1得到验证。这一结果验证了董责险治理的“机会主义假说”。

（2）董责险治理与激进投资行为的多元回归分析

表4列示了假设H2的多元回归结果。从表4可以看出，企业过度并购（Exmerge）与董责险治理（Doins）的回归系数为0.2136，Z值为2.09，在5%的水平上显著正相关。这表明，引入董责险治理会诱发企业进行过度并购（即激进投资），假设H2得到验证。这一结果验证了董责险治理的“机会主义假说”。

表3　董责险治理与激进融资行为的多元回归结果

变量	(1) Exrz (系数)	(2) Exrz (Z值)
Doins	0.1947*	1.80
Size	-0.0619**	-2.17
Lev	1.9546***	11.97
Roa	4.8047***	10.70
Growth	-0.2002***	-7.11
Ppel	2.5776***	12.31
Cash	1.9007***	4.30
Inshare	-0.0066	-0.05
Concen	0.3708*	1.82
Wage	0.0629	1.45
Ddbl	0.2185	0.48
M2	0.8031***	4.86
Constant	-25.0469***	-4.75
年度/行业	已控制	
Obs	12 666	
Wald chi^2	924.43***	
Pseudo-R^2	0.10	

注：***、**和*分别表示在1%、5%和10%的水平上显著，Z值经过robust调整，并在公司层面进行了聚类调整。

表4 董责险治理与激进投资行为的多元回归结果

变量	(1) Exmerge (系数)	(2) Exmerge (Z值)
Doins	0.2136**	2.09
Size	-0.7307***	-23.22
Lev	0.1671	1.08
Roa	-0.3156	-0.91
Growth	0.1908***	6.04
Ppel	-0.9473***	-4.78
Cash	0.2222	0.58
Inshare	0.5606***	4.26
Concen	-1.6280***	-7.61
Wage	0.1069**	2.28
Ddbl	1.4957***	3.19
M2	0.2870**	2.07
Constant	4.6622	1.05
年度/行业	已控制	
Obs	10 170	
Wald chi^2	846.48***	
Pseudo-R^2	0.11	

注：***、**和*分别表示在1%、5%和10%的水平上显著，Z值经过robust调整，并在公司层面进行了聚类调整。

从董责险治理与激进融资行为、董责险治理与激进投资行为的回归结果可以看出，引入董责险治理会诱发企业的超额融资、过度并购等激进投融资行为，上述结果均验证了董责险治理的“机会主义假说”。

3.稳健性检验

(1) 替换激进融资行为度量方式

目前，学术界关于过度增发并无明确的定义和统一的度量方式。在本文的前述检验中，本文采用增发新股募集资金总额占企业总资产的年度行业三分位数来定义过度增发。为了检验这一做法是否稳健，本文还按照增发新股募集资金总额占企业总资产的年度行业四分位数重新度量过度增发。具体来说，当企业当年增发新股募集资金总额占总资产比值大于该比值的年度行业上四分位数（75%）时，则认为该企业进行了过度增发，并将过度增发赋值为1；反之，当企业当年增发新股募集资金总额占总资产比值小于该比值的年度行业下四分位数（25%）时，则认为该企业未过度增发，并将过度增发赋值为0。当企业当年发生过度负债融资或者过度增发时，则认为该企业进行了超额融资，并将超额融资（Exrz）赋值为1；反之，则认为该企业未进行超额融资，并将超额融资赋值为0。

（2）替换激进投资行为度量方式

目前，学术界关于过度并购并无明确的定义和统一的度量方式。在本文的前述检验中，本文采用并购金融占企业总资产的年度行业三分位数来定义过度并购。为了检验这一做法是否稳健，本文采用企业并购金额占总资产比值的年度行业四分位数来重新度量过度并购。具体来说，当企业并购金额占总资产比值大于该比值的年度行业上四分位数（75%）时，则认为该企业进行了过度并购，并将过度并购（Exmerge）赋值为1；反之，当企业并购金额占总资产比值小于该比值的年度行业下四分位数（25%）时，则认为该企业未进行过度并购，并将过度并购（Exmerge）赋值为0。

（3）倾向匹配得分法（PSM）

为了缓解企业引入董责险治理可能存在的选择性偏误问题对研究结论的影响，本文借鉴Yuan et al.（2016）的研究，采用倾向得分匹配法按照1：2的比例进行最近邻匹配。

首先，本文选择如下变量作为影响企业引入董责险治理的关键变量：公司财务特征变量（公司规模、资产负债率、总资产收益率、营业收入增长率、现金流）、公司治理机制变量（机构投资者持股比例、第一大股东持股比例、董事会规模、两职合一、独董比例、内部控制质量）、衡量股东利益冲突变量（总资产周转率）、公司其他特征变量（上市年龄）以及年度和行业特征。其次，在对样本进行匹配之后，本文按照模型（1）重新进行回归。

（4）Heckman两步法

为了缓解企业引入董责险治理可能存在的自选择问题对研究结论的影响，本文借鉴Yuan et al.（2016）的研究，采用Heckman两步法进行稳健性检验。在第一阶段，本文选择如下变量作为影响企业引入董责险治理的关键变量：公司财务特征变量（公司规模、资产负债率、总资产收益率、营业收入增长率、现金流）、公司治理机制变量（机构投资者持股比例、第一大股东持股比例、董事会规模、两职合一、独董比例、内部控制质量）、衡量股东利益冲突变量（总资产周转率）、公司其他特征变量（上市年龄）以及年度和行业特征。构建Probit模型以估计上市公司引入董责险治理的逆米尔斯比（IMR）。在第二阶段，本文将估计出来的逆米尔斯比（IMR）加入到模型（1）中重新进行回归。

（5）工具变量法

本文还采用了工具变量法以缓解内生性问题。借鉴Yuan et al.（2016）的做法，本文选择独立董事中拥有海外工作背景的独董占比（Foreige）作为工具变量。之所以选择独立董事中拥有海外工作背景的独董占比（Foreige）作为工具变量，主要是因为董责险治理在国外尤其是发达资本市场上的发展历程较长、投保率很高，因此拥有海外工作背景的独董通常对董责险治理的功能、保险范围以及索赔等知识有更深入的了解，并更愿意积极推动企业引入董责险治理。因此，该工具变量可以满足相关性要求。此外，拥有海外工作背景的独董并不会直接影响企业激进投融资行为。因此，以独立董事中拥有海外工作背景的独董占比（Foreige）作为工具变量可以满足外生性要求。当然，上述工具变量是否满足相关性和外生性要求，还需要经过统计检验。

由于受到文章篇幅的限制，上述稳健性检验结果未在文中报告，留存备索。

4.进一步分析："脱虚向实"视角下董责险治理所诱发激进投融资行为的经济后果

（1）董责险治理所诱发激进融资行为的经济后果分析

本文的研究结果表明，引入董责险治理会诱发超额融资这一管理层机会主义行为。事实上，企业融资决策往往是企业内外部利益相关者意志的体现。管理层借助董责险治理的保护推动企业进行超额融资的主要目的是更好地牟取私利。具体而言，超额融资可以为管理层提供更多的"冗余资金"，当管理层手中掌控的自由现金流量越多时，越可能引发管理层进行过度投资等代理问题。鉴于实体行业与金融、房地产等行业之间平均利润率差距较大的现实背景，企业通过各种方式进入金融和房地产行业可以获得远超于实体行业的投资回报（张成思和郑宁，2020）。因此，管理层有动机推动企业进行金融投资。有了超额融资所提供的大量资金的支持，管理层可以将更多的资金配置到金融资产和投资性房地产中以期更好地进行投机套利，这将提高企业过度金融化水平、抑制企业"脱虚向实"。由此可以推测，引入董责险治理会诱发企业进行超额融资，而超额融资会提高企业过度金融化水平，即阻碍企业"脱虚向实"。换言之，董责险治理所诱发激进融资行为会带来阻碍企业"脱虚向实"这一消极经济后果。

为了检验上述推测，本文借鉴温忠麟等（2004）的做法，建立模型（2）、模型（3）和模型（4）并采用逐步回归法进行中介效应检验。

$$Exfin_{i,t} = \alpha_0 + \alpha_1 Doins_{i,t} + \alpha_i \sum Controls_{i,t} + \varepsilon_{i,t} \qquad (2)$$

$$Med_{i,t} = \beta_0 + \beta_1 Doins_{i,t} + \beta_i \sum Controls_{i,t} + \varepsilon_{i,t} \qquad (3)$$

$$Exfin_{i,t} = \gamma_0 + \gamma_1 Doins_{i,t} + \gamma_2 Med_{i,t} + \gamma_i \sum Controls_{i,t} + \varepsilon_{i,t} \qquad (4)$$

在上述模型中，Exfin为企业"脱虚向实"，Med为激进融资（投资）行为，Controls为控制变量，变量相关定义详见表1。

关于企业"脱虚向实"（Exfin）的度量。已有研究发现，企业适度金融化可以产生"蓄水池"效应，如缓解企业流动性不足，促进企业创新（王少华等，2020），提高企业价值（蔡艳萍和陈浩琦，2019）；而企业过度金融化则会产生"挤出效应”，如抑制企业创新（王少华等，2020），减损企业价值（蔡艳萍和陈浩琦，2019）。因此，本文认为企业“脱虚向实”并非片面强调降低金融化水平，而应是降低企业过度金融化水平。基于上述考量，本文将企业“脱虚向实”定义为显著降低企业过度金融化水平。其中，过度金融化水平是指企业实际金融化水平超过最优金融化水平的程度，其具体计算过程如下所示。

借鉴黄贤环等（2019）的做法，本文构建模型（5）并进行OLS回归以估计出企业过度金融化水平。在模型（5）中，当模型拟合出来的残差大于0时，表明企业实际金融化水平超过了最优金融化水平，并令“脱虚向实”（Exfin）等于该残差，“脱虚向实”（Exfin）的数值越大表明企业过度金融化水平越高，企业“脱虚向实”程度越低；反之，当模型拟合出来的残差小于等于0时，表明企业实际金融化水平未超过最优金融化水平，企业并未过度金融化，并令“脱虚向实”（Exfin）等于0。因此，在本文中，企业“脱虚向实”（Exfin）为反向指标，该值越大，表明企业“脱虚向实”程度越低；反之，则表明企业“脱虚向实”程度越高。

$$Fin_{i,t} = \alpha_0 + \alpha_1 Fin_{i,t-1} + \alpha_2 Size_{i,t-1} + \alpha_3 Lev_{i,t-1} + \alpha_4 Roa_{i,t-1} + \alpha_5 Growth_{i,t-1} + \alpha_6 Cash_{i,t-1} + \alpha_7 Age_{i,t-1} + \sum Year + \sum Industry + \varepsilon \quad (5)$$

在模型（5）中，Fin为企业实际金融化水平，借鉴张成思和郑宁（2020）等的研究，采用“（交易性金融资产+可供出售金融资产+持有至到期投资+发放贷款及垫款+衍生金融工具+长期股权投资+投资性房地产）/总资产”来度量。由于2018年我国发布了新企业会计准则，新准则不再使用“持有至到期投资”和“可供出售金融资产”科目，同时新增“债权投资”、“其他债权投资”、“其他权益工具投资”以及“其他非流动性金融资产”科目。故对于2018—2020年的财务数据，借鉴张成思和郑宁（2020）的做法，采用“（交易性金融资产+债权投资+其他债权投资+其他权益工具投资+其他非流动性金融资产+发放贷款及垫款+衍生金融工具+长期股权投资+投资性房地产）/总资产”来度量。变量的具体定义和度量方式见表1。

董责险治理所诱发激进融资行为影响企业“脱虚向实”的多元回归结果见表5。从表5列（1）可以看出，企业“脱虚向实”（Exfin）与董责险治理（Doins）在1%的水平上显著正相关；从表5列（2）可以看出，企业“超额融资”（Exrz）与董责险治理（Doins）在10%的水平上显著正相关；从表5列（3）可以看出，企业“脱虚向实”（Exfin）与董责险治理（Doins）在1%的水平上显著正相关，企业“脱虚向实”（Exfin）与超额融资（Exrz）在5%的水平上显著正相关，并且列（3）中企业“脱虚向实”（Exfin）与董责险治理（Doins）的回归系数（0.0078）要小于列（1）中企业“脱虚向实”（Exfin）与董责险治理（Doins）的回归系数（0.0079）。这表明，董责险治理会诱发企业进行超额融资，超额融资会抑制企业“脱虚向实”。由此可见，董责险治理所诱发激进融资行为会带来阻碍企业“脱虚向实”这一消极经济后果。

表5 董责险治理所诱发激进融资行为的经济后果检验

变量	(1) Exfin	(2) Exrz	(3) Exfin
Doins	0.0079*** (2.76)	0.1947* (1.80)	0.0078*** (2.72)
Exrz			0.0050** (2.57)
Size	0.0003 (0.38)	−0.0619** (−2.17)	0.0004 (0.42)
Lev	−0.0070 (−1.36)	1.9546*** (11.97)	−0.0084 (−1.62)
Roa	−0.0493*** (−3.41)	4.8047*** (10.70)	−0.0524*** (−3.61)
Growth	−0.0018** (−2.04)	−0.2002*** (−7.11)	−0.0017* (−1.87)
Ppel	−0.0712*** (−12.06)	2.5776*** (12.31)	−0.0725*** (−12.21)
Cash	0.0460*** (3.61)	1.9007*** (4.30)	0.0445*** (3.49)
Inshare	−0.0050 (−1.23)	−0.0066 (−0.05)	−0.0051 (−1.24)
Concen	−0.0104 (−1.60)	0.3708* (1.82)	−0.0106 (−1.63)
Wage	0.0005 (0.37)	0.0629 (1.45)	0.0005 (0.34)
Ddbl	−0.0011 (−0.08)	0.2185 (0.48)	−0.0013 (−0.10)
M2	0.0098*** (2.71)	0.8031*** (4.86)	0.0094*** (2.59)
Constant	−0.3318*** (−2.89)	−25.0469*** (−4.75)	−0.3215*** (−2.79)
年度/行业	已控制	已控制	已控制
Obs	12 666	12 666	12 666
F值/ Wald chi^2	8.671	924.43	8.558
Pseudo-R^2	−0.1091	0.0960	−0.1112

注：***、**和*分别表示在1%、5%和10%的水平上显著。列（2）中括号内为Z值，其余列括号内均为T值，T值和Z值均经过robust调整，并在公司层面进行了聚类调整。

（2）董责险治理所诱发激进投资行为的经济后果分析

本文的研究结果表明，引入董责险治理会诱发企业过度并购这一管理层机会主义行为。与超额融资类似，企业并购活动通常也会在很大程度上受到管理层意志和利益目标的影响。在并购标的的选择中，管理层通常更倾向于选择利润率更高的并购标的。与实体企业相比，金融资产和投资性房地产的利润率更高且投资回收期更短，属于“更为理想”的并购标的。在牟取私利动机的驱使以及董责险治理的保护下，管理层有动机和条件将金融资产和投资性房地产作为并购目标并通过过度并购的方式将其隐蔽地并购进来，这将提高企业过度金融化水平、抑制企业“脱虚向实”。由此可以推断，引入董责险治理会诱发企业进行过度并购，这会提高企业过度金融化水平，即阻碍企业“脱虚向实”。换言之，董责险治理下企业过度并购会带来阻碍企业“脱虚向实”这一消极经济后果。

为了检验上述推测，本文借鉴温忠麟等（2004）的做法，建立模型（2）、模型（3）和模型（4）并采用逐步回归法进行中介效应检验。

董责险治理所诱发激进投资行为影响企业“脱虚向实”的实证结果见表6。从中可知，董责险治理会诱发企业进行过度并购，过度并购会抑制企业“脱虚向实”。换言之，过度并购在董责险治理抑制企业“脱虚向实”中发挥了部分中介作用。由此可见，董责险治理所诱发激进投资行为会带来阻碍企业“脱虚向实”这一消极经济后果。

表6 董责险治理所诱发激进投资行为的经济后果检验

变量	（1）Exfin	（2）Exmerge	（3）Exfin
Doins	0.0106*** （2.80）	0.2136** （2.09）	0.0103*** （2.74）
Exmerge			0.0073*** （3.53）
Size	-0.0015 （-1.37）	-0.7307*** （-23.22）	-0.0004 （-0.37）
Lev	-0.0113* （-1.75）	0.1671 （1.08）	-0.0114* （-1.78）
Roa	-0.0414*** （-2.90）	-0.3156 （-0.91）	-0.0410*** （-2.87）
Growth	-0.0018 （-1.57）	0.1908*** （6.04）	-0.0021* （-1.80）

续表

变量	(1) Exfin	(2) Exmerge	(3) Exfin
Ppel	−0.0969*** (−12.21)	−0.9473*** (−4.78)	−0.0954*** (−12.08)
Cash	0.0482*** (3.06)	0.2222 (0.58)	0.0480*** (3.06)
Inshare	0.0007 (0.13)	0.5606*** (4.26)	−0.0002 (−0.04)
Concen	−0.0090 (−1.04)	−1.6280*** (−7.61)	−0.0064 (−0.74)
Wage	0.0008 (0.43)	0.1069** (2.28)	0.0006 (0.33)
Ddbl	0.0066 (0.36)	1.4957*** (3.19)	0.0037 (0.21)
M2	0.0190*** (3.43)	0.2870** (2.07)	0.0185*** (3.35)
Constant	−0.5979*** (−3.37)	4.6622 (1.05)	−0.6074*** (−3.43)
年度/行业	已控制	已控制	已控制
Obs	10 170	10 170	10 170
F值/Wald-chi²	8.56	846.48	8.78
Pseudo-R^2	−0.2429	0.1107	−0.2523

注：***、**和*分别表示在1%、5%和10%的水平上显著。列（2）中括号内为Z值，其余列括号内均为T值，T值和Z值均经过robust调整，并在公司层面进行了聚类调整。

三、董责险治理所诱发激进投融资行为的防范研究

本文前面部分的研究发现，引入董责险治理会诱发企业进行超额融资和过度并购等激进投融资行为，并且会进一步导致阻碍企业“脱虚向实”这一消极经济后果。这些结论均验证了董责险治理的“机会主义假说”。通常而言，股东为管理层投保董责险的初衷是为了更好地激励和监督管理层，促使其更好地履行受托义务。

然而，从本文的研究结论来看，董责险治理不但未能成为有效激励和监督管理层的治理机制，反而沦为了管理层从事超额融资、过度并购等机会主义行为的工具和保护伞。因此，对于引入了董责险治理的企业而言，有必要采取措施防范董责险治理诱发的超额融资和过度并购等激进投融资行为，从而改善董责险治理的作用效果，进而更好地维护股东和利益相关者的利益。

结合已有研究结论以及本文的发现可知：一方面，董责险治理之所以会诱发超额融资和过度并购等激进投融资行为是因为董责险治理对管理层产生了过度激励或监督不足；另一方面，超额融资和过度并购等激进投融资行为发生的重要前提条件之一是管理层与其他利益相关者之间存在信息不对称；此外，超额融资和过度并购等激进投融资行为是否发生通常是上市公司股东、保险公司以及监管机构等多个主要利益相关者相互博弈的结果。基于此，本文拟从上市公司、保险公司以及监管部门这三个主要利益相关者层面出发，基于加强对管理层的激励和监督、缓解信息不对称等思路提出以下具体措施，以期防范董责险治理所诱发的激进投融资行为，改善董责险治理的实践效果。

（一）吸引保险机构投资者

上市公司吸引保险机构投资者以加强对管理层的监督、提高公司治理水平是防范董责险治理所诱发的管理层机会主义行为的一个重要选择。与其他类型的机构投资者相比，保险机构投资者具有以下特征：一方面，保险机构投资者具有机构投资者的一般特征，其有动机和能力对上市公司管理层进行监督，可以改善公司治理水平，抑制盈余管理等机会主义行为（付从荣和谢获宝，2014），显著降低公司违规的次数（许荣等，2019）。另一方面，与其他类型的机构投资者相比，作为董责险业务的主要提供者，保险机构对董责险业务的保险范围、责任条款、索赔等内容更为熟悉。因此，保险机构投资者可以更好地识别管理层的超额融资、过度并购等激进投融资行为，并可以采用“用手投票”或“用脚投票”等方式对这些激进投融资行为进行监督。由此可以推测，吸引保险机构投资者有助于提升公司治理水平，防范管理层超额融资和过度并购等激进投融资行为的发生。

（二）合理设定赔偿限额

在董责险业务中，董责险赔偿限额是反映保险公司对投保公司管理层激励和保护程度的一个重要指标。保险公司对投保公司管理层设置的赔偿限额越高，越容易降低法律机制的威慑和惩戒作用，诱发管理层的机会主义行为（Lin et al.，2013；Chen et al.，2016）。因此，保险公司在承接董责险相关业务时，应当合理设定董责险治理赔偿限额，减少对管理层的过度激励和保护。这不仅可以降低保险公司的赔偿支出，而且可以将一部分赔偿责任转嫁给投保公司及其管理层，增加投保公司管理层从事超额融资、过度并购等激进投融资行为面临的惩罚成本，进而防范管理层超额融资、过度并购等激进投融资行为的发生。由此可以推测，保险公司合理设定赔偿限额有助于防范董责险治理所诱发的超额融资和过度并购等激进投融资行为。

（三）交易所监管问询

近年来，交易所监管问询这一“非处罚性监管”方式在我国证券监管体系中的重要性日益凸显。交易所财务报告问询函可以有效降低企业盈余管理程度（陈运森等，2019）、提高上市公司的会计信息可比性（翟淑萍等，2020）。此外，交易所问询监管还可以发挥监督治理职能，如显著提高企业内部控制质量（聂萍等，2020）。超额融资、过度并购等激进投融资行为发生的一个重要前提是管理层与股东之间存在信息不对称。交易所对企业并购活动发放问询函可以通过有效缓解并购重组中的信息不对称从而显著改善并购绩效（李晓溪等，2019）。基于交易所监管问询具有缓解信息不对称、提升内部控制质量等已有研究结论可以推测，交易所监管问询可以防范超额融资、过度并购等激进投融资行为。

为了检验上述措施在防范董责险治理所诱发的激进融资行为的效果，本文借鉴陆正飞等（2015）等的研究，建立研究模型（6）进行实证检验。为了缓解可能存在的反向因果对研究结论的影响，本文在模型（6）中对因变量提前了一期。在模型（6）中，本文还控制了年度、行业以及上市公司所处区域（省份）。

$$
\begin{aligned}
Exrz_{i,t+1} = {} & \alpha_0 + \alpha_1 Measures_{i,t} + \alpha_2 Size_{i,t} + \alpha_3 Roa_{i,t} + \alpha_4 Growth_{i,t} + \alpha_5 Ppel_{i,t} + \\
& \alpha_6 Concen_{i,t} + \alpha_7 Board_{i,t} + \alpha_8 Etr_{i,t} + \alpha_9 Ndts_{i,t} + \alpha_{10} Glfyl_{i,t} + \alpha_{11} Finback_{i,t} + \\
& \alpha_{12} M2_{i,t} + \sum Year + \sum Industry + \sum Qy + \varepsilon
\end{aligned}
\tag{6}
$$

在模型（6）中，Measures分别对应以下防范措施：吸引保险机构投资者（Insureshare）、保险公司合理设置赔偿限额（Doinsl）、交易所监管问询（Supervise）。若变量Measures的系数α_1显著为负，表示该措施可以有效防范董责险治理所诱发的激进融资行为。

其中：吸引保险机构投资者（Insureshare）采用保险机构持股比例来度量；保险公司合理设置赔偿限额（Doinsl）采用虚拟变量进行度量，若董责险治理赔偿限额小于年度行业中位数，则认为保险公司合理设置了赔偿限额，并将保险公司合理设置赔偿限额（Doinsl）赋值为1，反之，赋值为0；交易所监管问询（Supervise）采用虚拟变量度量，若交易所对上市公司年度报告出具了问询函，赋值为1，反之，赋值为0。在控制变量方面，Etr表示所得税税率，采用所得税除以利润总额来度量；Ndts表示非债务税盾，采用折旧费用除以总资产来度量；Glfyl表示管理费用率，采用管理费用除以总资产来度量；Finback表示高管金融背景，若高管团队有金融背景，赋值为1；反之，赋值为0。其他变量定义详见表1。

吸引保险机构投资者（Insureshare）、保险公司合理设置赔偿限额（Doinsl）、交易所监管问询（Supervise）在防范董责险治理所诱发的激进融资行为中的实证结果见表7。从表7可知，企业吸引保险机构投资者、交易所监管问询可以有效防范董责险治理所诱发的超额融资这一激进融资行为，而保险公司合理设置赔偿限额并不能有效防范董责险治理所诱发的激进融资行为。

表7　　董责险治理所诱发激进融资行为防范的多元回归结果

变量	(1) Exrz	(2) Exrz	(3) Exrz
Insureshare	-27.8900** (-2.41)		
Doinsl		0.5764 (0.60)	
Supervise			-1.0992* (-1.78)
Size	0.2558 (1.20)	-0.2624 (-0.60)	0.1179 (0.66)
Roa	-3.5290 (-0.82)	6.5682 (1.14)	-3.0048 (-0.82)
Growth	0.3907 (1.46)	-0.2415 (-0.62)	0.2829 (1.30)
Ppel	2.1582 (1.23)	2.9469 (0.89)	2.0745 (1.21)
Concen	-0.0240 (-0.01)	0.5544 (0.25)	0.6112 (0.33)
Board	0.3572** (2.41)	-0.0174 (-0.07)	0.3643** (2.56)
Etr	-0.9964 (-1.26)	-0.6576 (-0.51)	-0.9413 (-1.08)
Ndts	-7.6591 (-0.42)	-12.5388 (-0.39)	-6.6520 (-0.36)
Glfyl	-5.6073 (-0.52)	13.8994 (0.29)	-10.2710 (-1.09)
Finback	0.8371 (1.28)	2.0337* (1.75)	1.0051 (1.46)
M2	-0.2708 (-0.19)	18.7894** (2.12)	-0.1050 (-0.07)
Constant	0.6691 (0.01)	-614.8280** (-2.13)	-1.7480 (-0.04)
年度/行业	已控制	已控制	已控制
Obs	423	80	423
Wald-chi^2	86.39**	22.50*	72.23**
Pseudo-R^2	0.21	0.16	0.21

注：***、**和*分别表示在1%、5%和10%的水平上显著。括号内为Z值且经过robust调整，并在公司层面进行了聚类调整。

为了检验上述措施在防范董责险治理所诱发的激进投资行为中的效果，本文借鉴陈仕华等（2013）的研究，建立如下研究模型（7）进行实证检验。为了缓解可能存在的反向因果对研究结论的影响，本文在模型（7）中对因变量提前了一期。

$$\begin{aligned}Exmerge_{i,t+1} = {} & \alpha_0 + \alpha_1 Measures_{i,t} + \alpha_2 Size_{i,t} + \alpha_3 Lev_{i,t} + \alpha_4 Roa_{i,t} + \alpha_5 Growth_{i,t} + \\ & \alpha_6 Concen_{i,t} + \alpha_7 Cash_{i,t} + \alpha_8 Tobinq_{i,t} + \alpha_9 Board_{i,t} + \alpha_{10} Dual_{i,t} + \\ & \alpha_{11} Wage_{i,t} + \alpha_{12} Age_{i,t} + \alpha_{13} State_{i,t} + \sum Year + \sum Industry + \varepsilon \end{aligned} \quad (7)$$

在模型（7）中，Tobinq表示企业投资机会；Age为上市年龄，采用“（当年年份-上市年份+1）取自然对数”来度量；State为企业产权性质，若上市公司为国有产权性质，赋值为1，反之，赋值为0。其他变量定义详见模型（6）和表1。

吸引保险机构投资者（Insureshare）、保险公司合理设置赔偿限额（Doinsl）、交易所监管问询（Supervise）在防范董责险治理所诱发的激进投资行为中的实证结果见表8。从中可知，保险公司合理设置赔偿限额、交易所监管问询可以有效防范董责险治理所诱发的过度并购这一激进投资行为，而企业吸引保险机构投资者并不能有效防范董责险治理所诱发的过度并购这一激进投资行为。

表8 董责险治理所诱发激进投资行为防范的多元回归结果

变量	(1) Exmerge	(2) Exmerge	(3) Exmerge
Insureshare	-2.3955 (-0.34)		
Doinsl		-1.1579* (-1.65)	
Supervise			-1.0337* (-1.75)
Size	-0.5748** (-2.51)	-0.5807* (-1.96)	-0.3664 (-1.47)
Lev	-1.6819* (-1.67)	3.2081* (1.86)	-2.6401** (-2.23)
Roa	1.7350 (0.69)	1.0613 (0.30)	1.9756 (0.64)
Growth	-0.1096 (-0.83)	0.1873 (0.87)	-0.1207 (-0.77)
Concen	-1.9737 (-1.26)	-0.5469 (-0.24)	-2.6409* (-1.72)

续表

变量	(1) Exmerge	(2) Exmerge	(3) Exmerge
Cash	-0.3794 (-0.13)	-7.4241 (-1.32)	0.7546 (0.24)
Tobinq	0.0992 (0.62)	1.2532*** (3.14)	0.2325 (1.38)
Board	-0.1160 (-1.19)	-0.3363* (-1.66)	-0.1611 (-1.44)
Dual	0.4811 (0.97)	-0.7742 (-1.23)	1.1794* (1.86)
Wage	0.1503 (0.49)	1.0538** (2.55)	0.0370 (0.09)
Age	-0.0465 (-1.60)	0.0479 (0.95)	-0.0343 (-1.05)
State	-0.3961 (-0.97)	-0.1366 (-0.20)	-0.8956* (-1.76)
Constant	13.4799* (1.94)	-1.2371 (-0.14)	11.6564* (1.72)
年度/行业	已控制	已控制	已控制
Obs	236	127	236
Wald-chi^2	62.03***	47.61**	124.60***
Pseudo-R^2	0.23	0.35	0.32

注：***、**和*分别表示在1%、5%和10%的水平上显著。括号内均为Z值且经过robust调整，并在公司层面进行了聚类调整。

四、研究结论与政策建议

（一）研究结论

综合上述研究假设的检验结果及其解释，可以得出本文的研究结论：

（1）引入董责险治理会诱发企业进行超额融资、过度并购等激进投融资行为。这一结论在采用变量替换、Heckman两步法、倾向匹配得分法以及工具变量法等进行稳健性测试之后依然成立。

（2）董责险治理所诱发的超额融资和过度并购等激进投融资行为会阻碍企业“脱虚向实”。

（3）企业吸引保险机构投资者、交易所监管问询可以有效防范董责险治理所诱发的超额融资这一激进融资行为，而保险公司合理设置赔偿限额、交易所监管问询可以有效防范董责险治理所诱发的过度并购这一激进投资行为。

（二）政策建议

1.理性认识董责险治理的作用

结合已有研究以及本文的结论可以发现，引入董责险治理不但未能对管理层形成有效激励和监督，反而会诱发管理层在企业融资和投资活动中从事超额融资、过度并购等激进投融资行为。因此，企业股东等利益相关者应当理性认识到董责险治理虽然具有缓释管理层履职风险、激励和监管管理层更好地履行受托义务等作用，但董责险治理并不能“包治百病”，且在被不恰当使用的情况下还会带来诸如诱发激进投融资行为等消极后果。

2.在当前环境下重新评估激进投融资行为的成因及其经济后果

本文的结论表明董责险治理是企业激进投融资行为的一个重要成因，并且董责险治理所诱发的激进投融资行为会带来阻碍企业“脱虚向实”这一消极后果。因此，相关者在评估企业激进投融资这一管理层机会主义行为的成因时，不应忽视董责险治理这一重要因素。此外，相关者在评估激进投融资行为经济后果时应当认识到，董责险治理所诱发的激进投融资行为会进一步导致阻碍企业“脱虚向实”这一消极后果。

3.趋利避害，积极防范董责险治理可能诱发的激进投融资行为

本文的研究结论表明，董责险治理所诱发的激进投融资行为会带来阻碍企业“脱虚向实”这一消极后果。因此，作为激进投融资行为主要利益相关者的投保公司、保险公司以及监管部门应当趋利避害、积极防范董责险治理可能诱发的激进投融资行为。具体来说，投保公司应当积极吸引保险机构投资者以期强化对管理层的监督；保险公司应当合理设置赔偿限额以期降低对投保公司及其管理层的过度激励；证券交易所应当对上市公司年报以及并购重组事项进行监管问询以期强化对上市公司管理层的监督并缓解信息不对称。通过从上述多个主要利益相关者层面对投保公司管理层进行有效激励和监督并缓解信息不对称，从而有效防范董责险治理所诱发的激进投融资行为。

参考文献

[1] 蔡艳萍，陈浩琦．实体企业金融化对企业价值的影响［J］．财经理论与实践，2019，40（3）：24-31．

[2] 陈仕华，姜广省，卢昌崇．董事联结、目标公司选择与并购绩效——基于并购双方之间信息不对称的研究视角［J］．管理世界，2013（12）：117-132+187-188．

[3] 陈运森，邓祎璐，李哲．证券交易所一线监管的有效性研究：基于财务报告问询函的证据［J］．管理世界，2019，35（3）：169-185+208．

[4] 冯来强，孔祥婷，曹慧娟．董事高管责任保险与权益资本成本——来自信息质量渠道的实证研究证据［J］．会计研究，2017（11）：65-71+97．

[5] 付从荣，谢获宝．保险公司参股与盈余质量关系研究——基于我国上市公司的实证研究［J］．保险研究，2014（3）：44-53．

[6] 郝照辉，胡国柳．董事高管责任保险、私有收益与公司并购行为的研究［J］．保险研究，2014（12）：78-89．

[7] 胡国柳，胡珺．董事高管责任保险与企业风险承担：理论路径与经验证据［J］．会计研究，2017（5）：42-48+98．

[8] 黄贤环，王瑶，王少华．谁更过度金融化：业绩上升企业还是业绩下滑企业？［J］．上海财经大学学报，2019，21（1）：80-94+138．

[9] 李善民，毛雅娟，赵晶晶．高管持股、高管的私有收益与公司的并购行为［J］．管理科学，2009，22（6）：2-12．

[10] 李晓溪，杨国超，饶品贵．交易所问询函有监管作用吗?——基于并购重组报告书的文本分析［J］．经济研究，2019，54（5）：181-198．

[11] 凌士显，白锐锋．董事高管责任保险的公司治理作用——基于双重代理成本的视角［J］．财贸经济，2017，38（12）：95-110．

[12] 陆正飞，何捷，窦欢．谁更过度负债：国有还是非国有企业？［J］．经济研究，2015，50（12）：54-67．

[13] 聂萍，潘再珍，肖红英．问询函监管能改善公司的内部控制质量吗?——来自沪深交易所年报问询的证据［J］．会计研究，2020（12）：153-170．

[14] 綦好东，刘浩，朱炜．过度负债企业“去杠杆”绩效研究［J］．会计研究，2018（12）：3-11．

[15] 宛玲羽．金融危机冲击、业绩可控性与薪酬粘性［J］．宏观经济研究，2014（5）：55-63．

[16] 王少华，上官泽明，吴秋生．高质量发展背景下实体企业金融化如何助力企业创新——基于金融化适度性的视角［J］．上海财经大学学报，2020，22（3）：19-34+63．

[17] 温忠麟．张雷，侯杰泰，等．中介效应检验程序及其应用［J］．心理学报，2004（5）：614-620．

[18] 文春晖，李思龙，郭丽虹，等．过度融资、挤出效应与资本脱实向虚——中国实体上市公司2007—2015年的证据［J］．经济管理，2018，40（7）：39-55．

[19] 辛清泉，林斌，王彦超．政府控制、经理薪酬与资本投资［J］．经济研究，2007（8）：

110-122.

［20］许荣，方明浩，常嘉路. 险资持股能够降低公司违规吗?——保险投资的公司治理效应研究［J］. 保险研究，2019（12）：48-64.

［21］翟淑萍，王敏，韩贤. 交易所财务问询监管与会计信息可比性——直接影响与溢出效应［J］. 当代财经，2020（10）：124-137.

［22］张成思，郑宁. 中国实体企业金融化：货币扩张、资本逐利还是风险规避?［J］. 金融研究，2020（9）：1-19.

［23］ASQUITH P，MULLINS D W. Equity Issues and Stock Price Dilution［J］. Journal of Financial Economics，1986，15（12）：61-89.

［24］BAKER T，GRIFFITH S J. Predicting Corporate Governance Risk：Evidence from the Directors' and Officers' Liability Insurance Market［J］. Univ. Chic. Law Rev，2007（74）：1-58.

［25］BEBCHUK L A，FRIED J. Pay without Performance：The Unfulfilled Promise of Executive Compensation［M］. Boston，MA：Harvard University Press，2006.

［26］BERTRAND M，SCHOAR A. Managing with Style：The Effect of Managers on Firm Policies［J］. Quarterly Journal of Economics，2003，118（4）：1169-1208.

［27］CHEN Z H，LI O Z，ZOU H. Directors' and Officers' Liability Insurance and the Cost of Equity［J］. Journal of Accounting and Economics，2016，61（2）：100-120.

［28］CORDING M，CHRISTMANN P J，BOURGEOIS L J. A Focus on Resources in M&A Success：A Literature Review and Research Agenda to Resolve Two Paradoxes［J］. Working Paper，University of Virginia，2002.

［29］CORE J E. On the Corporate Demand for Directors' and Officers' Insurance［J］. The Journal of Risk and Insurance，1997，64（1）：63-87.

［30］GRINSTEIN Y，HRIBAR P. CEO Compensation and Incentives：Evidence from M&A Bonuses［J］. Journal of Financial Economics，2004，73（1）：119-143.

［31］HALL B J，MURPHY K J. Stock Options for Undiversified Executives［J］. Journal of Accounting and Economics，2002，33（1）：3-42.

［32］JENSEN M C，MECKLING W H. Theory of the Firm：Managerial Behavior，Agency Costs and Ownership Structure［J］. Journal of Financial Economics，1976，3（4）：305-360.

［33］JENSEN M C，RUBACK R. The Market for Corporate Control：The Scientific Evidence［J］. Journal of Financial Economic，1983，11（1-4）：5-50.

［34］LIN C，OFFICER M S，Wang R，et al. Directors' and Officers' Liability Insurance and Acquisition Outcomes［J］. Journal of Financial Economics，2013，110（2）：37-60.

［35］ROLL R. The Hubris Hypothesis of Corporate Takeovers［J］. The Journal of Business，1986，59（2）：197-216.

［36］WENG T C，CHEN G Z，CHI H Y. Effects of Directors and Officers Liability Insurance on Accounting Restatements［J］. International Review of Economics and Finance，2017，（49）：437-452.

［37］YUAN R L，SUN J，CAO F. Directors' and Officers' Liability Insurance and Stock Price Crash Risk［J］. Journal of Corporate Finance，2016，37（1）：173-192.

[38] ZOU H, ADAMS M B. Debt Capacity, Cost of Debt and Corporate Insurance [J]. Journal of Financial and Quantitative Analysis, 2008 (2): 433-466.

Would Directors' and Officers' Liability Insurance Induce Radical Investment and Financing Behaviors ?

Yushan Cao, Shigen zhang

Abstract Taking A-share non-financial listed companies in Shanghai and Shenzhen from 2013 to 2020 as research samples, this paper tested the impact of Directors' and Officer' Liability Insurance (hereinafter referred to as D & O Insurance) on radical investment and financing behaviors of enterprises, it could be found that: the introduction of D & O Insurance would induce enterprise to carry out radical investment and financing behaviors such as excessive financing and excessive merge and acquisition. Furthermore, the radical investment and financing behaviors induced by D & O Insurance would hinder enterprise from "Industrialization and Definancialization". The introduction of insurance institutional investors, reasonable setting compensation limit and Stock Exchange supervision inquiry could prevent radical investment and financing behaviors. This paper could not only enrich the literature on the economic consequences of D & O Insurance and the factors influencing the radical investment and financing behaviors of enterprises, but also provide some empirical evidences for the practical application of the D & O Insurance.

Key Words radical investment and financing behaviors; directors' and officers' liability insurance; excessive financing; excessive merge and acquisition

第13辑，2022年
No.13，2022
会计与控制评论
Review of Accounting and Control

“原罪”嫌疑与民营企业劳动力成本①

姜英兵　张伟杰

（东北财经大学会计学院　大连　116025）

摘　要　“原罪”嫌疑始终是困扰中国民营企业家的一个重要问题，产生了广泛的微观经济后果。选取2009—2019年上市时实际控制人为自然人或家族的A股民营上市公司为样本，根据初始产权获取方式将样本公司划分为国有转制型和创业型两类，重点考察“原罪”嫌疑如何影响民营企业的劳动力成本。研究发现，国有转制型民营企业的劳动力成本显著低于创业型民营企业；这一差异主要通过削减雇员规模来实现。进一步分析发现，国有转制型民营企业的劳动力成本和雇员规模低于创业型民营企业的现象在利润率更低的行业和经营风险更高的企业更加显著。最后还发现，“原罪”嫌疑主要减少了民营企业对高学历员工的雇佣。研究结论有助于加深对民营企业“原罪”嫌疑的理解，对民营企业更好地承担稳定劳动力市场、创造就业机会的社会责任具有一定启示意义。

关键词　民营企业　“原罪”嫌疑　劳动力成本　雇员规模

---

①　基金项目：辽宁省教育厅科研项目“核心员工股权激励对企业创新的作用机制与后果研究”（LN2020J12）；国家自然科学基金项目“国有资本经营预算制度的未预期效应：理论分析与实证检验”（71772029）。

一、引　言

改革开放以来，民营经济实现了蓬勃发展，但“原罪”嫌疑使得社会公众始终质疑企业产权的合法性。近些年，中央出台了一系列加强产权保护的政策。[①]2018年11月1日习近平总书记在与民营企业家的座谈会上指出“要保障企业经营者合法的人身和财产权益……让企业家卸下思想包袱，轻装前进”。[②]深入探讨“原罪”嫌疑对民营企业行为决策的影响在当前我国切实加强民营企业产权保护的背景下具有重要意义。

中国的劳动力市场结构近20年来发生了翻天覆地的变化，充足、低廉的劳动力供给已然消失，企业的劳动力成本逐步攀升。根据2012年世界银行公布的对中国企业调查数据显示的企业各项成本占比，劳动力成本是企业第二大成本支出。在此背景下，民营企业会如何进行劳动力成本管理、如何调整雇佣策略应对“原罪”嫌疑给企业带来的风险？“原罪”嫌疑是否会对民营企业承担稳定劳动力市场，创造就业机会的社会责任产生负面影响？

我国的民营企业大致可分为两类：一种是由民营企业家白手创立，并日益发展壮大，即创业型民营企业；另一种是通过公有制改革，由国有、集体或全民所有制企业经管理层收购等进行私有化改制的民营企业，即国有转制型民营企业。在“国退民进”的热潮中，由于市场经济发展初期我国相关法律法规尚不健全或执行不善，国家及地方政府缺乏有力的监督，许多国有产权私有化的过程往往不透明或不规范。公众对于国有转制型民营企业财富积累过程的合法性和正当性往往持怀疑态度，认为其具有“原罪”问题的可能性更高，经营这些企业的民营企业家也会被贴上“不义而富”的标签。对于具有“原罪”嫌疑的民营企业，政府可能迫于社会舆论压力对其进行严格调查，甚至剥夺其产权，追究相关民营企业家的法律责任。预期“原罪”嫌疑引致的风险会促使国有转制型民营企业减少劳动力成本支出，而这一劳动力成本的降低主要通过削减雇员规模来实现。

研究贡献主要有以下几方面：首先，研究发现“原罪”嫌疑会影响企业的劳动力成本管理和雇佣决策，拓展了“原罪”嫌疑引发的经济后果的文献。其次，通过国有转制型和创业型民营企业的划分，研究民营企业内部不同类型企业之间劳动力成本的差异，为深刻理解企业劳动力成本的决定因素提供新思路。最后，当前中国

---

① 如2016年11月通过的《关于完善产权保护制度依法保护产权的实施意见》和2017年9月发布的《关于营造企业家健康成长环境弘扬优秀企业家精神更好发挥企业家作用的意见》等。

② 习近平.在民营企业座谈会上的讲话［EB/OL］.（2018-11）. http：//www.gov.cn/xinwen/2018-11/01/content_5336616.htm.

劳动力的供需矛盾仍较为严重，在此背景下研究“原罪”嫌疑对民营企业劳动力成本和雇员规模的影响具有缓解就业形势、维护社会稳定的现实意义。

二、文献评述与研究假设

（一）文献评述

1.“原罪”嫌疑的相关研究

关于“原罪”问题的研究沿两条主线展开：

一是考察“原罪”嫌疑给企业造成的经济后果。Frye（2006）指出，私有化给企业带来的“原罪”嫌疑破坏了财产权的合法性，可能导致私有财产未能促进发展中国家和转型国家投资。周泽将等（2019）发现，“原罪”嫌疑引致的法律安全威胁降低了民营企业的风险承担水平。唐松等（2020）研究表明，“原罪”嫌疑使企业面临的产权威胁更高，削弱了民营企业家最大化其产权价值的动机，最终损害企业绩效。

二是关注民营企业对其“原罪”嫌疑特征所采取的战略性应对措施。唐松等（2017）指出，具有“原罪”嫌疑的民营企业会降低其会计信息质量以减少外界关注给企业带来的政治成本。李雪等（2020）研究发现，背负“原罪”嫌疑的企业会通过慈善捐赠增加其产权的合法性。

2.劳动力成本的相关研究

现有关于劳动力成本的研究主要从企业内部和外部两个视角展开。企业内部视角的研究主要集中在政治关联和公司治理方面。在政治关联方面，梁莱歆和冯延超（2010）发现政治关联民营企业雇佣了更多员工，也承担了更高的劳动力成本。在公司治理方面，林炜（2013）研究发现用工成本增加会促进企业提升创新能力。刘媛媛和刘斌（2014）发现《劳动合同法》加剧的劳动力成本黏性会产生设备对人工的替代效应。企业外部视角的研究主要围绕制度环境、金融环境和自然环境方面讨论。在制度环境方面，马双等（2012）研究表明，最低工资制度的实施提高了员工的工资水平，但也对就业造成了负面影响。沈永建等（2017）研究发现《劳动合同法》导致企业五险一金占劳动力成本总量的比例呈持续增长态势。在金融环境方面，Nickell and Nicolitsas（1999）指出，货币政策收紧会对就业产生很大程度的负面影响，而对员工加薪的负面影响要小很多。邵敏等（2013）发现信贷融资约束会负向作用于我国企业的员工收入，还会削减劳动力流动性大的企业的劳动力需求。卢锐和陈胜蓝（2015）研究表明货币政策紧缩还会削弱企业的劳动力成本黏性。从自然环境视角来看，沈永建等（2019）研究发现改善空气质量可以为企业节省大量劳动力成本。

综观上述文献，关于“原罪”问题的研究尚未探讨对企业劳动者的影响，而关于劳动力成本在民营企业内部的差异仍有待进一步考证。考虑到劳动者是企业价值创造的关键环节，以及劳动力成本在企业生产成本和现金流支出中的重要地位，深入探讨“原罪”嫌疑对民营企业劳动力成本的影响，并进一步考察产生这种影响的作用机制具有一定研究意义，有助于深化和拓展企业劳动力成本影响因素以及“原罪”嫌疑影响企业经营行为的相关研究。

（二）研究假设

预期“原罪”嫌疑会促使国有转制型民营企业降低自身的劳动力成本，可从以下两方面进行分析。

首先从民营企业家短视行为的角度来看。产权理论指出，如果产权得不到有效保护，就不会被产权所有者最有效地使用（Demsetz，1964）。“原罪”嫌疑使企业产权面临较高的被追溯清算的风险（Frye，2006），民营企业家缺乏安全感和稳定经营的预期，更多地注重短期财富的积累而忽视长期价值的创造。一方面，业绩不佳会引发投资者抛售企业股票、股价下跌，融资成本增加，为避免个人财富损失，国有转制型民营企业家倾向于追求最大化短期财务业绩和股价，减少当期成本是企业提升短期业绩和进行市值管理的常用手段。劳动力成本是企业产品成本的主要组成部分（Chen et al.，2009），较高的劳动力成本会侵蚀企业当期利润，给企业带来较大的经营和业绩压力。维护短期利润和股价等短视动机可能促使国有转制型民营企业削减自身劳动力成本。另一方面，国有转制型民营企业家追求长远利益的动机被削弱，会将企业有限的资金从人力资本投资等期限较长、成本和不确定性较高的投资中撤出，转而配置到短期内能迅速拉升业绩的项目，目的是获得充裕的现金流以利于短期财富的积累，或者是进行慈善捐赠等公益事业投资以营造更佳的自身形象。与创业型民营企业相比，国有转制型民营企业对员工进行薪酬激励来提高其努力程度的动力不足，可能不会支付超额的奖金和加班费用等。没有动力为员工进行完善的劳动保护和劳动安全投资，社会保障、福利待遇等方面与创业型民营企业相差甚远，职业技能培训方面的支出也会大大削减。正如“通钢”事件中，国有企业转制为民营控股以后，一味地追求经营效率的提升和利润最大化，为了降低生产成本不断地弱化甚至取消对职工的权益保护，大批员工从之前的工作岗位内退，而内退职工和在岗职工的工资与福利待遇却大幅减少，下岗职工每月只能得到300元生活费。

其次从融资约束的视角来看。劳动力成本是企业的重大现金流出，较高的劳动力成本引致的巨额现金流出会增加企业当期的流动性风险，未来劳动力成本的正常支付需要更多的现金作为保证，企业未来面临财务风险的概率也会大大提升。一方面，国有转制型民营企业为了减少外界对其“原罪”问题的关注，会降低其会计信息质量（唐松等，2017）。根据信息不对称理论，信息透明度的下降导致企业面临更高的融资成本和融资约束（Fazzari et al.， 1988）。另一方面，“原罪”嫌疑增加了企业未来破产或业绩大幅下跌的风险，投资者和银行为承担这种不确定性会要求较高的风险溢价，造成国有转制型民营企业外部融资困难。为了防范资金短缺风险和缓解外部融资约束，国有转制型民营企业会降低劳动力成本以减少现金流出，并进行一部分内源融资。

综上，提出研究假设 H1：

H1：同等条件下，国有转制型民营企业的劳动力成本显著低于创业型民营企业。

具有“原罪”嫌疑的民营企业可能会减少劳动力的雇佣来降低劳动力成本。一方面，我国民营企业经营资源有限，主要依赖银行贷款支付工人工资（汪伟等，2013）。“原罪”嫌疑加大了企业外部融资难度，其营运资本规模受到约束，不可避免地会影响到国有转制型民营企业对员工的需求规模。另一方面，“原罪”嫌疑所带来的产权威胁使得国有转制型民营企业更注重短期利益，其追求长远利益的动机被削弱，抑制了民营企业的研发投入与资本设备投资。而且，“原罪”嫌疑使得国有转制型民营企业难以获得便利、低廉的外部融资渠道，没有足够的资金和较低的融资成本来迅速扩大经营规模与产品产量，从而减少了对劳动力的需求。

压缩现有员工的工资水平同样也能起到降低劳动力成本的效果，但企业调整工资会受到约束。首先，受工资制度和相关政策的影响，我国企业职工工资的调整普遍存在刚性（陈冬华等，2010），工资向下调整十分困难，难以通过大幅降低员工工资水平来减少企业劳动力成本。小范围的降薪不能显著改变企业的财务状况，却会直接增加企业与员工之间的代理成本，导致在日常工作中员工消极散漫、凝聚力不足等问题（陈冬华等，2015），而企业也不得不为监督员工努力工作付出相当的成本，增加经营管理的难度，最终损害企业绩效。其次，员工工资水平外生决定于市场，具有明确的市场可比信息，降低工资水平会直接影响企业的用工招聘。工资水平内生决定于员工的付出，员工会衡量努力工作获得的回报与付出代价间的匹配程度，如果他们发现得到的工资较低，则认为有被剥削的感觉，会直接降低未来工作的努力程度。而在企业营运资本规模有限的情况下，减少雇员规模可以在降低劳动力成本的同时保持现有员工的工资水平。

据此，提出研究假设 H2：

H2：国有转制型民营企业的雇员规模显著小于创业型民营企业。

三、研究设计

（一）样本选取与数据来源

选取2009—2019年上市初实际控制人即为自然人或家族的沪深A股民营上市公司作为初始样本。[①]剔除上市初为国家控股而上市后经股权转让等方式实际控制人变更为自然人或家族的公司108家，剔除未详细披露发行人历史沿革及实际控制人基本资料的公司17家，得到的初始有效样本公司数为849家，公司-年度样本观测值5 436个。然后进行了如下处理：

（1）剔除金融行业样本；

（2）剔除交叉上市公司样本；

（3）剔除ST或*ST状态公司样本；

（4）剔除资不抵债的公司样本；

（5）剔除IPO当年的样本；

（6）剔除数据缺失的样本。

最终得到841家公司的4 267个样本观测值。

根据《招股说明书》中发行人历史沿革及实际控制人基本资料，将841家样本公司划分成前身为国有、集体或全民所有制企业，后经股权转让等改制的国有转制型民营企业，以及成立之初就是由自然人或通过其控制的公司出资创建，或由自然人实际出资但挂靠集体，后明确企业产权为个人所有的创业型民营企业两类。用以判断民营企业初始产权获取方式的数据是通过手工逐一收集、整理获得，主要是根据巨潮资讯网上民营上市公司的IPO招股说明书披露的发行人历史沿革及实际控制人基本资料进行判断，公司层面数据来源于CSMAR数据库，宏观数据来源于国家统计局网站。

样本公司中有187家国有转制型民营企业，占比22.24%；654家创业型民营企业，占比77.76%。国有转制型民营企业样本观测值1 106个，占比25.92%；创业型民营企业样本观测值3 161个，占比74.08%，见表1。

（二）变量选取与模型设定

为了检验假设H1和假设H2，分别设置如下两个回归模型：

$$Laborcost_{it}=\alpha_0+\alpha_1 Sin_i+\gamma X_{it}+\varepsilon_{it} \quad (1)$$

$$Staffnum_{it}=\beta_0+\beta_1 Sin_i+\gamma X_{it}+\varepsilon_{it} \quad (2)$$

① 创业板民营上市公司招股说明书中未明确详细地披露发行人历史沿革，无法准确判断其初始产权获取方式，故样本公司中未包含这些公司。

表 1 **样本公司及观测值构成**

	样本公司		样本观测值	
	数量	比例	数量	比例
国有转制型民营企业	187	22.24%	1 106	25.92%
创业型民营企业	654	77.76%	3 161	74.08%
合计	841	100.00%	4 267	100.00%

回归模型中下标 i 代表公司，下标 t 代表年度，X 代表所有控制变量合集，ε 代表随机误差项。模型（1）中劳动力成本（Laborcost）代表被解释变量，分别采用绝对指标（Labor）和相对指标（Labor_S、Labor_A）度量。按照假设 H1 的理论预期，模型（1）的回归系数 α_1 应该显著为负。模型（2）中雇员规模（Staffnum）代表被解释变量，分别采用绝对指标（Staff）和相对指标（Staff_S、Staff_A）度量。如果模型（2）的回归系数 β_1 显著为负，假设 H2 的理论预期得到证实。

1. 被解释变量

被解释变量为劳动力成本（Laborcost）和雇员规模（Staffnum）。参考曾庆生和陈信元（2006）以及梁莱歆和冯延超（2010），劳动力成本（Laborcost）分别采用绝对和相对指标度量。绝对劳动力成本（Labor）为现金流量表中“支付给职工以及为职工支付的现金”取自然对数。相对劳动力成本指标用现金流量表中“支付给职工以及为职工支付的现金”分别与营业收入之比（Labor_S）和与总资产之比（Labor_A）度量。雇员规模（Staffnum）也分别采用绝对和相对两种度量方式。绝对雇员规模（Staff）为公司年报披露的员工人数取自然对数，相对雇员规模分别为每百万元营业收入标准化后的员工人数（Staff_S）和每百万元总资产标准化后的员工人数（Staff_A）。

2. 解释变量

民营企业初始产权获取方式哑变量（Sin），国有转制型民营企业取 1，创业型民营企业则取 0。

3. 控制变量

参照以往研究劳动力成本和雇员规模的文献（梁莱歆和冯延超，2010；陆正飞等，2012；沈永建等，2019），在回归中控制了公司基本特征因素、公司治理特征因素和地区宏观因素。还控制了行业和年度固定效应。变量及其定义见表 2。

表2 变量定义表

变量类型		变量名称	符号	变量定义
被解释变量	劳动力成本	绝对劳动力成本	Labor	支付给职工以及为职工支付的现金，取自然对数
		劳动力成本与营业收入之比	Labor_S	支付给职工以及为职工支付的现金/营业收入
		劳动力成本与总资产之比	Labor_A	支付给职工以及为职工支付的现金/总资产
	雇员规模	绝对雇员规模	Staff	公司年报披露的员工人数，取自然对数
		每百万元营业收入的雇员人数	Staff_S	员工人数/百万元营业收入
		每百万元总资产的雇员人数	Staff_A	员工人数/百万元总资产
解释变量		民营企业初始产权获取方式哑变量	Sin	国有转制型民营企业取1，创业型民营企业取0
控制变量		公司规模	Size	期末总资产的自然对数
		公司业绩	Roa	净利润/总资产
		资产负债率	Lev	期末负债合计/期末资产总计
		现金持有水平	Cash	期初货币资金/总资产
		股权集中度	Top1	第一大股东持股比例
		总资产周转率	Turn	营业收入/总资产
		营业收入增长率	Growth	当期营业收入相对前一期营业收入的变化率
		资本密集度	Capint	固定资产/总资产
		公司成立时间	Age	公司截至第t年的成立年限加1后取自然对数
		管理者持股数量	Mngshr	高管人员持股的自然对数
		董事会独立性	Indpt	独立董事数量/董事会人数
		物价指数增长率	Cpi	数据来源于国家统计局网站
		地区GDP增长率	Gdp	数据来源于国家统计局网站

（三）描述性统计及组间均值差异检验

对连续型变量进行1%的缩尾处理排除异常值的影响。表3描述性统计结果显示，绝对劳动力成本（Labor）和绝对雇员规模（Staff）的均值远远大于标准差，说明民营企业间绝对劳动力成本和绝对雇员规模的差异并不大；而相对劳动力成本（Labor_S、Labor_A）以及相对雇员规模（Staff_S、Staff_A）的标准差都与均值相差不大，说明不同公司-年观测值之间的相对劳动力成本和相对雇员规模存在较大差异，以这些指标检验两类企业间劳动力成本和雇员规模差异具有较好的检测效力。Sin的均值为0.259，说明国有转制型和创业型民营企业的样本观测值占比分别为25.9%和74.1%，可见我国民营上市公司大多数由企业家白手创立。

表3　　描述性统计

变量	N	均值	中位数	标准差	最小值	最大值
Labor	4 267	18.953	18.895	0.986	16.924	21.826
Labor_S	4 267	0.128	0.111	0.081	0.013	0.449
Labor_A	4 267	0.070	0.059	0.045	0.010	0.242
Staff	4 267	7.548	7.535	0.956	5.375	10.308
Staff_S	4 267	1.471	1.291	0.991	0.132	5.387
Staff_A	4 267	0.823	0.665	0.613	0.088	3.490
Sin	4 267	0.259	0	0.438	0	1
Size	4 267	21.814	21.726	0.865	20.265	24.338
Roa	4 267	0.052	0.049	0.052	-0.145	0.214
Lev	4 267	0.348	0.335	0.170	0.050	0.764
Cash	4 267	0.196	0.146	0.147	0.021	0.671
Top1	4 267	0.354	0.344	0.140	0.096	0.704
Turn	4 267	0.639	0.561	0.367	0.131	2.364
Growth	4 267	0.187	0.140	0.307	-0.399	1.682
Capint	4 267	0.201	0.186	0.123	0.003	0.532
Age	4 267	2.686	2.773	0.402	1.609	3.434
Mngshr	4 267	2.406	2.872	1.042	0.000	3.013
Indpt	4 267	0.375	0.333	0.052	0.333	0.571
Cpi	4 267	102.371	102.300	0.855	101.200	105.500
Gdp	4 267	0.078	0.076	0.015	0.042	0.128

表4对国有转制型和创业型民营企业两组样本各变量进行了均值差异检验。根据表4，除绝对雇员规模外，绝对和相对劳动力成本以及相对雇员规模的均值在两类企业间均存在显著差异，与假设1和假设2一致。对于其他控制变量，除总资产周转率、管理者持股数量和各地区物价指数增长率的均值在两类企业间的差异较小以外，其他企业特征及地区特征变量在企业间的均值差异均是显著的。

表4 组间均值差异检验

变量	全样本均值	Sin=0		Sin=1		p-Value
		N	均值	N	均值	
Labor	18.953	3 161	18.975	1 106	18.888	0.012**
Labor_S	0.128	3 161	0.136	1 106	0.106	0.000***
Labor_A	0.070	3 161	0.074	1 106	0.059	0.000***
Staff	7.548	3 161	7.551	1 106	7.542	0.799
Staff_S	1.471	3 161	1.526	1 106	1.314	0.000***
Staff_A	0.823	3 161	0.854	1 106	0.737	0.000***
Size	21.814	3 161	21.796	1 106	21.865	0.022**
Roa	0.052	3 161	0.051	1 106	0.055	0.033**
Lev	0.348	3 161	0.351	1 106	0.338	0.027**
Cash	0.196	3 161	0.199	1 106	0.187	0.029**
Top1	0.354	3 161	0.360	1 106	0.337	0.000***
Turn	0.639	3 161	0.636	1 106	0.645	0.479
Growth	0.187	3 161	0.192	1 106	0.171	0.043**
Capint	0.201	3 161	0.195	1 106	0.217	0.000***
Age	2.686	3 161	2.662	1 106	2.756	0.000***
Mngshr	2.406	3 161	2.401	1 106	2.418	0.638
Indpt	0.375	3 161	0.380	1 106	0.363	0.000***
Cpi	102.371	3 161	102.365	1 106	102.388	0.455
Gdp	0.078	3 161	0.077	1 106	0.080	0.000***

注：***、**和*表示系数在1%、5%和10%水平显著。

四、实证结果与分析

（一）多元回归分析结果

表5列示了检验研究假设H1的多元回归分析结果。根据表5，在以绝对劳动力成本为因变量的模型中，民营企业初始产权获取方式哑变量Sin的回归系数在5%统计水平下显著为负，在以相对劳动力成本Labor_S和Labor_A为因变量的模型中，民营企业初始产权获取方式哑变量Sin的系数均在1%统计水平下显著为负。支持了国有转制型民营企业的劳动力成本显著低于创业型民营企业的假设。

表5 “原罪”嫌疑与企业劳动力成本的回归结果

变量	因变量：Labor	因变量：Labor_S	因变量：Labor_A
Sin	-0.097** (-2.19)	-0.015*** (-3.47)	-0.010*** (-3.55)
Size	0.854*** (30.56)	-0.011*** (-3.80)	-0.008*** (-4.56)
Roa	1.519*** (4.24)	-0.056 (-1.27)	0.085*** (3.39)
Lev	-0.035 (-0.22)	-0.055*** (-3.48)	0.002 (0.24)
Cash	0.274* (1.91)	0.048*** (2.76)	0.024*** (2.63)
Top1	0.131 (0.98)	0.013 (0.83)	0.011 (1.10)
Turn	0.653*** (8.98)	-0.058*** (-9.21)	0.044*** (9.50)
Growth	-0.127*** (-3.19)	-0.015*** (-3.10)	-0.007** (-2.54)
Capint	1.054*** (5.81)	0.084*** (4.48)	0.065*** (5.67)
Indpt	-0.411 (-1.27)	0.003 (0.07)	-0.010 (-0.46)
Mngshr	0.023 (1.43)	0.002 (1.58)	0.002 (1.55)
Cpi	0.015 (0.59)	0.002 (0.79)	0.001 (0.59)
Gdp	0.719 (0.41)	-0.248 (-1.23)	-0.042 (-0.39)
Age	0.092 (1.57)	0.007 (1.10)	0.006 (1.46)
Constant	-3.029 (-1.10)	0.105 (0.32)	0.018 (0.09)
Industry	是	是	是
Year	是	是	是
N	4 267	4 267	4 267
r^2_a	0.717	0.436	0.382

注：***、**和*表示系数在1%、5%和10%水平显著；括号内为t值；回归系数的标准误在公司层面进行了Cluster调整。

表6列示的是检验研究假设H2的多元回归分析结果，由表6可知：无论在以绝对雇员规模还是相对雇员规模为因变量的模型中，民营企业初始产权获取方式哑变

量Sin的系数均至少在10%的水平下显著为负。这表明国有转制型民营企业的雇员规模显著小于创业型民营企业，假设H2得到验证。

表6 “原罪”嫌疑与企业雇员规模的回归结果

变量	因变量：Staff	因变量：Staff_S	因变量：Staff_A
Sin	-0.079* (-1.72)	-0.132** (-2.30)	-0.101*** (-2.71)
Size	0.767*** (25.31)	-0.221*** (-5.76)	-0.129*** (-5.10)
Roa	1.707*** (4.40)	-0.110 (-0.23)	1.168*** (3.76)
Lev	0.143 (0.89)	-0.312* (-1.77)	0.159 (1.50)
Cash	0.035 (0.23)	0.204 (1.09)	0.089 (0.84)
Top1	0.197 (1.44)	0.166 (0.92)	0.096 (0.84)
Turn	0.607*** (7.41)	-0.697*** (-8.35)	0.522*** (7.57)
Growth	-0.106** (-2.45)	-0.144** (-2.40)	-0.079** (-2.29)
Capint	1.609*** (8.16)	1.817*** (7.17)	1.175*** (7.46)
Indpt	-0.622* (-1.72)	0.008 (0.02)	-0.058 (-0.17)
Mngshr	0.026 (1.50)	0.007 (0.29)	0.004 (0.28)
Cpi	-0.017 (-0.59)	-0.015 (-0.35)	-0.009 (-0.37)
Gdp	4.381** (2.46)	3.768 (1.49)	2.931* (1.87)
Age	0.102* (1.71)	0.173** (2.11)	0.128** (2.44)
Constant	-8.322*** (-2.80)	9.841** (2.22)	3.615 (1.41)
Industry	是	是	是
Year	是	是	是
N	4 267	4 267	4 267
r^2_a	0.663	0.404	0.392

注：***、**和*表示系数在1%、5%和10%水平显著；括号内为t值；回归系数的标准误在公司层面进行了Cluster调整。

（二）稳健性检验

1.PSM倾向得分匹配法

首先用PSM倾向得分匹配法克服样本自选择偏差问题。在PSM第一阶段，采用下述Probit模型估计样本企业属于国有转制型民营企业的倾向得分：

$$Probit\ (Sin=1)=\lambda_0+\lambda_1 Deficit+\lambda_2 Unemp+\lambda_3 HHI+\lambda_4 Fage+\lambda_5 Capital+\lambda_6 Page+\lambda_7 Gender+\lambda_8 Govern+\varepsilon \quad (3)$$

参考唐松等（2017），构建的影响民营企业初始产权获取方式的变量包括：企业所在地区的财政赤字率（Deficit）、失业率（Unemp）；企业所属行业的竞争度（HHI）；企业的存续时间（Fage）、初始注册资本（Capital）；民营企业家的年龄（Page）、性别（Gender）和政府工作背景（Govern）。根据模型（3）估计出的每家样本企业成为国有转制型民营企业的倾向得分，采用卡尺内1：1最近邻匹配法（卡尺=0.03）进行样本配对，基于以上配对样本，重新对模型（1）和模型（2）进行回归。表7和表8中采用PSM配对样本的回归结果同样支持前文的研究结论。

表7　采用PSM配对样本："原罪"嫌疑与企业劳动力成本的回归结果

变量	因变量：Labor	因变量：Labor_S	因变量：Labor_A
Sin	-0.090^{*} (−1.70)	-0.017^{***} (−3.12)	-0.011^{***} (−3.28)
Control	是	是	是
Industry	是	是	是
Year	是	是	是
N	1 968	1 968	1 968
r^2_a	0.763	0.483	0.442

注：***、**和*表示系数在1%、5%和10%水平显著；括号内为t值；回归系数的标准误在公司层面进行了Cluster调整。

表8　采用PSM配对样本："原罪"嫌疑与企业雇员规模的回归结果

变量	因变量：Staff	因变量：Staff_S	因变量：Staff_A
Sin	−0.076 (−1.37)	-0.139^{**} (−2.03)	-0.113^{**} (−2.47)
Control	是	是	是
Industry	是	是	是
Year	是	是	是
N	1 968	1 968	1 968
r^2_a	0.701	0.471	0.449

注：***、**和*表示系数在1%、5%和10%水平显著；括号内为t值；回归系数的标准误在公司层面进行了Cluster调整。

2.Heckman两阶段回归模型

还用Heckman两阶段模型缓解可能存在的样本选择偏差问题。首先，根据模型（4）预测样本企业是国有转制型民营企业的概率，并计算逆米尔斯比率(Invmills)，然后将Invmills作为模型（1）和模型（2）的一个控制变量重新进行回归。借鉴周泽将等（2019），第一阶段设置模型如下：

$$Probit\ (Sin_{it}) = \eta_0 + \eta_1 Gdp2000_{it} + \eta_2 Size_{it} + \eta_3 Lev_{it} + \eta_4 Age_{it} + \sum industry + \sum year + \varepsilon_{it} \quad (4)$$

工具变量选择2000年公司所属省份人均Gdp的自然对数（Gdp2000），主要是因为在20世纪末为了改善国企困境的“三年脱困期”，许多经济落后地区的地方政府积极推进中小亏损国有企业的民营化改制进程，Gdp2000是影响民营企业是否属于国有转制型的一种重要外生变量。根据表9和表10中Heckman第二阶段稳健性检验结果，在控制可能的内生性问题后，研究结论没有变化。

表9　Heckman第二阶段回归：“原罪”嫌疑与企业劳动力成本的回归结果

变量	因变量：Labor	因变量：Labor_S	因变量：Labor_A
Sin	-0.095^{**} (−2.15)	-0.015^{***} (−3.50)	-0.009^{***} (−3.45)
Invmills	0.537^{***} (2.71)	0.046^{**} (2.01)	0.046^{***} (3.58)
Control	是	是	是
Industry	是	是	是
Year	是	是	是
N	3 978	3 978	3 978
r^2_a	0.709	0.433	0.381

注：***、**和*表示系数在1%、5%和10%水平显著；括号内为t值；回归系数的标准误在公司层面进行了Cluster调整。

表10　Heckman第二阶段回归：“原罪”嫌疑与企业雇员规模的回归结果

变量	因变量：Staff	因变量：Staff_S	因变量：Staff_A
Sin	-0.084^{*} (−1.85)	-0.143^{**} (−2.50)	-0.105^{***} (−2.81)
Invmills	−0.273 (−1.30)	-0.651^{**} (−2.35)	−0.219 (−1.24)
Control	是	是	是
Industry	是	是	是
Year	是	是	是
N	3 978	3 978	3 978
r^2_a	0.656	0.396	0.384

注：***、**和*表示系数在1%、5%和10%水平显著；括号内为t值；回归系数的标准误在公司层面进行了Cluster调整。

3.安慰剂检验

然后进行了1 000次安慰剂检验排除遗漏因素的影响，得到的随机模拟解释变量New_Sin的1 000个系数和T值的分布情况列示于表11。根据表11，无论是以劳动力成本还是以雇员规模作为被解释变量，New_Sin回归系数的T值都分布在0附近，而且真实回归系数的T值都小于这1 000次随机估计结果T值的5%分位数。说明人为设定的初始产权获取方式不会显著影响民营企业的劳动力成本和雇员规模。

表11　1 000次安慰剂检验系数与T值

因变量	变量	N	均值	标准差	最小值	p5	中位数	p95	最大值
Labor	b_New_Sin	1 000	0.002	0.049	-0.176	-0.075	0.002	0.082	0.162
	T-value	1 000	0.052	1.018	-3.601	-1.552	0.033	1.716	3.716
Labor_S	b_New_Sin	1 000	0.000	0.006	-0.016	-0.009	-0.000	0.010	0.018
	T-value	1 000	-0.018	1.007	-3.071	-1.712	-0.056	1.716	2.808
Labor_A	b_New_Sin	1 000	0.001	0.003	-0.010	-0.005	0.000	0.006	0.011
	T-value	1 000	0.123	1.059	-3.477	-1.649	0.122	1.800	3.187
Staff	b_New_Sin	1 000	0.007	0.050	-0.155	-0.075	0.006	0.094	0.170
	T-value	1 000	0.143	1.019	-3.039	-1.468	0.116	1.865	3.950
Staff_S	b_New_Sin	1 000	0.010	0.070	-0.177	-0.106	0.007	0.127	0.280
	T-value	1 000	0.111	1.044	-2.994	-1.676	0.112	1.774	3.484
Staff_A	b_New_Sin	1 000	0.009	0.047	-0.115	-0.066	0.006	0.088	0.162
	T-value	1 000	0.149	1.074	-3.320	-1.733	0.140	1.904	3.250

4.排除上市前的样本选择偏差

为了排除国有转制型民营企业劳动力成本和雇员规模上市前就较低的样本选择偏差，借鉴曾庆生和陈信元（2006）、唐松等（2020），将企业上市前三年的平均劳动力成本作为控制变量纳入模型（1），由于披露上市前三年雇员规模的样本企业较少，将企业上市时的雇员规模作为控制变量纳入模型（2），资本密集度（Capint）可能对劳动力成本和雇员规模有重要影响，采用其变化量（Dif_capint），其他控制变量都与模型（1）、模型（2）相同。根据表12和表13，国有转制型民营企业的劳动力成本和雇员规模在上市后仍然显著低于创业型民营企业。

表12　　“原罪”嫌疑与民营企业上市后劳动力成本的回归结果

变量	因变量：Labor	因变量：Labor_S	因变量：Labor_A
Sin	-0.098*** (-2.73)	-0.008*** (-2.72)	-0.002 (-1.35)
Labor_preipo	0.398*** (19.96)		
Labor_S_preipo		0.913*** (28.65)	
Labor_A_preipo			0.526*** (27.41)
Control	是	是	是
Industry	是	是	是
Year	是	是	是
N	4 243	4 243	4 243
r^2_a	0.807	0.729	0.715

注：***、**和*表示系数在1%、5%和10%水平显著；括号内为t值；回归系数的标准误在公司层面进行了Cluster调整。

表13　　“原罪”嫌疑与民营企业上市后雇员规模的回归结果

变量	因变量：Staff	因变量：Staff_S	因变量：Staff_A
Sin	-0.059* (-1.77)	-0.100*** (-2.68)	-0.039* (-1.71)
Staff_ipo	0.618*** (28.32)		
Staff_S_ipo		0.564*** (22.21)	
Staff_A_ipo			0.649*** (32.19)
Control	是	是	是
Industry	是	是	是
Year	是	是	是
N	4 243	4 243	4 243
r^2_a	0.819	0.672	0.742

注：***、**和*表示系数在1%、5%和10%水平显著；括号内为t值；回归系数的标准误在公司层面进行了Cluster调整。

5.以黄光裕案公司股票累计超额收益率区分“原罪”嫌疑大小

根据2010年5月18日黄光裕案件判决后公司股票的累计超额收益率，在国有转制型民营企业内部区分“原罪”嫌疑的大小，直接检验“原罪”嫌疑与企业劳动力成本和雇员规模之间的关系。这是因为：国有转制型民营企业的“原罪”嫌疑之所以高于创业型民营企业，是因为其产权经历了从国有到私有的转变，相关民营企业家初始财富积累过程往往不透明或不规范，因而受到社会公众更多的关注和质疑。而黄光裕最初受到巨大的社会质疑并被司法机关调查的原因即在于其早年创业期间涉嫌违法获取十多亿元贷款，初始财富积累过程存在不合法和不规范问题，这恰恰是国有转制型民营企业“原罪”问题最重要的方面。黄光裕案再次把“原罪”问题推到了舆论的风口浪尖，在这一事件中，民营企业的“原罪”嫌疑越大，面临的法律安全风险越高，理性的投资者为了规避投资损失，必然会抛售这些公司的股票，引发股价下跌。借鉴Teoh et al.（1998a，1998b）和Tan et al.（2002），计算国有转制型民营企业股票在2010年5月18日后240个交易日（2010年5月19日至2011年5月17日）内的累计超额收益率BHR。然后将BHR乘以-1，得到变量OriginalSin，该变量取值越大，代表企业的“原罪”嫌疑也越大，进一步提供国有转制型民营企业内部劳动力成本和雇员规模随“原罪”嫌疑增大而减少的证据。

鉴于黄光裕案件发生时间较早，且影响范围甚广，以2010年及之前上市的国有转制型民营企业为研究对象。2010年5月18日之后上市的企业，采用上市后至2011年5月17日的交易期间计算其BHR。根据表14和表15，“原罪”嫌疑越大的企业劳动力成本越低，雇员规模越小，这一检验使结论更加可靠。

表14 国有转制型民营企业子样本：“原罪”嫌疑与企业劳动力成本

变量	因变量：Labor	因变量：Labor_S	因变量：Labor_A
OriginalSin	-0.301*** (-3.86)	-0.031*** (-4.09)	-0.013*** (-2.92)
Control	是	是	是
Industry	是	是	是
Year	是	是	是
N	570	570	570
r^2_a	0.848	0.647	0.539

注：***、**和*表示系数在1%、5%和10%水平显著；括号内为t值；回归系数的标准误在公司层面进行了Cluster调整。

表15　　国有转制型民营企业子样本："原罪"嫌疑与企业雇员规模

变量	因变量：Staff	因变量：Staff_S	因变量：Staff_A
OriginalSin	−0.208*	−0.372***	−0.111
	(−1.76)	(−2.71)	(−1.57)
Control	是	是	是
Industry	是	是	是
Year	是	是	是
N	570	570	570
r^2_a	0.732	0.654	0.583

注：***、**和*表示系数在1%、5%和10%水平显著；括号内为t值；回归系数的标准误在公司层面进行了Cluster调整。

五、进一步分析

（一）行业利润率水平的影响

预期在利润率低的行业，国有转制型民营企业的劳动力成本和雇员规模低于创业型民营企业的现象更显著。利润率低的行业市场竞争更为激烈，成本转嫁能力更弱，企业能够获得的超额利润水平较低，面临较强的流动性约束，外源融资成本趋高。"原罪"嫌疑加剧了民营企业家的短视行为和外部融资约束，使得行业利润率低的企业有更强的动机降低劳动力成本以储备资金、规避风险。为了验证上述预期，参考刘行和赵晓阳（2019），用行业内所有企业息税前利润与营业收入之比的中位数衡量行业利润率水平，并以该指标的年度中位数为基准，将样本划分为行业利润率水平高的组和行业利润率水平低的组进行分组回归。表16和表17中按行业利润率分组的回归结果证实了上述预期。

表16　　"原罪"嫌疑与企业劳动力成本按行业利润率分组的回归结果

变量	因变量：Labor		因变量：Labor_S		因变量：Labor_A	
	行业利润率高	行业利润率低	行业利润率高	行业利润率低	行业利润率高	行业利润率低
Sin	−0.037	−0.178***	−0.011*	−0.021***	−0.006	−0.015***
	(−0.63)	(−2.61)	(−1.87)	(−3.20)	(−1.57)	(−3.68)
Control	是	是	是	是	是	是
Industry	是	是	是	是	是	是
Year	是	是	是	是	是	是
N	2 462	1 805	2 462	1 805	2 462	1 805
r^2_a	0.703	0.735	0.448	0.436	0.413	0.347

注：***、**和*表示系数在1%、5%和10%水平显著；括号内为t值；回归系数的标准误在公司层面进行了Cluster调整。

表 17 “原罪”嫌疑与企业雇员规模按行业利润率分组的回归结果

变量	因变量：Staff		因变量：Staff_S		因变量：Staff_A	
	行业利润率高	行业利润率低	行业利润率高	行业利润率低	行业利润率高	行业利润率低
Sin	0.004 (0.07)	-0.198*** (-2.77)	-0.042 (-0.60)	-0.258*** (-2.86)	-0.025 (-0.60)	-0.211*** (-3.26)
Control	是	是	是	是	是	是
Industry	是	是	是	是	是	是
Year	是	是	是	是	是	是
N	2 462	1 805	2 462	1 805	2 462	1 805
r^2_a	0.619	0.705	0.405	0.425	0.400	0.381

注：***、**和*表示系数在 1%、5% 和 10% 水平显著；括号内为 t 值；回归系数的标准误在公司层面进行了 Cluster 调整。

（二）经营风险的影响

经营风险更高的企业经营更加脆弱，外部融资更加困难，经营业绩和现金流的波动性更大，“原罪”嫌疑引致了民营企业家留存更多当期利润和现金、规避当期经营风险的短视动机，使得经营风险更高的企业会更大幅度地降低自身劳动力成本。预期经营风险更高的国有转制型民营企业的劳动力成本和雇员规模低于创业型民营企业的现象应该更显著。为了验证上述预期，借鉴 Dhaliwal et al.（2011）以及叶青等（2012），按照企业经营风险（等于行业中位数调整后的企业未来三年总资产回报率的标准差）各行业年度的中位数，将样本划分为经营风险高和经营风险低的两组进行分组回归。表 18 和表 19 中的回归结果印证了逻辑机制的合理性。

表 18 “原罪”嫌疑与企业劳动力成本按经营风险分组的回归结果

变量	因变量：Labor		因变量：Labor_S		因变量：Labor_A	
	经营风险高	经营风险低	经营风险高	经营风险低	经营风险高	经营风险低
Sin	-0.141*** (-3.13)	0.009 (0.15)	-0.019*** (-4.30)	-0.007 (-1.17)	-0.012*** (-4.33)	-0.004 (-1.12)
Control	是	是	是	是	是	是
Industry	是	是	是	是	是	是
Year	是	是	是	是	是	是
N	3 078	1 189	3 078	1 189	3 078	1 189
r^2_a	0.721	0.733	0.438	0.477	0.389	0.395

注：***、**和*表示系数在 1%、5% 和 10% 水平显著；括号内为 t 值；回归系数的标准误在公司层面进行了 Cluster 调整。

表19 “原罪”嫌疑与企业雇员规模按经营风险分组的回归结果

变量	因变量：Staff		因变量：Staff_S		因变量：Staff_A	
	经营风险高	经营风险低	经营风险高	经营风险低	经营风险高	经营风险低
Sin	-0.112** (-2.38)	0.002 (0.04)	-0.149*** (-2.65)	-0.097 (-1.16)	-0.118*** (-3.20)	-0.066 (-1.22)
Control	是	是	是	是	是	是
Industry	是	是	是	是	是	是
Year	是	是	是	是	是	是
N	3 078	1 189	3 078	1 189	3 078	1 189
r^2_a	0.666	0.685	0.420	0.395	0.394	0.412

注：***、**和*表示系数在1%、5%和10%水平显著；括号内为t值；回归系数的标准误在公司层面进行了Cluster调整。

（三）“原罪”嫌疑对不同学历水平雇员规模的影响

预期国有转制型民营企业主要减少了对高学历员工的雇佣。“原罪”嫌疑使民营企业家缺乏安全感和稳定预期，会减少对企业价值最大化目标的考虑，更多地注重短期利益而忽视长期利益。高学历雇员的人力资本水平一般较高，对企业的创新和发展至关重要，企业对高学历雇员进行人力资本投资的成本和不确定性往往更高，“原罪”嫌疑使得企业会较少地雇佣高学历雇员。为了对上述预期进行验证，将本科及以上学历视为高学历，本科以下学历视为低学历，企业员工学历信息来自锐思数据库，高、低学历雇员规模的具体度量方式与上文相同。表20和表21中的结果说明，具有“原罪”嫌疑的民营企业主要减少了高学历员工的雇佣。

表20 “原罪”嫌疑与企业高学历雇员规模的回归结果

变量	因变量：High_educated_Staff	因变量：High_educated_Staff_S	因变量：High_educated_Staff_A
Sin	-0.137* (-1.91)	-0.049*** (-2.79)	-0.019** (-2.29)
Control	是	是	是
Industry	是	是	是
Year	是	是	是
N	4 015	4 015	4 015
r^2_a	0.531	0.419	0.343

注：***、**和*表示系数在1%、5%和10%水平显著；括号内为t值；回归系数的标准误在公司层面进行了Cluster调整。

表21　　“原罪”嫌疑与企业低学历雇员规模的回归结果

变量	因变量：Low_educated_Staff	因变量：Low_educated_Staff_S	因变量：Low_educated_Staff_A
Sin	-0.029 (-0.58)	-0.072 (-1.36)	-0.072** (-2.10)
Control	是	是	是
Industry	是	是	是
Year	是	是	是
N	4 176	4 176	4 176
r^2_a	0.652	0.403	0.411

注：***、**和*表示系数在1%、5%和10%水平显著；括号内为t值；回归系数的标准误在公司层面进行了Cluster调整。

六、研究结论与启示

将2009—2019年上市时实际控制人为自然人或家族的民营企业划分为国有转制型和创业型两类，研究发现："原罪"嫌疑使得国有转制型民营企业倾向于减少自身的劳动力成本，主要通过削减雇员规模来实现。为了增强研究结论的可靠性，被解释变量劳动力成本和雇员规模均采用了绝对于营业收入、相对于营业收入和相对于总资产三种度量形式，并针对样本选择偏差和遗漏变量等导致的内生性问题进行了稳健性检验，得到的结果仍支持研究结论。进一步分析发现，国有转制型民营企业的劳动力成本和雇员规模低于创业型民营企业的现象在利润率更低的行业和经营风险更高的企业更加显著。最后还发现，"原罪"嫌疑主要减少了民营企业对高学历员工的雇佣。

研究结论有如下政策启示意义：首先，在当前中国就业形势仍较为严峻的背景下，需要将民营企业的"改革性探索原罪"与"道德性原罪"加以严格区分和对待，肯定和赦免"改革性探索原罪"并严格调查和追究"道德性原罪"，减轻"原罪"嫌疑对企业的影响，增加民营企业对劳动力的雇佣。其次，在推行减轻民营企业"原罪"嫌疑政策的同时，要采取有针对性的辅助措施。具体来说，政府应鼓励利润率低的行业进行技术研发，进而提高行业利润水平；应减少政策的不确定性，维持企业经营环境的稳定。最后，当前中国人口红利优势已不复存在，产业结构亟待转型升级，政府可以加大对企业高学历员工的补贴力度，减轻企业雇佣高学历员工的负担。

参考文献

[1] 陈冬华，范从来，沈永建，等. 职工激励、工资刚性与企业绩效——基于国有非上市公司的经验证据 [J]. 经济研究，2010 (7)：116-129.

[2] 陈冬华，范从来，沈永建. 高管与员工：激励有效性之比较与互动 [J]. 管理世界，2015，(5)：160-171.

[3] 刘行，赵晓阳. 最低工资标准的上涨是否会加剧企业避税 [J]. 经济研究，2019，(10)：121-135.

[4] 梁莱歆，冯延超. 民营企业政治关联、雇员规模与薪酬成本 [J]. 中国工业经济，2010，(10)：127-137.

[5] 卢锐，陈胜蓝. 货币政策波动与公司劳动力成本黏性 [J]. 会计研究，2015，(12)：53-58+97.

[6] 林炜. 企业创新激励：来自中国劳动力成本上升的解释 [J]. 管理世界，2013，(10)：95-105.

[7] 李雪，罗进辉，黄泽悦. "原罪"嫌疑、制度环境与民营企业慈善捐赠 [J]. 会计研究，2020 (1)：135-144.

[8] 刘媛媛，刘斌. 劳动保护、成本粘性与企业应对 [J]. 经济研究，2014，49 (5)：63-76.

[9] 陆正飞，王雄元，张鹏. 国有企业支付了更高的职工工资吗 [J]. 经济研究，2012，47 (3)：28-39.

[10] 马双，张劼，朱喜. 最低工资对中国就业和工资水平的影响 [J]. 经济研究，2012，47 (5)：132-246.

[11] 邵敏，包群，叶宁华. 信贷融资约束对员工收入的影响——来自我国企业微观层面的经验证据 [J]. 经济学（季刊），2013，12 (3)：895-912.

[12] 沈永建，范从来，陈冬华，等. 显性契约、职工维权与劳动力成本上升：《劳动合同法》的作用 [J]. 中国工业经济，2017 (2)：117-135.

[13] 沈永建，于双丽，蒋德权. 空气质量改善能降低企业劳动力成本吗 [J]. 管理世界，2019，35 (6)：161-178+195-196.

[14] 唐松，温德尔，孙铮. "原罪"嫌疑与民营企业会计信息质量 [J]. 管理世界，2017 (8)：106-122+187-188.

[15] 唐松，温德尔，叶芷薇. 恒产者恒心："原罪"嫌疑，产权保护与民营企业绩效 [J]. 经济学（季刊），2020，19 (3)：995-1016.

[16] 汪伟，郭新强，艾春荣. 融资约束，劳动收入份额下降与中国低消费 [J]. 经济研究，

2013，48（11）：100-113.

［17］叶青，李增泉，李光青. 富豪榜会影响企业会计信息质量吗？——基于政治成本视角的考察［J］. 管理世界，2012（1）：104-120.

［18］曾庆生，陈信元. 国家控股，超额雇员与劳动力成本［J］. 经济研究，2006（5）：74-86.

［19］周泽将，罗进辉，李雪. 民营企业身份认同与风险承担水平［J］. 管理世界，2019，35（11）：193-208.

［20］CHEN D H，SHEN Y J，CHEN l H. Performance Volatility and Wage Elasticity：an Empirical Research from Listed Enterprises of Chinese a Shares［J］. China Journal of Accounting Research，2009，2：98-113.

［21］DHALIWAL D，LEE H S，NEAMTIU M. The Impact of Operating Leases on Firm Financial and Operating risk［J］. Journal of Accounting，Auditing & Finance，2011，26：151-197.

［22］DEMSETZ H. The Exchange and Enforcement of Property Rights［J］. Journal of Law & Economics，1964，7：11-26.

［23］FAZZARI S M，HUBBARD R G，PETERSEN B C. Financing Constraints and Corporate Investment［J］. Brookings Papers on Economic Activity，1988，1：141-195.

［24］FRYE T. Original Sin，Good Works and Property Rights in Russia［J］. World Politics，2006，58：479-504.

［25］NICKELL S，NICOLITSAS D. How Does Financial Pressure Affect Firms［J］. European Economic Review，1999，43：1435-1456.

［26］TAN R，CHNG P，TONG Y. Private Placements and Rights Issues in Singapore［J］. Pacific-Basin Finance Journal，2002，10：29-54.

［27］TEOH S，WELCH I，WONG T J. Earnings Management and the Under Performance of Seasoned Equity Offerings［J］. Journal of Financial Economics，1998a，50：63-99.

［28］TEOH S，WELCH I，WONG T J. Earnings Management and the Long-run Market Performance of Initial Public Offerings［J］. Journal of Finance，1998b，53：1935-1974.

Suspect of "Original Sin" and Labor Cost of Private Enterprise

Yingbing Jiang，Weijie Zhang

Abstract The suspicion of "original sin" has always been an important problem perplexing Chinese private entrepreneurs， which has produced extensive microeconomic consequences. This paper selects A-share private listed companies whose actual controllers are natural persons or families when listed from 2009 to 2019 as samples， and classifies the sample companies as state-owned transformation type and entrepreneurial type according to the acquisition mode of initial property rights, and focuses on investigating how the suspicion of "original sin" affects the labor cost of private enterprises. The results show that the labor cost of state-owned private enterprises is significantly lower than that of entrepreneurial private enterprises. The difference was caused mainly by reducing the size of the workforce. Further analysis shows that the labor cost and employee size of state-owned private enterprises are lower than those of entrepreneurial private enterprises, which are more significant in industries with lower profit margins and enterprises with higher operating risks. Finally, it was found that the "original sin" suspicion mainly reduced the hiring of highly educated employees by private enterprises. The conclusion of the study is helpful to deepen the understanding of the suspicion of "original sin" of private enterprises, and has certain enlightenment significance for private enterprises to better undertake the social responsibility of stabilizing the labor market and creating employment opportunities.

Key words Private Enterprises; "Original Sin" Suspicion; Labor Cost; Employee Size

第13辑，2022年
No.13，2022
会计与控制评论
Review of Accounting and Control

民营企业家的明星效应对企业融资约束的影响研究

鞠晓彤　王棣华

（东北财经大学会计学院\中国内部控制研究中心　大连　116025）

摘　要　本文以2014—2019年的中国资本市场上实际控制人为自然人的A股上市民营企业为研究对象，实证检验民营企业家的明星效应对企业融资约束的影响及其作用机制。研究发现：（1）具有明星效应的民营企业家在一定程度上有助于缓解企业的融资约束；（2）民营企业的身份认同和市场化程度均会显著弱化民营企业家的明星效应和融资约束之间的负向关系，然而股权制衡程度并不显著影响二者之间的关系；（3）民营企业家的明星效应可以通过扩大企业的融资来源和降低企业的融资成本两方面缓解企业的融资约束。本文的研究结果鼓励广大民营企业家发挥社会影响力以便降低企业的融资约束；又强调约束企业家行为，抑制其通过提高明星效应产生寻租行为，对企业产生负面影响。

关键词　民营企业家　明星效应　融资约束　融资来源　融资成本

一、引　言

1978年改革开放以后，我国民营企业重新得以合法化经营。目前我国已成为世界第二大经济体，其中民营企业发挥了重要作用。根据中国报告大厅数据显示，截止到2020年，民营企业对我国GDP贡献率高达60%以上，税收占比超过50%，提供了80%以上的城镇就业岗位，90%以上的全国就业岗位。由此可见民营企业在国民经济建设中的地位日益凸显，已成为我国经济发展的主力军。2018年11月，习近平总书记在民营企业座谈会上发表重要讲话，充分肯定了民营经济在国民经济中的重要地位。自2018年以来，国家出台了大量政策为缓解民营企业融资难融资贵问题提供指引，但目前来看治理结果并不理想。田国强和赵旭霞（2019）表明，一方面希望通过放宽货币的政府政策操作缓解融资问题，但金融通向实体经济的渠道堵塞，因此出现了"宽货币"和"紧信用"同时存在的局面；另一方面对地方政府债务进行治理与调控，但并没有完全制止地方政府债务的持续上涨势头。此外根据央行公布的数据，全国人民币贷款在2020年新增19.63万亿元，而银行贷款总额中仅29%左右最终流向了民营企业。由此可见，相比于国有银行对国有企业强大的资金支撑，民营企业需要实施多项措施获取融资来满足自身发展。

此外，在当今互联网新媒体与大数据并存的时代，流量已经成为诸多行业发展和成功的重要指标。2003年中国网民规模为7 950万人，根据中国互联网络信息中心发布的数据显示，截止到2020年年底，我国上网人数已达到9.89亿人，普及率达到70.4%，高于全球平均水平。流量产业化的逐步兴起，打破了人们常规的思考方式和选择模式。企业家作为企业发展的灵魂人物，通过互联网等信息技术的传播，将自身社会知名度大力发扬，以明星效应方式获取志同道合者的支持，已成为企业获取融资的重要渠道。尤其对于民营企业家而言，其艰辛的创业过程以及管理企业的领导精神等都会成为投资者考虑的因素，吸引更多投资者的关注。

Tsai（2002）通过研究指出，尽管中国民营企业与国有企业相比，更难通过正规金融融资渠道获得资金支持及法律保障，但通过其他融资渠道进行融资使其成为中国近年来经济增长最快的方法。邓可斌和曾海舰（2014）发现，国务院发展研究中心发布的《中国企业经营者问卷跟踪调查报告》指出，融资约束是中国企业在发展中的主要制约因素。为了在艰苦的环境中保证企业的正常运行和稳步发展，企业从各种渠道获取信息且实施多样化措施获取支持。虽然目前大量的文献研究了中国资本市场上缓解融资约束的方法，却鲜有关注具有特殊身份以及重要地位的企业家的明星效应对企业融资约束的影响。

本文的研究贡献主要体现在以下方面：首先对于明星效应对企业投融资方面的影响而言，现有研究都基于信号传递、信息不对称等理论，本文此次引入了锚定效应和资源基础理论来阐述两者之间的关系，提供了一个新的理解视角。其次，不同于以往文献只通过理论阐述或者少量数据实证研究二者之间的关系，本文通过系统性地研究民营企业家的明星效应对企业融资约束的影响，即进一步通过异质性分析与作用机制检验，丰富了融资约束影响因素领域的文献。最后，对民营企业而言，实证结果表明通过提升企业家的明星效应来缓解企业的“融资难”问题具有一定的现实意义。

二、文献综述

（一）企业家明星效应研究综述

Atkin（1983）等表明，主观上大众的注意力会受到明星的影响，明星代言通过有效的宣传引发受众群体的高度关注。最初，明星作为娱乐圈、体育圈深受追捧的人的代名词，而后明星慢慢在各行各业中兴起。企业家作为一个名词最早由法国经济学家理查德·坎蒂隆提出，他认为企业家能够提升社会经济资源的使用效率。本文认为，由于国有上市公司的董事长一般都是经由组织任命，且公司决策受上级国资监管等部门的制约，其并非企业真正的实际控制人。因此，本文关注的是伴随着中国经济成长起来的民营上市公司的实际控制人，作为中国市场经济中最为活跃的企业家群体，其是企业真正的“老板”。这也区别于既有文献往往更多关注“董监高”群体。

企业家的明星效应主要来源于声誉理论，Johnson et al.（1993）表明，管理者声誉其实是能力的一种表现形式，可以通过管理者声誉的优劣来度量能力的大小，由此可见良好的声誉作为一种资本，能有效提升公司的价值。学者们将声誉理论应用到多方面，对于财务方面的影响研究，Certo（2003）指出，董事会的声誉能够加强企业的合法性以及加强投资者信心，从而企业上市时可以获取更高股价。Malmendier and Tate（2009）研究了美国超级明星企业家的声誉变化对公司绩效的影响，结果表明企业家获得声誉后，公司的经营绩效和股票价值都有所下降，是因为在获得声誉后企业家把时间和精力投入到企业外的事情。声誉还会产生很多非财务方面的影响，包括获取资源、帮助决策、吸引利益相关者的加入、建立身份认知等。Oliver et al.（2009）指出，企业家的声誉能够壮大企业的研发中心。Burns et al.（2016）表明，企业家通过自己的声誉吸引了更多的利益相关者加入，尤其是在信息不对称程度越高的时候，此作用越突出。张兴亮（2016）发现，企业家的声誉能够加强供应商对企业的信任，从而企业可以在交易中支付相对较少的预付款项。

（二）融资约束研究综述

Fazzari et al.（1988）首次较完备地提出了“融资约束”的概念，表明外部投资者和企业间的信息不完全导致了市场摩擦，从而使外部投资者难以获取企业的真实信息或者获取成本很高。Kaplan and Zingales（1997）进一步完善了Fazarri et al.

(1988) 对融资约束的理解，即通过内外部资金的相对差异衡量融资约束的程度，使得企业之间可以进行横向比较或者单个企业在不同时点进行比较。为了缓解融资约束给企业带来的发展困境，越来越多融资约束的影响因素被提出。

从宏观方面来看，Love (2003) 发现，金融市场的发展可以通过减少契约不完备和信息不对称来降低企业的融资约束。饶华春 (2009) 进一步指出，相比国有企业，市场化的提高对中国民营企业的融资约束的缓解作用更强。祝继高和陆正飞 (2009) 则从货币政策视角进行研究，发现当货币政策从紧时，企业外部融资约束将增强。车嘉丽和薛瑞 (2017) 则指出，政府采取的产业政策通过资源效应和信息效应影响了企业融资行为，进而产业政策激励可以有效缓解融资约束，尤其对于民营企业的效果更加明显。

从微观方面来看，现有对企业融资影响因素的研究更丰富。首先，从会计信息质量方面来看，Peyer (2002) 认为集团化的运作能达到高效传递信息的效果，使得公司在风险投资中更具优势，从而提升投融资过程中的资金利用率，也为企业获得更高的收益带来了优势。Chen et al. (2010) 研究发现，企业通过提供高质量的会计信息可以降低投资者和企业之间的信息不对称，进而缓解融资约束。其次，从关系网络方面来看，Faccio (2006) 发现，企业的政治关联可以获取隐形担保，而非政府的直接干预使得信息不对称和交易成本降低。邓建平和曾勇 (2011) 指出，我国有47.8%的民营企业和银行存在关联。最后，随着资本市场中信息中介的作用日益凸显，相关学者研究了媒体、分析师以及董秘等对企业降低融资成本、缓解融资约束产生的作用。例如Liu (2011) 指出分析师通过专业知识和能力，挖掘公司内部信息并进行专门解读，从而有助于投资者对公司的理解和认识。姜付秀等 (2016) 研究发现，当董秘拥有财务经历时，其所在企业的融资约束水平相对较低。由此可见，越来越多影响融资约束的因素被提出，有效利用现有研究使得企业获取更多的资金投入渠道尤为重要。

(三) 文献述评

综上所述，学者们对影响融资约束的因素开展了大量研究，研究成果极为丰富，包括政府干预、经济形势、市场化程度等宏观因素，企业的关系网络、信息质量、公司治理等微观因素。当企业面临相似的外部环境时，从微观视角进行探索找到突破口尤为重要。在当今信息化高速发展时代，良好地运用媒体、数据、流量等新时代工具，对企业的发展至关重要。然而，现有文献鲜有对具有特殊身份以及重要地位的企业家的明星效应对企业融资约束的影响进行系统性研究。本文认为，充分发挥企业家的明星效应能有效打通企业与资本市场的壁垒，进一步拓宽企业获取资金的渠道，有效降低企业的融资成本，解决融资约束难题。因此，民营企业家的明星效应对融资约束的影响研究不仅仅具有理论意义，还具有现实意义。

三、理论分析与假设提出

（一）民营企业家的明星效应与企业融资约束

Kahneman and Tversky（1974）表明，人类在进行决策时和经济学理性人假设有较大区别，其偏见主要通过三种形式表现：代表性，大众对事物进行判断时主要关注到具有代表性的描绘上；可得性，大众会通过脑海中现有的情况对事物进行判断；锚定效应，当人们需要进行定量预测时，总会从一个特定值的基础上进行调整，然后得到最终值。企业家作为企业的核心人物，其创业过程、人品素质、管理模式等率先通过媒体报道被大众熟知，媒体各方面的报道使得部分企业家获取了明星效应。因此，在投资者与企业内部信息高度不对称的情况下，往往通过社交媒体渠道获取企业家的相关信息，企业家的网络关注度便形成了企业状况的内在锚，企业家获得的关注度越高，那么内在锚的基础值越高，提升投资者对企业财务状况及经营成果的印象值，从而对公司是否投资产生重大影响。

此外，从资源基础理论的角度来看，企业家的社会知名度是企业有效获取并配置资源的基础。王营和曹延求（2014）表明，公司的名流董事会增强企业的政治、商业以及社会资源，获取竞争优势，进一步增进企业的债务融资，降低融资约束。张祥建等（2015）发现，高管依靠自身的社会关系有助于更高效汇聚以及动员各项资源。由此可见公司领导层人物的个人特质对公司获取资源具有重要的影响，企业家的明星效应使其更有能力协调和统一高管团队的行为和认知，有效整合各项资源，从而对公司内外部都能传递更多积极的信息。民营企业家的明星效应作为企业的无形资产，加强了投资者的投资信心，降低了企业的外部融资约束。基于以上分析，本文提出假设1：

H1：民营企业家的明星效应有助于缓解企业的融资约束。

（二）民营企业身份认同的调节作用

民营企业的身份认同是影响民营企业家明星效应发挥作用的重要内部治理因素。在中国转型经济历程中，承担重要角色以及不断壮大的民营企业，一直存在着十分突出的身份认同问题。Tsang（1996）发现，在中国普遍存在民营企业合法身份问题，企业常常做出区别于其他国家企业的行为。叶青等（2012）发现，上市公司的实际控制人在首次登上“胡润富豪榜”后，公众对公司的关注也会随之增加，继而公司的身份问题会突然被放大。刘海洋等（2017）表明，身份认同问题极有可能导致民营企业的产权得不到合理有效的正式认定和法律保护。因此本文认为，一方面对于资本市场而言，相较于企业家明星效应给企业带来的正面影响，投资者更注重身份认同的“隐性担保”，而且具有身份认同的民营企业，大都可以通过更方便的途径获取资源。另一方面对于不具有身份认同的民营企业而言，企业家更希望降低关注度，避免监管。因此，在债务融资中，民营企业的身份认同会减弱企业家明星效应对融资约束的影响。基于以上分析，本文提出假设2：

H2：具有身份认同的民营企业，会减弱民营企业家的明星效应对企业融资约束的影响。

（三）市场化程度的调节作用

市场化水平也是影响民营企业家明星效应发挥作用的重要外部治理因素。企业所在地区的市场化进程代表了相应的经济发展水平、制度约束程度和资本自由流动程度。Love（2001）发现，金融市场的发展可以通过减少契约不完备和信息不对称来降低企业的融资约束。罗进辉和杜兴强（2014）实证研究发现，上市公司所在的省份市场进程化越低，媒体报道的作用越强。由此可见，市场化水平与民营企业家的明星效应可能会在一定程度上起到替代作用：市场化水平较高的地区，资源和信息可获得性及市场配置效率较高，市场在决策中起主导作用，企业的融资能力更加依赖于外部的市场制度环境。因此，企业家的明星效应所起的作用相对减弱。此外，辛杰（2014）发现，在市场化水平较低的地区，金融、法律等正式制度尚未健全，非正式制度在弥补“制度失灵”的过程中将发挥更大作用。Chan and Manova（2015）表明，随着资本市场化的提高，企业的融资环境得到改善。企业家的明星效应可能会在一定程度上弥补正式制度环境的不足。因此，相对于市场化程度高的地区，市场化程度低的地区的民营企业家的明星效应缓解企业融资约束的作用较强。基于以上分析，本文提出假设3：

H3：市场化程度越高，民营企业家的明星效应对企业的融资约束的影响越弱。

（四）股权制衡程度的调节作用

股权结构是影响民营企业家明星效应发挥作用的重要内部治理因素。Lin et al.（2011）指出，股权过于集中时，控股股东可能产生掏空行为，使得投资者要求更高的债务成本，企业面临的融资约束水平上升。姜付秀等（2017）发现，多个大股东的存在可以缓解信息不对称，进而降低融资约束。因此，股权集中度过高可能会通过资产转移或者关联交易等行为对投资者的利益产生侵害，较理想的结构是存在多个大股东相互制衡。股权制衡会对企业家的行为产生一定的约束作用，从而在明星效应影响企业融资约束中可能会具有调节作用。一方面，当股权制衡水平较高时，其他大股东可以联合抑制企业家的行为和决策，因此，企业家的形象代表了大多数股东的想法，从而强化投资者心中的企业家的明星效应来代表企业经营发展的印象；另一方面，当企业的实际控制人有绝对的话语权时，其个人行为难以具有代表性，即其产生的明星效应很难说服投资者其代表公司的经营状况，因此股权制衡程度低会减弱其产生的明星效应所带来的经济后果。基于上述分析，本文提出假设4：

H4：股权制衡程度越高，民营企业家的明星效应对企业的融资约束的影响越强。

四、研究设计

（一）样本选择与数据来源

根据工信部2015年发布的数据显示，2014年4G用户的增长数量首次超过3G用户，网速大幅度提升使得人们更方便快捷地通过网络获取信息且产生回馈。因此，本文以2014—2019年的中国资本市场上实际控制人为自然人的A股上市民营企业为研究对象，财务数据来自CSMAR数据库。企业家的明星效应数据系通过百度中文搜索引擎手工搜集整理。为了避免异常数据的不利影响和增强样本间的可比性，初始样本经历了如下筛选过程：

（1）剔除金融保险证券行业的公司样本；

（2）剔除变量缺失的样本；

（3）剔除ST或*ST状态下的公司。

此外为了消除极端值可能带来的不利影响，本文对连续型因变量和自变量都进行了上下1%的Winsorize缩尾处理。

（二）变量定义

1.解释变量

民营企业家的明星效应：借鉴罗进辉（2014）的研究方法，本文通过民营企业家个人在百度中文搜索引擎上的网络关注程度，即检索总条目数来评判其明星效应的强度。具体操作如下：首先对每位民营企业家的姓名进行检索获取条目数，其次对企业家的姓名和其创立的公司的代码同时检索获取条目数，最后企业家的纯条目数等于前两步得到的条目数之差，该差值越大表明企业家的明星效应越强。把差值排名在前10%的企业家界定为具有明星效应的明星企业家（Star_10%），取值为1，其余取值为0。

2.被解释变量

融资约束：本文借鉴Kaplan and Zingales（1997）提出的衡量融资约束的方法，当某家公司的KZ指数相对较高时，表明该公司遭受的融资约束程度较大，反之则反是。计算KZ指数的线性方程如下：

$$KZ_{i,t}=9.7433CF_{i,t}/TA_{i,t-1}-33.9658Div_{i,t}/TA_{i,t-1}-4.3088Cash_{i,t-1}/TA_{i,t-1}+5.7117Lev_{i,t}+0.3632Q_{i,t} \quad (1)$$

公式中的$CF_{i,t}$和$TA_{i,t-1}$的比值是企业的经营性净现金流量除以企业的总资产，$Div_{i,t}$和$TA_{i,t-1}$的比值是现金股利除以总资产，此外$Cash_{i,t}$和$TA_{i,t-1}$的比值是现金的持有量除以总资产，$Lev_{i,t}$是总债务除以总资产，$Q_{i,t}$为托宾值Q。KZ指数与托宾Q值和负债资产比呈正相关，和其他变量呈负相关，此结论和其他文献中获取的成果相一致。

3.调节变量

民营企业的身份认同：借鉴周泽将等（2019）关于企业身份认同研究的做法，构建哑变量，国有转制民营企业，Initial取值为1；其余民营企业Initial取值为0。

市场化程度：根据王小鲁等（2018）发布的市场化指数度量企业所在省份市场化程度，市场化指数越高，则企业所在省份的市场化的进程越快。

股权制衡程度：本文根据第二大股东至第十大股东持股比例之和与第一大股东持股比例的比值来衡量股权制衡的程度。比值越大表明股权制衡程度越大，民营企业实际控制人的行为产生的效果很难被扩张到其他方面。

4.控制变量

借鉴现有文献，本文对控制变量的选取如下：公司规模（Size）、资本结构（Lev）、成长性（Growth）、盈利能力即资产收益率（Roe）、第一大股东持股比例（Top1）、有形资产比率（Tang）、经营性现金流（CF）。此外，为了排除融资约束可能遭受宏观因素和行业状况的影响，本文还加入了行业和年份虚拟变量。

变量定义见表1。

（三）模型设计

为了检验本文提出的三个假设，本文分别采用不同的实证模型进行分析，为了验证假设1，构建如下线性回归模型：

$$KZ_{i,t}=\beta_0+\beta_1Star\_10\%_{i,t}+\beta_2Controls_{i,t}+\varepsilon_{i,t} \quad (2)$$

模型中的解释变量、被解释变量以及控制变量的具体定义见表1，此外还通过引入年度哑变量和行业哑变量以控制年度效应和行业效应的影响。此模型主要关注的是系数β_1，如果为负则表明民营企业家的明星效应有助于缓解企业的融资约束。

为了检验假设2，构建如下线性回归模型：

$$KZ_{i,t}=\beta_0+\beta_1Star\_10\%_{i,t}+\beta_2Initial_{i,t}+\beta_3Star\_10\%_{i,t}\times Initial_{i,t}+\beta_4Controls_{i,t}+\varepsilon_{i,t} \quad (3)$$

此模型在模型1的基础上，增加了变量Initial以及Star_10%和Initial的交乘项，在此模型中，我们关注的是β_3。如果β_3为正则表明具有身份认同的民营企业，会减弱民营企业家明星效应对企业融资约束的影响。

表1　　变量定义

变量类型	变量符号	变量名称	计算方法
解释变量	Star_10%	明星效应	首先获取每位民营企业家的姓名在百度上的检索条目数，其次是对企业家的姓名和其创立的公司的代码同时检索获取条目数，最后企业家的纯条目数等于前两步得到的条目数之差，排名在前10%的企业家取值为1，其余为0
被解释变量	KZ	融资约束指数	根据Kaplan and Zingales（1997）提出的指数线性方程获取
调节变量	Initial	身份认同	国有转制民营企业取值为1；其余民营企业取值为0
	Market	市场化	王小鲁等（2018）发布的市场化指数
	EB	股权制衡	第二大股东至第十大股东持股比例之和与第一大股东持股比例的比值
控制变量	Size	规模	ln（总资产）
	Lev	资本结构	总负债/总资产
	Growth	成长性	销售收入增长率
	Roe	盈利能力	税后净利润/净资产
	Top1	第一大股东持股比例	第一大股东的持股比例
	Tang	有形资产比率	有形资产在总资产中的比重
	CF	经营性现金流	经营活动现金流量净额/总资产
	Industry	行业	行业虚拟变量
	Year	年度	年份虚拟变量

为了检验假设3，构建如下线性回归模型：

$$KZ_{i,t}=\beta_0+\beta_1 Star\_10\%_{i,t}+\beta_2 Market_{i,t}+\beta_3 Star\_10\%_{i,t}\times Market_{i,t}+\beta_4 Controls_{i,t}+\varepsilon_{i,t} \quad (4)$$

此模型在模型1的基础上，增加了变量Market以及Star_10%和Market的交乘项，在此模型中，我们关注的是β_3。如果β_3为正则表明市场化程度越高，民营企业家的明星效应降低企业融资约束的能力越弱。

为了检验假设4，构建如下线性回归模型：

$$KZ_{i,t}=\beta_0+\beta_1 Star\_10\%_{i,t}+\beta_2 EB_{i,t}+\beta_3 Star\_10\%_{i,t}\times EB_{i,t}+\beta_4 Controls_{i,t}+\varepsilon_{i,t} \quad (5)$$

此模型在模型1的基础上，增加了变量EB以及Star_10%和EB的交乘项，在此模型中，我们关注的是β_3。如果β_3为负则表明股权制衡程度越高，民营企业家的明星效应降低企业融资约束的能力越强。

五、实证检验及结果分析

（一）描述性统计

表2是对本文主要变量的描述性统计结果。根据表2可知，样本企业融资约束的衡量变量KZ的均值是0.844，标准差为2.441，说明样本企业的融资约束存在一定程度的差异。在控制变量中，变量Roe、Growth、Lev的均值分别为7.80%、24.20%、38.00%，表明样本企业中大部分企业经营状况良好。此外样本企业的身份认同、市场化程度、股权制衡程度的均值分别为0.162、8.900、1.096，标准差分别为0.368、1.694、0.836，由此表明样本企业的这三大内外部治理因素均存在一定程度的差异。其他变量的描述性统计具体情况见表2，在此不做多余描述。

表2 主要变量的描述性统计

变量名称	样本量	均值	中位数	标准差	最小值	最大值
KZ	9 434	0.844	1.127	2.441	-8.418	6.660
Star_10%	9 434	0.100	0.000	0.300	0.000	1.000
Size	9 434	21.890	21.790	1.090	19.820	25.340
Lev	9 434	0.380	0.368	0.189	0.054	0.848
Growth	9 434	0.242	0.126	0.727	-0.853	5.263
Roe	9 434	0.078	0.075	0.082	-0.310	0.341
Top1	9 434	0.325	0.308	0.132	0.091	0.685
Tang	9 434	0.956	0.965	0.041	0.743	1.000
CF	9 434	0.048	0.046	0.070	-0.176	0.248
Initial	9 434	0.162	0.000	0.368	0.000	1.000
Market	9 434	8.900	9.640	1.694	3.610	10.960
EB	9 434	1.096	0.882	0.836	0.082	4.3490

进一步地，本文根据民营企业家是否具有明星效应将样本划分为两组，然后将分组后的变量均值和标准差进行描述性统计，对均值进行对比检验，以便观察两组不同变量均值差异是否显著。根据表3可知，相比于Star_10%=0组的样本公司，Star_10%=1组的样本公司衡量融资约束的指数KZ更低、规模更小、成长机会更多、第一大股东持股比例更低、股权制衡程度更强以及处于市场化程度更低的地区。由此可见，通过单变量分析，初步可以得出相比于不具有明星效应的民营企业家，民营企业家具有明星效应的样本企业融资约束更低的结论。

表3 主要变量的分组样本描述性统计

变量名称	Star_10%=0 (N=8 491)		Star_10%=1 (N=943)		t检验
	均值	标准差	均值	标准差	
KZ	0.861	2.423	0.692	2.594	2.017**
Size	21.910	1.081	21.770	1.163	3.519***
Lev	0.380	0.189	0.377	0.189	0.482
Growth	0.238	0.719	0.285	0.794	-1.886*
Roe	0.078	0.083	0.079	0.078	-0.194
Top1	0.328	0.132	0.302	0.129	5.792***
Tang	0.955	0.041	0.957	0.042	-0.832
CF	0.048	0.070	0.045	0.071	1.335
Initial	0.162	0.368	0.161	0.368	0.045
Market	8.931	1.665	8.619	1.912	5.371***
EB	1.076	0.819	1.281	0.954	-7.168***

注：*、**和***分别表示在10%、5%和1%水平下显著。

（二）多元回归分析

1.民营企业家的明星效应与企业融资约束

本文首先根据模型1进行OLS回归分析，并且对行业和年度虚拟变量进行了控制，回归结果具体情况见表4。根据表4可知，Star_10%的系数为-0.236，在1%的水平上显著。所以民营企业家的明星效应对企业的融资约束具有一定的缓解作用，即验证了假设1。因此民营企业家的明星效应是影响企业融资约束的重要因素，通过加强企业家发挥明星效应，使得企业获取更多的社会、商业以及政治资源，从而加强竞争优势，进而有利于实现经济结构优化以及民营企业高质量发展，从一定程度上缓解民营企业“融资难”问题。

表4 民营企业家的明星效应与企业融资约束

	(1)
	KZ
Star_10%	-0.236*** (-3.86)
Size	-0.370*** (-17.42)
Lev	7.614*** (59.68)
Roe	-3.294*** (-13.79)
CF	-14.974*** (-47.99)
Growth	-0.711*** (-14.60)
Tang	-3.651*** (-8.46)
Top1	-1.251*** (-9.80)
Year	Y
Industry	Y
Constant	11.428*** (18.00)
N	9 434
$Adj.R^2$	0.158

注：*、**和***分别表示在10%、5%和1%水平下显著。

2.内外部治理因素的调节作用

根据模型2到模型4进行OLS回归分析，对行业和年度虚拟变量同样进行了控制。表5的第（1）列到第（3）列分别阐述了假设2到模型4的检验结果。根据第（1）列的结果可知，交乘项Star_10%×Initial的系数在1%的水平下显著为正。因此证实了假设2，民营企业的身份认同会减弱企业家明星效应对融资约束的影响。由此可见对于资本市场而言，具有身份认同的民营企业，大都可以通过更方便的途径获取资源；不具有身份认同的民营企业，加强企业家的明星效应来增加融资来源是重要渠道。第（2）列结果表明，交乘项Star_10%×Market的系数在5%的水平下显著为正。由此表明在市场化程度越低的地区，民营企业家的明星效应对企业融资约束的缓解作用越强，民营企业家的明星效应能在一定程度上对外部制度环境的不足进行弥补，即验证了假设3。根据表5的第（3）列可知，交乘项Star_10%×EB的系数虽然为负，但并不显著。该结果表明民营企业的股权制衡程度对于民营企业家的明星效应对企业融资约束的调节作用并不明显，假设4未得到证实。可能是因为一般情况下，民营企业的实际控制人作为第一大股东，投资者对其个人特质的关注往往高于其他股东，当实际控制人产生了明星效应时，投资者可能会忽略或者怠于关注其他股东的制衡作用。

表5 内外部治理因素的调节作用

	(1)	(2)	(3)
	KZ	KZ	KZ
Star_10%	-0.205*** (-3.51)	-0.216*** (-3.64)	-0.197*** (-3.34)
Initial	-0.097** (-2.12)		
Star_10%×Initial	0.513*** (3.29)		
Market		-0.001 (-0.01)	
Star_10%×Market		0.075** (2.18)	
EB			-0.261*** (-9.31)
Star_10%×EB			-0.090 (-0.98)
Size	-0.371*** (-18.90)	-0.370*** (-17.29)	-0.372*** (-17.80)
Lev	7.690*** (65.46)	7.614*** (59.80)	7.529*** (59.49)

续表

	(1)	(2)	(3)
	KZ	KZ	KZ
Growth	-0.713*** (-14.44)	-0.711*** (-14.62)	-0.697*** (-14.41)
Roe	-3.236*** (-14.34)	-3.297*** (-13.79)	-3.095*** (-13.31)
Top1	-1.254*** (-10.01)	-1.242*** (-9.72)	-2.459*** (-14.04)
Tang	-3.739*** (-8.57)	-3.671*** (-8.45)	-3.559*** (-8.31)
CF	-15.109*** (-50.64)	-14.994*** (-48.29)	-14.971*** (-48.51)
Year	Y	Y	Y
Industry	Y	Y	Y
Constant	11.505*** (18.08)	11.400*** (17.92)	12.036*** (18.88)
N	9 434	9 434	9 434
Adj.R^2	0.153	0.162	0.157

注：*、**和***分别表示在10%、5%和1%水平下显著。

（三）稳健性检验

1.内生性

为了克服本文结果可能存在的自选择偏差和遗漏变量等存在的内生性问题。本文主要采取倾向得分匹配法进行检验，通过Logit计算出每个样本的得分，被解释变量为民营企业家是否具有明星效应的虚拟变量，解释变量为假设检验模型中的控制变量。然后从不具有明星效应的民营企业家当中，选取与倾向得分相近的企业作为对照组，按照最邻近1∶1比例有放回地匹配，最后对于新样本重新进行回归和分析。根据表6可以看出基本通过平衡性检验，因此重新回归。表7的结果表明Star_10%的回归系数为-0.247，且在1%的水平下显著，因此内生性在一定程度上得到控制的情况下，民营企业家明星效应缓解融资约束的假设依旧成立。

表 6　　PSM 平衡性检验结果

	Mean		%bias	t-test		V (T) /V (C)
	Treated	Control		t	p>|t|	
Size	21.780	21.800	-1.800	-0.400	0.687	1.200*
Lev	0.377	0.373	2.300	0.510	0.609	1.010
Growth	0.285	0.256	3.800	0.800	0.425	1.070
Roe	0.079	0.080	-1.700	-0.390	0.699	0.980
Top1	0.302	0.298	2.700	0.590	0.554	1.030
Tang	0.956	0.957	-0.300	0.060	0.956	1.020
CF	0.045	0.045	0.000	0.000	0.998	1.030

* if variance ratio outside [0.88; 1.14] .

表 7　　PSM 平衡性检验结果

	(1)
	KZ
Star_10%	-0.247*** (-3.07)
Size	-0.379*** (-5.92)
Lev	7.355*** (17.63)
Growth	-0.788*** (-7.28)
Roe	-3.785*** (-4.99)
Top1	-1.021*** (-2.70)
Tang	-3.925*** (-4.01)
CF	-13.136*** (-13.93)
Year	Y
Industry	Y
Constant	11.903*** (7.41)
N	1 809
Adj.R^2	0.184

注：*、**和***分别表示在 10%、5% 和 1% 水平下显著。

2. 主要变量度量方法的稳健性检验

首先，对于本文的解释变量，考虑到有些企业家的姓名可能和知名人物以及日常用语等重复而得到了过高的检索条目数，因此本文通过剔除排名在前1%的企业家的名单后重新进行检验，调整后的明星企业家代理变量（Adj_Star_10%_1），重新检验结果见表8的第（1）列，Adj_Star_10%_1的回归系数为-0.127，在5%的水平下显著为负，因此调整解释变量后的OLS回归结果同样验证了本文的主假设。此外本文还将池国华等（2018）对媒体关注度的衡量方法引入到本文的民营企业家的明星效应，首先通过将企业家的姓名作为关键词，然后将获取的中国知网中《中国重要报纸全文数据库》的搜索量进行排名，对排名在前10%的企业家重新定义为明星企业家（Adj_Star_10%_2）。重新定义明星企业家后进行OLS回归的结果见表8的列（2），Adj_Star_10%_2的回归系数同样在5%的水平下显著为负，由此可以表明本文主假设的结论未发生变化。此外在替换解释变量的衡量方法后，其他控制变量对民营企业的融资约束的影响也依旧和本文主假设得到的结果一致。

其次，对于本文的被解释变量，本文主要选取了Hadlock and Pierce（2010）提出的SA指数衡量融资约束，由于测度SA指数的变量均为外生，可巧妙地避免内生性问题，因此本文在稳健性检验部分将SA指数替换为度量融资约束的指标。SA指数是对企业年龄和规模二者的非线性组合，SA越大表明企业遭受的融资约束越小，具体计算公式如下：

$$SA_{i,t}=-0.737Size_{i,t}+0.043Size^2_{i,t}-0.040Age_{i,t} \quad (6)$$

对融资约束重新衡量后进行OLS回归。回归结果见表8的列（3），Star_10%的回归系数为0.026，在1%的水平下显著为正，因此利用SA指数衡量融资约束，实证结果依旧支持本文主假设。此外在替换被解释变量的衡量方法后，其他控制变量对民营企业的融资约束的影响大体上和本文主假设得到的结果一致。

表8 主要变量度量方法的稳健性检验

	（1）	（2）	（3）
	KZ	KZ	SA
Star_10%			0.026*** （3.38）
Adj_Star_10%_1	-0.127** （-2.36）		
Adj_Star_10%_2		-0.142** （-2.37）	

续表

	(1)	(2)	(3)
	KZ	KZ	SA
Size	-0.401*** (-20.69)	-0.369*** (-17.35)	-0.035*** (-12.19)
Lev	7.796*** (69.93)	7.615*** (59.68)	-0.007 (-0.48)
Growth	-0.771*** (-15.83)	-0.712*** (-14.59)	-0.000 (-0.02)
Roe	-0.097** (-2.51)	-3.308*** (-13.81)	0.013*** (5.32)
Top1	-1.476*** (-11.99)	-1.226*** (-9.61)	0.170*** (10.50)
Tang	-3.999*** (-9.22)	-3.653*** (-8.46)	-0.017 (-0.36)
CF	-16.533*** (-55.74)	-14.975*** (-47.98)	0.014 (0.47)
Year	Y	Y	Y
Industry	Y	Y	Y
Constant	12.324*** (19.51)	11.380*** (17.96)	-3.048*** (-39.40)
N	9 340	9 434	9 386
Adj.R^2	0.173	0.153	0.157

注：*、**和***分别表示在 10%、5% 和 1% 水平下显著。

3.民营企业家明星效应的滞后性检验

此外我们知道，外部投资者对民营企业是否进行投资决策可能会存在一定的滞后性，这就表明本文考察的民营企业家的明星效应对企业融资约束的影响研究很可能出现滞后性问题。因此，本文将民营企业家明星效应的滞后一期作为解释变量，再次进行相关回归分析。回归结果见表 9，Star_10% 的回归系数为-0.180，在 1% 的水平下显著为负，因此检验结果依旧支持本文主假设。

表9 考虑民营企业家明星效应滞后性的稳健性检验

	(1)
	KZ
Star_10%	-0.180*** (-2.86)
Size	-0.229*** (-10.05)
Lev	7.355*** (53.80)
Growth	-0.622*** (-7.92)
Roe	-3.611*** (-13.72)
Top1	-1.308*** (-9.81)
Tang	-3.311*** (-7.22)
CF	-15.319*** (-44.30)
Year	Y
Industry	Y
Constant	8.396*** (12.13)
N	6 951
Adj.R^2	0.201

注：*、**和***分别表示在10%、5%和1%水平下显著。

（四）作用机制检验

1.融资来源

随着流量产业化的逐步兴起，人们常规的思考方式和选择模式已不再拘泥于传统想法。企业家的创业过程、人格魅力等通过互联网等信息技术的传播，获取志同道合者的支持，能成为企业获取融资的重要渠道。因此企业家的明星效应是否通过扩大企业的融资来源来缓解融资约束呢？为了探究这一路径，本文将企业的外部融资增量变化分为债务融资的增量和股权融资的增量作为被解释变量，采取下列模型进行实证检验。

$$\Delta Finance_{i,t}=\beta_0+\beta_1 Star\_10\%_{i,t}+\beta_2 Controls_{i,t}+\varepsilon_{i,t} \quad (7)$$

上述模型中，ΔFinance表示企业的融资增量，具体又分为债务融资增量

（ΔLoan）和股权融资增量（ΔEquity）。借鉴李涛和黄晓蓓（2008）对ΔLoan的度量方法，用企业发行债券、取得借款收到的现金之和来衡量债务融资总额，然后用债务融资总额和营业收入的比例的增量来度量ΔLoan；用企业吸收权益性投资收到的现金来衡量ΔEquity，然后用股权融资总额和营业收入的比例的增量来度量ΔEquity。其余变量的定义同上述模型。

针对模型7进行OLS回归，回归结果表明，无论是债务融资增量还是股权融资增量，Star_10%的回归系数都在5%的水平下显著为正，见表10。因此民营企业家的明星效应通过扩展融资来源的方式从而缓解了企业的融资约束。

表10　　基于融资来源渠道的作用机制检验

	(1)	(2)
	ΔLoan	ΔEquity
Star_10%	0.021** (2.06)	0.045** (2.50)
Size	0.010*** (3.19)	0.059*** (9.51)
Lev	-0.335*** (-16.22)	1.013*** (27.69)
Growth	-0.001 (-0.12)	-0.039*** (-4.58)
Roe	-0.029 (-0.94)	-0.872*** (-11.13)
Top1	0.033 (1.60)	0.016 (0.45)
Tang	0.196** (2.21)	-0.264* (-1.89)
CF	-0.321*** (-7.17)	-0.954*** (-10.43)
Year	Y	Y
Industry	Y	Y
Constant	-0.105 (-0.81)	-0.924*** (-4.69)
N	9 434	9 434
Adj.R^2	0.113	0.244

注：*、**和***分别表示在10%、5%和1%水平下显著。

2.融资成本

通过上文分析可知，企业家的明星效应能够通过增加融资的来源有效降低企业的融资约束，这为企业缓解融资约束提供了有效途径，同时也明确了企业家明星效应对融资约束的一种作用机理。此外企业家的明星效应能否使得投资者提升对企业前景预期以及地方政策的支持来降低企业的经营成本，进而缓解融资约束呢？为了探究这一路径，本文将民营企业的融资成本分为债务融资成本和股权融资成本，采取下列模型进行实证检验。

$$Cost_{i,t}=\beta_0+\beta_1 Star\_10\%_{i,t}+\beta_2 Controls_{i,t}+\varepsilon_{i,t} \tag{8}$$

上述模型中，Cost表示企业的融资成本，包括债务融资成本（Costofdebt）和股权融资成本（Costofequity）。借鉴李广子和刘力（2009）对债务融资成本的度量方法，本文用利息支出和借款总额的比值来衡量Costofdebt。借鉴姜付秀等（2008）对公司股权融资成本（Costofequity）的度量方法，本文利用资本资产定价模型衡量上市民营企业的股权融资成本。其余变量的定义同上述模型。

表11的列（1）检验了民营企业家的明星效应对债权融资成本的影响，Star_10%的回归系数在10%的水平下显著为负，即民营企业家的明星效应在一定程度上降低了企业的债务融资成本。此外列（2）中Star_10%的回归系数在5%的水平下显著为负，因此民营企业家的明星效应缓解了企业的股权融资成本。由此可见，企业可以通过增强企业家的明星效应降低融资成本进而缓解融资约束。

表11 基于融资成本渠道的作用机制检验

	（1）	（2）
	Costofdebt	Costofequity
Star_10%	-0.311* （-1.72）	-0.001** （-2.03）
Size	0.043 （0.63）	-0.003*** （-10.08）
Lev	-6.676*** （-13.60）	-0.001 （-0.93）
Growth	-0.288*** （-4.73）	-0.001 （-1.16）
Roe	5.079*** （6.19）	-0.013*** （-4.56）
Top1	1.596*** （2.95）	0.001 （0.89）

续表

	(1)	(2)
	Costofdebt	Costofequity
Tang	6.057*** (4.55)	0.002 (0.31)
CF	4.120*** (4.27)	-0.002 (-0.51)
Year	Y	Y
Industry	Y	Y
Constant	-0.673 (-0.23)	0.136*** (17.31)
N	7 678	8 240
Adj.R^2	0.082	0.203

注：*、**和***分别表示在10%、5%和1%水平下显著。

六、研究结论与政策建议

本文以2014—2019年的中国资本市场上实际控制人为自然人的A股上市民营企业为研究对象，实证检验了民营企业家的明星效应对企业融资约束的影响及其作用机制。研究发现，民营企业家的明星效应有助于减弱企业融资约束，从一定程度上缓解了民营企业“融资难”问题；对于具有身份认同的民营企业、位于市场化程度高的地区的企业而言，民营企业家的明星效应对企业融资约束的影响会减弱，但是企业的股权制衡程度不会对这种关系产生显著影响；此外，为了更好地发现企业家明星效应对融资约束的作用机理，本文尝试从融资来源和融资成本两部分进行实证探索，实证结果表明相对于不具有明星效应的企业家而言，具有明星效应的企业家控制的企业融资来源更多，融资成本更低。本文研究结果具有一定的政策启示。一方面，在中国经济转型过程中，为了实现高质量发展和“供给侧”改革为国家经济注入新活力的国策，应当提倡和鼓励广大民营企业家发挥社会影响力以便降低企业融资约束。另一方面，要完善公司内外部治理机制，约束企业家行为，抑制其通过明星效应提高所产生的寻租行为，避免对企业产生负面影响。

参考文献

[1] 车嘉丽，薛瑞. 产业政策激励影响了企业融资约束吗? [J]. 南方经济，2017 (6)：92-114.

[2] 邓建平，曾勇. 金融关联能否缓解民营企业的融资约束 [J]. 金融研究，2011 (8)：78-92.

[3] 邓可斌，曾海舰. 中国企业的融资约束：特征现象与成因检验 [J]. 经济研究，2014，49 (2)：47-60+140.

[4] 何瑛，于文蕾，戴逸驰，等. 高管职业经历与企业创新 [J]. 管理世界，2019，35 (11)：174-192.

[5] 姜付秀，黄继承. CEO财务经历与资本结构决策 [J]. 会计研究，2013 (5)：27-34+95.

[6] 姜付秀，石贝贝，马云飙. 信息发布者的财务经历与企业融资约束 [J]. 经济研究，2016，51 (6)：83-97.

[7] 姜付秀，王运通，田园，等. 多个大股东与企业融资约束——基于文本分析的经验证据 [J]. 管理世界，2017 (12)：61-74.

[8] 姜付秀，支晓强，张敏. 投资者利益保护与股权融资成本——以中国上市公司为例的研究 [J]. 管理世界，2008 (2)：117-125.

[9] 罗长远，曾帅. "走出去"对企业融资约束的影响研究——基于"一带一路"倡议准自然实验的证据 [J]. 金融研究，2020 (10)：92-112.

[10] 李广子，刘力. 债务融资成本与民营信贷歧视 [J]. 金融研究，2009 (12)：137-150.

[11] 刘海洋，林令涛，黄顺武. 地方官员变更与企业兴衰——来自地级市层面的证据 [J]. 中国工业经济，2017 (1)：62-80.

[12] 罗进辉. 独立董事的明星效应：基于高管薪酬-业绩敏感性的考察 [J]. 南开管理评论，2014，17 (3)：62-73.

[13] 罗进辉，杜兴强. 媒体报道、制度环境与股价崩盘风险 [J]. 会计研究，2014 (9)：53-59+97.

[14] 黎来芳，张伟华，路琪睿. 会计信息质量对民营企业债务融资方式的影响研究——基于货币政策视角 [J]. 会计研究，2018 (4)：66-72.

[15] 李涛，黄晓蓓. 企业现金流量与融资决策关联性的实证研究 [J]. 管理世界，2008 (6)：182-183.

[16] 刘晓光，刘嘉桐. 劳动力成本与中小企业融资约束 [J]. 金融研究，2020 (9)：117-135.

[17] 田国强，赵旭霞. 金融体系效率与地方政府债务的联动影响——民企融资难融资贵的一个双重分析视角 [J]. 经济研究，2019，54 (8)：4-20.

[18] 王小鲁，樊刚，胡李鹏. 中国分省份市场化指数报告 (2018) [M]. 北京：社会科学文献出版社，2018. 60-211.

[19] 王营，曹廷求. 董事网络增进企业债务融资的作用机理研究 [J]. 金融研究，2014 (7)：189-206.

[20] 辛杰. 企业社会责任自律与型构：非正式制度的嵌入 [J]. 当代财经，2014 (5)：81-90.

[21] 徐思，何晓怡，钟凯. "一带一路"倡议与中国企业融资约束 [J]. 中国工业经济，

2019 (7): 155-173.

[22] 谢雪燕，郭媛媛，朱晓阳，等. 融资约束、企业家精神、与企业绩效关系的实证分析 [J]. 统计与决策，2018，34 (20): 180-184.

[23] 叶青，李增泉，李光青. 富豪榜会影响企业会计信息质量吗？——基于政治成本视角的考察 [J]. 管理世界，2012 (1): 104-120.

[24] 祝继高，陆正飞. 货币政策、企业成长与现金持有水平变化 [J]. 管理世界，2009 (3): 152-158+188.

[25] 张祥建，徐晋，徐龙炳. 高管精英治理模式能够提升企业绩效吗？——基于社会连带关系调节效应的研究 [J]. 经济研究，2015，50 (3): 100-114.

[26] 张兴亮. 社会信任、企业家声誉与商业信用模式——基于中国民营上市公司的经验研究 [J]. 财务研究，2016，(4): 33-46.

[27] 周泽将，罗进辉，李雪. 民营企业身份认同与风险承担水平 [J]. 管理世界，2019，35 (11): 193-208.

[28] ATKIN C, MARTIN B. Effectiveness of Celebrity Endorsers [J]. Journal of Advertising Research, 1983, 23 (2): 57-61.

[29] BURNS B L, BARNEY J B, ANGUS R W. Enrolling Stakeholders Under Conditions of Risk and Uncertainty [J]. Strategic Entrepreneurship Journal, 2016, 10 (1): 97-106.

[30] CHEN F, HOPE O K, LI Q. Financial Reporting Quality and Investment Efficiency of Private Firms in Emerging Markets [J]. The Accounting Review, 2010, 6 (4): 1255-1288.

[31] CHAN J M L, MANOVA K. Financial Development and the Choice of Trade Partners [J]. Journal of Development Economics, 2015, 116 (11): 122-145.

[32] CULL R, LI W, SUN B, et al. Government Connections and Financial Constraints: Evidence Froma Large Representative Sample of Chinese Firms [J]. Journal of Corporate Finance, 2015, 32 (11): 271-294.

[33] CERTO S T. Influencing initial Public Offering Investors with Prestige: Signaling with Board Structures [J]. Academy of Management Review, 2003, 28 (3): 432-446.

[34] DHALIWAL D S. Non-financial Disclosure and Analyst Forecast Accuracy: International Evidence on Corporate Social Responsibility Disclosure [J]. The Accounting Review, 2012, 87 (3): 723-759.

[35] FAMA E F, JENSEN M C. Agency Problems and Residual Claims [J]. Journal of Law and Economics, 2015, 26 (2): 327-49.

[36] FACCIO M. Politically Connected Firms [J]. The American Economic Review, 2006, 96 (1): 369-386.

[37] FAZZARI S M, HUBBARD R G, PETERSEN B C, et al. Financing Constraints and Corporate Investment [J]. Brooking Papers on Economic Activity, 1988, 32 (1): 141-195.

[38] GONG G M, XU S, GONG X. On the Value of Corporate Social Responsibility Disclosure: an Empirical Investigation of Corporate Bond Issues in China [J]. Journal of Business Ethics, 2018, 150 (1): 227-258.

[39] HADLOCK C J, PIERCE J R. New Evidence on Measuring Financial Constraints: Moving Beyond the KZ Index [J]. The Review of Financial Studies, 2010, 23 (5): 1909-1940.

[40] JOHNSON W B, YOUNG S M, WELKER M. Managerial Reputation and the Informativeness of Accounting and Market Measures of Performance [J]. Contemporary Accounting Research, 1993, 10 (1): 305-332.

[41] KAPLAN S N, ZINGALES L. Do Investment-cash Flow Sensitivities Provide Useful Measures of Financing Constraints? [J]. The Quarterly Journal of Economics, 1997, 112 (1): 169-215.

[42] LIN C, MA Y, XUAN Y H. Ownership Structure and Financial Constraints: Evidence from a Structural Estimation [J]. Journal of Financial Economics, 2011, 102 (2): 416-431.

[43] LOVE I. Financial Development and Financing Constraints: International Evidence from the Structural Investment Model [J]. Review of Financial Studies, 2003, 16 (3): 765-791.

[44] Liu M. Analysts' incentives to Produce Industry-level Versus Firm-specific Information [J]. Journal of Financial and Quantitative Analysis, 2011, 46 (3): 757-784.

[45] MALMENDIER U, TATE G. Superstar CEOs [J]. National Bureau of Economic Research, 2008, 17 (5): 1593-1638.

[46] OLIVER G, WOLF-CHRISTIAN R, ERICH R, et al. R&D Reputation and Corporate Brand Value [J]. Research Technology Management, 2009, 52 (4): 16-19.

[47] RICK A. The Role of Contracts and Trust in R&D Alliances in the Dutch Biotech Sector [J]. Innovation: Management, Policy and Practice, 2010, 12 (3): 311-339.

[48] TSANG E W K. In Search of Legitimacy: the Private Entrepreneur in China [J]. Entrepreneurship Theory and Practice, 1996, 21 (1): 21-30.

[49] TSAI K S. Back-Alley Banking: Private Entrepreneurs in China [M]. Ithaca, New York.: Cornell University Press, 2002.

[50] TVERSKY A, KAHNEMAN D. Judgement Under Uncertainty: Heuristics and Biases [J]. Science, 1974 (185): 1124-1131.

[51] URS F, CHRISTIAN T. Excess Entry in an Experimental Winner-take-all Market [J]. Journal of Economic Behavior & Organization, 2007 (67): 150-163.

[52] WHITED T M, WU G. Financial Constraints Risk [J]. Review of Financial Studies, 2006, 19 (2): 531-559.

A Study on the influence of star effect of private entrepreneurs on financing constraint

Xiaotong Ju, Dihua Wang

Abstract This paper takes A-share listed private enterprises whose actual controllers are natural persons in China's capital market from 2014 to 2019 as the research objects, and empirically tests the influence and mechanism of the star effect of private entrepreneurs on the financing constraints of enterprises. The results show that: (1) The star effect of private entrepreneurs is helpful to alleviate the financing constraints of enterprises to a certain extent; (2) The identity of private enterprises and the degree of marketization will significantly weaken the negative relationship between private entrepreneurs' star effect and financing constraints, but the degree of equity checks and balances does not significantly affect the relationship between the two; (3) The star effect of private entrepreneurs can not only expand the financing sources of enterprises, but also reduce the financing costs of enterprises to ease the financing constraints of enterprises. The results of this paper not only help to advocate and encourage the majority of private entrepreneurs to exert social influence in order to reduce the financing constraints of enterprises; It also emphasizes the need to restrain the entrepreneur's behavior, restrain the rent-seeking behavior generated by the enhancement of star effect, and avoid the negative impact on the enterprise.

Key Words Private entrepreneurs; Star effect; Financing constraints; Financing source; Financing cost